体育法热点问题研究

钟　薇◎编著

知识产权出版社

全国百佳图书出版单位

内容提要

　　本书旨在对体育领域所涉及的法律问题进行梳理，并对相关事件进行法理上的剖析，希望能够让对体育法律感兴趣的同学和朋友对本学科有更系统的认识和了解。

责任编辑：张筱茶

图书在版编目（CIP）数据

体育法热点问题研究/钟薇编著. —北京：知识产权出版社，2013.6

ISBN 978－7－5130－2120－3

Ⅰ.①体… Ⅱ.①钟… Ⅲ.①体育法—研究—中国 Ⅳ.①D922.164

中国版本图书馆 CIP 数据核字（2013）第 140263 号

体育法热点问题研究

TIYUFA REDIAN WENTI YANJIU

钟　薇　编著

出版发行：知识产权出版社			
社　　址：北京市海淀区马甸南村 1 号		邮　　编：100088	
网　　址：http://www.ipph.cn		邮　　箱：bjb@cnipr.com	
发行电话：010-82000860 转 8101/8102		传　　真：010-82005070/82000893	
责编电话：010-82000860 转 8180		责编邮箱：baina319@163.com	
印　　刷：知识产权出版社电子制印中心		经　　销：新华书店及相关销售网点	
开　　本：720mm×960mm　1/16		印　　张：16.5	
版　　次：2013 年 8 月第 1 版		印　　次：2013 年 8 月第 1 次印刷	
字　　数：278 千字		定　　价：48.00 元	

ISBN 978-7-5130-2120-3

出版权专有　侵权必究

如有印装质量问题，本社负责调换。

前　言

　　1995 年 8 月 29 日，第八届全国人民代表大会常务委员会第十五次会议通过了《中华人民共和国体育法》（以下简称《体育法》）（1995 年 10 月 1 日起实施）。《体育法》是新中国成立以来第一部体育部门的基本法，它以国家立法的形式，明确了政府、体育行政部门所担负的发展体育事业的责任和义务，明确了公民在参与体育活动中应享受的权利。《体育法》的颁布实施，标志着中国体育事业进入了依法行政的新阶段。

　　1995 年 6 月 20 日国务院正式颁布实施《全民健身计划纲要》，虽然《全民健身计划纲要》并非行政法规，而只是以中央文件的形式发布，但对群众体育的发展产生了重要的推动作用。在申奥成功前，体育领域的行政法规仅有《国家体育锻炼标准施行办法》（1989）、《学校体育工作条例》（1990）和《外国人来华登山管理办法》（1991）等三部。

　　2001 年 7 月，国际奥委会将 2008 年夏季奥运会的举办权授予北京。从那一刻起，我国就开始了一项庞大的奥运系统工程，其中包括在我国建立适应现代奥运会需要并与世界接轨的体育法治环境。2002 年 2 月至 2004 年 1 月，《奥林匹克标志保护条例》、《公共文化体育设施条例》和《反兴奋剂条例》等三个行政法规先后出台。与此同时，地方性体育法规的立法数量也出现了激增的势头。

　　奥运会后，群众体育领域的立法日益受到重视，国务院于 2009 年 8 月颁布了《全民健身条例》。与此同时，国家体育总局的立法工作（包括制定规章和规范性文件）和地方立法工作也得到了快速发展。经国家体育总局 2003 年和 2007 年两次对既有体育规章和规范性文件的清理，截至 2010 年 12 月 31 日，我国现行有效的体育法律 1 件，体育行政法规和规范性文件 16 件，体育部门规章和规范性文件 130 件。

伴随着我国体育法制建设的发展，萌芽于 20 世纪 80 年代的体育法学研究在我国也得到了蓬勃发展。事实上，体育与法律的基本价值是相通的，公正是两者共享和尊崇的价值。体育讲求的是公平竞争、规则至上，法律的最基本组成部分也是规则。虽然这两种不同规则之间存在着一定的差别，但它们的终极目标都是规则之治。2005 年，体育法学研究人员成立了第一个全国性的专业学术团体——中国法学会体育法学研究会。研究会每年召开年会，进行全国性的体育法学研讨，它还与日本、韩国的体育法学研究团体共同组建了亚洲体育法学会。

但是，相比于较早进行体育法研究的国家，我国的体育法学研究还有很大差距。美国国会在 1950 年正式颁布了《奥林匹克协会组织法》，此后又进行了一些包括体育内容的公共立法和专门的体育立法，并相应地出现了系统化的体育法研究。1972 年波士顿大学法学院就设立了专门的体育法课程，1978 年出版了《体育法》专著，从事体育法研究的律师和组织以及刊物也不断出现。

2002 年 9 月至 2003 年 5 月间，美国马凯特大学法学院美国体育法研究所进行了一次关于美国大学法学院体育法教学状况的调查。调查结果表明，在法学院是否开设体育法课程方面，接受调查的 80 所法学院中有 67 所开设了该课程，并且美国法学院协会（AALS）的绝大多数成员都开设了体育法课程，开设了 2 门以上的体育法课程的法学院有 18 所。在体育法的讲授者是全职教授还是助理教授方面，在 67 所开设了体育法课程的法学院中有全职教授讲授体育和娱乐法课程的是 32 所，助理教授讲授的是 24 所，其余的 11 所则是两者都有。

目前我国体育法教学主要集中在体育院校以及有关大学的体育院系中。在各体育院校的研究生培养中，有些是以体育法学为选题完成的研究论文。1999 年，天津体育学院正式在硕士研究生中设立体育法学专业，后又开办体育法学本科教育。2002 年，上海体育学院开始招收体育法学博士研究生。但是，几乎绝大多数的中国政法院校和大学的法学院系都没有开设体育法课程，大学法学院里专门从事体育法研究的法学教师也为数寥寥，我国法学院对体育法学的忽视是显而易见的。

当然，法学院系对体育法普遍不够重视也与对体育法的某些误解有关，如体育法的性质不清（公法还是私法、程序法还是实体法），误导了某些人对体育法的理解；我国现行的体制问题使某些人认为我国的体育运动是所谓的政治体育，政府对体育运动的干涉太多、太滥；体育争议大多数是依靠行政手段解决的，对体育争议的性质认识不够清楚等。

近年来，F1中国大奖赛、网球大师杯赛、中国网球公开赛、国际田径黄金大奖赛……越来越多的国际体育赛事"花落中国"。体育赛事商业化运作涉及很多法律问题，如赛事运作的法律保障、赛事服务标准化以及体育赛事转播权保护等，我国目前的体育法制已经不能满足体育市场化、职业化、产业化、国际化、社会化的发展，急需补充相关立法。

随着社会经济发展变化，民众健身难与政府制度保障不足的矛盾日益凸显。这些矛盾主要包括民众体育健身需求增长与体育设施建设和管理制度脱节；社会体育活动普及与相应管理制度滞后；体育产业发展与体育权利界定和保护、权利交易制度缺位。

目前体育立法的滞后需要法学院系的教师、律师、体育学院从事体育法教学与研究的人员积极投入，加大对体育法的宣传与研究。

本书是从教学需要出发而编著的，作者就自己理解的内容确定了章节，对于目前体育中的法律问题尽量涉及，包括运动员的权利、体育社团、体育经纪人、体育彩票、学校体育伤害、体育赛事、反兴奋剂等。但是，由于作者能力有限，仍有一些问题未能进行分析，希望在以后的改版中会更加完善、更加科学！

为了增强本书的实用性，本书在写法上引用了一些案例，希望阅读者不仅可以从理论上进行思考，还可以从实践上深一步探索。

另外，在本书的编著过程中，北京体育大学公共事业管理专业2009级的学生帮忙查找了大量的文献资料、案例，在此表示感谢！

目 录

第一章　运动员权利

随着我国体育体制适应社会主义市场经济体制改革的深入，作为竞技体育基石和运动主体的运动员，也被激发出了强烈的权利意识和法律意识，也就是权利主体对自身权利的关怀。法治社会中，权利保护是基本内容，权利主体依法追逐自身权利的行为不仅是合法的，而且有助于社会发展和进步。构建完善的运动员权利保障体系，对运动员权利进行切实有效的保护，能促进竞技体育的良性运行和可持续发展。

第一节　运动员权利概述

一、运动员权利的概念及内容

1. 概念

论及运动员权利，我们必须明确运动员在社会生活中的法律定位。在新近颁布的《中华人民共和国职业分类大典》中，运动员被明确定性为一种社会职业，归第二大类，属于专业技术人员类别。作为一种有法律明确界定的社会职业，运动员以训练和竞赛为劳动工作内容，利益诉求与其在训练和竞赛中的表现密不可分。①

---

① 蔡宏生. 我国运动员权利的实现与保障研究［D］. 南京：南京师范大学，2008.

　　分析我国现阶段的训练和竞赛体制，可以认为，运动员是在竞技体育中以从事体育运动训练和竞赛为工作内容，以创造优异运动成绩作为衡量其获得物质和精神利益多寡尺度的特定社会群体。所以，运动员权利就是指运动员依据其在社会生活和竞技体育中的法律地位，在宪法和法律规定的范围内，依照法定形式，可作或不作某种行为，也可要求国家和其他组织、公民作或者不作某种行为，从而实现其物质利益和精神利益的法律手段。

　　由此可见，运动员的权利可分为两个部分：一是宪法和法律直接赋予的基本权利，即作为普通公民应享有的基本人权；二是作为履行特殊训练和比赛职责的专业人员享有的职业权利，它是基本权利在竞技体育行业中的演变和延伸。

　　2. 运动员权利的基本内容

　　以权利的存在形态作为标准，权利可划分为应有权利、法定权利、现实权利。在现代民主法治社会，人们的各种利益需求集中表现为人权，即依据其人性和人格、尊严与价值所应当享有的各种权利，为应有权利。这些应有权利要想得到最有效的保障，必须通过制定法律，应有权利的状态才能转化成法定权利。

　　运动员的权利主要是指除了运动员享有普通公民所享有的权利，如生命健康权、姓名权、肖像权、名誉权、荣誉权、受教育权、劳动报酬权、社会保障权、法律救济权等之外，还享受国家专门针对运动员制定的相关法规和政策所赋予的权利，如公平竞争权、注册权、就业安置权等。[1]

二、运动员权利概况与侵权表现

　　1. 运动员的主要基本权利及常见的侵权行为表现

　　（1）生存权

　　生存权是指公民获得足够的食物、衣着、住房以维持有尊严的相当生活水准的权利。从目前的情况来看，我国运动员的生存状况令人担忧，甚至一些曾经在国内外各项重大赛事中创造了辉煌成就的运动员也面临巨大的生存压力。其中被誉为"亚洲第一力士"的才力就是一个典型代表，他曾经勇夺 40 个全国冠军和20 个亚洲冠军，但因长期承受高强度的运动负荷而全身遍布伤痛，退役后收入微薄，生活窘迫，最终因无钱医治而在病痛的折磨中英年早逝，去世时家中仅有

---

　　① 陈书睿，徐鑫曦等. 优秀运动员权利之法律研究［J］. 上海体育学院学报，2011，（1）：51-53.

300 元钱。曾获得世界大学生运动会冠军的体操运动员张尚武，退役后一直没有找到合适的工作，以致沦落到北京街头靠卖艺乞讨维持生活。这是令人心酸的反映退役运动员的生存权没有保障的一幕实景。

生存权是指在一定社会关系中和历史条件下，人们应当享有的维持正常生活所必需的基本条件的权利。学术界普遍认为生存权就是国际人权公约上的相当生活水准权。《世界人权宣言》第 25 条第 1 款规定："人人有权享有为维持他本人和家属的健康和福利所需要的生活水准，包括食物、衣着、住房、医疗和必要的社会服务。"

竞技体育为了挖掘和发挥人体的最大潜能，追求优异的运动成绩和精湛的运动技术，运动员的训练和竞赛强度经常超过身体负荷达到或接近生理极限。长此以往，很容易造成运动员人身的损害。据有关调查数据显示，健将级运动员全部都有职业伤病，一级运动员伤病率 85.6%，二级运动员伤病率 82%。很多运动员退役后伤病缠身又没有其他生活来源，其生存状况令人担忧。[①]

（2）生命权

生命权是以自然人生命安全的利益为内容的一种人格权。运动员的生命是他们最高的人格利益，具有至高无上的人格价值。侵犯运动员生命权的行为主要有两种：一是不计后果，违背生理和训练规律，盲目安排甚至强迫运动员超负荷、超极限进行训练和比赛，并最终导致运动员死亡的情形；二是教唆、欺骗、强迫和帮助运动员服用兴奋剂，致使运动员因此而失去生命的情形。据相关统计显示，近十年来我国发生了 200 起左右的运动员运动性猝死事件[②]。

（3）健康权

健康权是指自然人以其身体生理机能的健全正常运作和功能正常发挥，进而维持人体生命活动为内容的人格权。在竞技体育领域，体罚、殴打运动员；违背生理和训练规律，盲目超极限、超负荷安排训练和比赛；欺骗、引诱、帮助、强迫运动员服用兴奋剂；在训练和比赛中，不顾他人安危，恶意犯规，甚至采取"伤害战术"等行为都是对运动员健康权的侵犯。其中，体罚、殴打运动员的现象最为常见，一些运动队实行"家长制"管理，随意殴打、体罚队员，"马家军事件"和"王德显事件"就是其中比较有代表性的案例。

---

① 韩新君等. 对构建运动员权利保障体系的研究 [J]. 广州体育学院学报，2005：64-70.
② 同上.

（4）肖像权

肖像权是指自然人对于自己的肖像在制作和使用上所享有的专属和排他的权利，它直接关系到公民的人格尊严和社会评价。

肖像权是一种重要的人格权。运动员的肖像权和运动员的姓名一起共同构成运动员的人格标识。对于运动员尤其是知名运动员，由于处于竞技体育的焦点，经常被媒体所关注，具有极大的影响力，其人格标识的使用已附着很强的商业价值。从媒体资料看，越是知名的运动员肖像权被侵犯的可能性越大，从王军霞诉昆明卷烟厂到姚明诉可口可乐案均反映了这个问题。

（5）名誉权与荣誉权

名誉和荣誉都是社会对自然人的品德、才干、思想、作风、资历、素质等方面的综合评价，是自然人人格权的重要内容。名誉的好坏、荣誉的大小都直接关系到自然人在社会上的地位和尊严。运动员在竞技体育中是社会关注的焦点，其名誉好坏、荣誉大小不仅是关系他品德、才干、思想、作风、资历、素质等方面的综合评价，而且对于他的形象感召力及由其带来经济效益的取得也有重要价值。存在侵害运动员名誉权、荣誉权的行为主要有几个方面：一是新闻媒体捕风捉影、无端虚构、不真实的虚假报道；二是俱乐部、教练等在公开场合对运动员的无端猜疑、指责，如指责某运动员打"假球"等；三是竞赛管理机构对运动员的不当处罚。

（6）隐私权

所谓隐私，是指不愿告人或不为人知的事情。隐私权就是个人信息、个人私事和个人领域不受他人侵犯的权利。隐私权的内容包括两个方面：一是对自己的隐私隐而不宣的权利；二是对自己的隐私予以公开的决定权和实施权。运动员作为公众人物，有的还是形象大使，是新闻媒体追逐的对象。大量的媒体报道对运动员知名度的提升有很大帮助，能带来一定的经济效益，其隐私权受到一定的限制是必然的。但是，一些媒体的过度报道，严重影响运动员的生活、训练竞赛，构成了侵害运动员隐私权的行为。

（7）劳动报酬权

劳动报酬权是指运动员基于工作合同关系，依据其体育俱乐部或竞赛单位提供的训练竞赛业绩，取得应有劳动报酬的权利。劳动报酬权是《中华人民共和国宪法》（以下简称《宪法》）和《中华人民共和国劳动法》（以下简称《劳动法》）赋予劳动者的一项最基本的经济权利。运动员作为从事特殊职业的劳动者，依法理应享有按时、足额获得相应劳动报酬的权利。在我国体育界，私吞、克扣、拖欠运动员工资和奖金等侵犯报酬权的现象客观存在且十分普遍，其中足球、篮球等实行职业化的项目存在的问题最为严重。

（8）受教育权

公民享有受教育的权利是指公民有在国家和社会提供的各类学校和机构中学习文化科学知识的权利。受教育权是我国《宪法》赋予公民的一项基本权利，主要包括平等接受教育权、接受教育过程的完整权、接受全面教育权、继续教育权等。然而，由于我国竞技体育实行的是封闭式的专业训练体制，运动员从小开始大部分的时间都被安排进行训练和比赛，文化教育形同虚设，客观上被剥夺了受教育的权利。因此，我国运动员受教育的程度普遍较低，退役后往往因缺乏基本的生存技能而面临严峻的生存考验。在我国举国体制体育模式下，运动员从小就进入体校进行专业训练，学习文化知识的时间很少，运动员的文化水平普遍偏低。这不但影响了竞技体育的可持续发展，而且造成退役运动员的就业安置困难。目前有不少在役和退役优秀运动员选择进入一些名校继续深造，而更多的没有取得优秀成绩的运动员并没有这样的学习机会，他们求学无门，相反这些运动员的再就业更需要文化知识的提升，这体现了运动员受教育权的不公平。

（9）知情、抗辩、听证和申诉权

体育行政管理机构做出任何可能涉及运动员重大利益的决定时都应当保障运动员享有知情、听证、抗辩和申诉等基本的程序性权利。然而，我国运动员的程序性权利没有受到应有的重视，这种现象在体育纪律处罚问题上表现得最为明显。近年来，因不满体育纪律处罚而产生的纠纷明显增多。这主要是因为体育组织行使处罚权时通常没有遵循严格的法定程序，而且大部分体育组织对纪律处罚的程序未作明确规定，或虽规定但非常简单。过于随意的体育纪律处罚，因剥夺了当事人的知情、听证、抗辩和申诉等基本的程序权利而必然丧失权威性，结果往往难以令人信服和接受。

2. 运动员职业派生权利及常见的侵权行为表现

（1）公平竞争权

公平竞争权是运动员最重要的权利，它的含义主要是平等参赛、竞赛标准相同、竞赛条件一致、竞赛成绩准确真实及奖惩标准相同等。公平竞争应是体育界追求的最基本的原则。当前，侵犯运动员公平竞争权行为的表现形式多种多样。如：虚报或篡改年龄、服用违禁药物、赌球、打假球、贿赂裁判、运动员选拔标准或参赛资格因人而异、成绩评判尺度不一。目前，在我国竞技领域中侵犯运动员公平竞争权的行为普遍存在。

（2）注册权

注册是指国家体育总局和各单项运动协会出于管理上的需要，要求各竞赛单位根据相关文件的规定将代表其参赛的运动员的基本信息递交指定部门进行登记备案的行为。注册权指运动员为了参加比赛，明确其代表单位，而与该单项协会认可的资格单位签订协议的权利。注册是运动员获得参赛资格的前提条件，若在运动员注册问题上附加任何不合理、不平等条件的行为，都是对运动员注册权的侵犯。典型的表现有：要求运动员交纳保证金、签订不平等合约等。

（3）转会权

转会权是指运动员从一个注册单位向另一个注册单位流动的权利。《世界人权宣言》第23条规定，"人人有权自由选择职业。"《经济、社会及文化权利国际公约》第6条规定，"人人有凭其自由选择和接受的工作来谋生的权利。"我国《劳动法》第3条规定："劳动者享有平等就业和选择职业的权利。"因此，运动员具有自由转会的权利。

（4）伤残保障权

伤残保障权是指运动员因训练、比赛出现伤残，运动员所在单位需在经济上保障其今后生活的权利。现代竞技体育下，运动员长期处于高强度、高负荷的训练和比赛状态，过程往往充满剧烈的竞争和激烈的身体对抗，因此受伤甚至致残的现象十分普遍。运动性伤病具有高发性、普遍性、隐蔽性、迟延性等特点。据统计，我国运动员70%以上都存在不同程度的伤残情况，致残和重伤率接近30%，而且很多伤病往往是在运动员退役之后才表现出来。

三、造成侵害运动员权利行为大量存在的原因

1. 相关立法严重滞后，实践操作性不强

从法律层次看，我国只有一部专门性的《体育法》，也仅在运动员就业和升学方面有一条原则性的规定（《体育法》第28条规定国家对优秀运动员在就业或者升学方面给予优待），但对运动员的法律身份、职业风险、职业的特殊性权利等并没有涉及。而且《体育法》业已颁布实施近20年时间，带有明显的计划经济色彩，缺乏对我国体育发展的前瞻性、产业化、职业化考虑，对现阶段体育实

践的规范和调整存在明显的滞后现象。

在国务院行政法规层次上，有关运动员权利保障的行政法规是一个空白，没有运动员权利的保护性规定。从部门规章和国家规范性文件来看，国家体育行政部门、国家教育行政部门等出台了一些办法、意见，均是对运动员某一方面的权利进行保障和维护，没有形成对运动员权利体系保护的统一规范文件。从具体操作实践看，已出台的文件往往把运动员定性为国家体育事业单位的工作人员，表现出很强的行政依附性，与我国体育的举国体制相符，却与现阶段我国体育不断市场化相背。不能明确运动员参与体育市场关系的法律主体地位，往往在运动员依法追逐自身权利的时候无法进行实践操作。

2. 运动员身份的两重性

多年来，我国竞技体育按照计划经济体制下的专业运动队制度，取得了辉煌的成就。它以创造优异运动成绩、为国争光为运行目标，以政府高度集权管理为运行方式，以追求国家利益的精神激励为运行动力，以行政手段直接调控与监督为运行规范。为保证这种体制的运行，国家明确了运动员的事业单位人员身份，对其权利给予了比较全面的保障。

但是，随着经济体制的改革和市场经济体制的建设，运动员的身份也在发生变化，许多运动员成为体育职业俱乐部的员工。然而，地方体育行政机关为全运会及奥运会的需要，却仍然保留了运动员的事业单位人员身份。

身份两重性看似对运动员有利，却与他们和职业俱乐部的劳动关系发生矛盾，有纠纷出现时，是适用《劳动法》、《中华人民共和国合同法》（以下简称《合同法》）等调整市场经济主体的法律法规，还是适用人事管理文件，很难定位，形成了运动员权利维护的障碍。

3. 运动员权利保护的集体协商制度欠缺

集体协商又称"集体谈判"。按照1981年国际劳工大会通过的《关于促进集体谈判公约》的表述，集体谈判是指单个雇主、雇主群体或组织同单个或者若干个工人组织之间签订各种协议的过程。在我国，集体协商就是指工会或职工代表与企业或企业团体就劳动问题而进行交流的一种形式。但我国目前没有任何一级工会代表运动员，就运动员与俱乐部等训练竞赛单位签订运动员职业合同进行过集体协商。缺少这一层次的保障，双方经常为工资、训练条件、比赛安排等问题发生纷争。竞赛管理方也听不到运动员的声音，在制订竞赛管理制度时就可能考虑投资方、俱乐部的利益较多，而忽略对运动员权利全面维护。在美国职业篮球联盟中，不管是代表着企业主利益的联盟主席还是各个球队，如果就球员利益想发生任何变动，必然要和球员工会进行集体协商，否则，将带来很大麻烦，严重的可能导致球员罢赛，使整个行业陷入瘫痪。

4. 竞技体育法治意识淡漠

市场经济就是法治经济，是指在市场经济制度的条件下，市场主体依照法律谋求自身合法利益，管理主体依靠法律管理市场行为，也就是说，市场中的任何行为都依靠法律来调节和规范。反观我国的竞技体育实践，法治意识比较淡漠，出现了许多有关运动员权利的纷争，表现在以下几个方面。

（1）管理主体法治意识不强，存在无视运动员权利保障的现象

体育行政部门在已出台的一些规范性管理文件中，在运动员权利保障上存在一些法治观念不强的现象：在一些竞赛规程中，忽视运动员的休息权、健康权、程序权、诉讼权等条款随处可见；在运动员交流、转会等办法中，忽视运动员的自由择业权、运动成绩产权的规定也屡见不鲜。

（2）训练竞赛单位法治意识淡漠，随意侵害运动员的权利

在市场经济条件下，运动员与其所在的训练竞赛单位均是独立的市场主体，他们之间是劳动雇佣关系，通过运动员职业合同来明确双方的权利和义务。但是，一些单位无视国家法律规定，不与运动员签订劳动合同，侵害了运动员的权利。出现纷争时，往往还以没有合同来否认承诺的待遇和条件。随意拖欠运动员工资，侵害运动员的劳动报酬权是另一种比较典型的侵权行为。此外，关于运动员的伤残保障权、公平竞争权、身体健康权、休息权等也是训练竞赛单位经常侵害的客体。

（3）运动员法治意识淡漠，忽视自己权利的保障

在法治社会的今天，运动员只有依靠法律才能充分保障自己的权利。但许多运动员无视自己的文化教育权，更无视法治意识的提高，往往在市场经济中处于非常被动的位置，最终导致自己的权利不能得到保障和维护。具体表现有：随意放弃要求与自己所属训练竞赛单位签订运动员职业合同的权利；有合同的，无视合同的存在，不适当履行合同；对侵害自己权利的行为不通过法律途径寻求救助等。

（4）运动员权利实现的救济途径没有落到实处

依照我国现行的法律、行政法规、办法等规定，运动员在权利受到侵害时可以通过以下途径寻求保护：和解、调解、仲裁、诉讼。和解能否成功是以当事人之间的合意为条件的，但运动员的弱势地位和法律知识的欠缺，使其在实践中往

往成为妥协方，也就是说他最终还是放弃了自己的权利。所以，和解对运动员而言，不能在其权利受到侵害时成为有效的救济途径。调解的成功与否，往往与当事人之间的让步以及调解者对纠纷双方的影响力关系密切，调解者的作用非同小可，但在运动员权利纠纷的解决上，却很难找出这样的调解者，此途径自然不能落到实处。仲裁比较适合解决运动员纠纷，国际上体育纠纷的解决也往往采用这种途径，但中国至今没有一个体育仲裁机构的现实，必然使这一途径成为泡影；诉讼是运动员实现其权利的最后途径，但它既耗时又费精力，严重影响运动员正常的训练竞赛。运动员若为维护其某项权利而提起诉讼，有时可能会遭受更大的损失。同时，有关规定也使运动员向管理主体、雇佣主体提起诉讼设置了很多的限制。因此，通过诉讼解决纠纷、维护权利实在是得不偿失。所以，客观地讲，运动员权利尤其是职业权利能得到充分实现的途径均没有落到实处。

第二节　运动员受教育权的保障

一、受教育权

1. 公民受教育权的由来

公民受教育权是教育和法治发展的结果。先于受教育权概念出现的是人们内心对公民接受教育的认同，我国古代便不乏公民接受教育的理念。从孔子的"有教无类"到"建国君民，教学为先"，从唐代繁盛的官学到明清私学的推广，都从一定程度上反映了特定时期的理念。严格地讲，我国古代的教育并没有得到足够的重视，国家投入的力度不够，教育的定位失当，"直到十九世纪末，教育还没有固定在制度化的学校系统之中"。[①] 长期以来，古人都把公民接受教育看成进入仕途和修身的一种手段，没有将其上升到"权利"的高度。

公民受教育权源于西方，是伴随生产力发展、资产阶级政治权力的扩张而产

---

① 温辉. 受教育权入宪研究［M］. 北京：北京大学出版社，2003：91.

生的。工业革命之前的生产，依靠的基本是经验，知识在生产过程中的作用并不突出。随着工业革命的到来，各种技术日新月异，日常的经验已经满足不了社会的生产，专业知识成为生产的必需，受到专门教育的技术人才成为社会的需求。资产阶级登上政治舞台依靠的是强大的经济和长期斗争获得的普选权，在选举过程中，资产阶级需要民众对自己推行的民主和政策与传统专制区别理解，投出关键的一票，这需要民众受到一定的教育。此时，教育的普及得到了重视，而一旦教育得到普及，如同其他社会现象（选举、言论、结社等）的出现，人们便会在其中寻求有利于自身的东西——权利。

公民受教育权是教育思想和人权思想不断进步的表现。启蒙思想奠定了近代资本主义思想的基础，平等、自由、民主等观念深入人心，尽管公民受教育权并没有被视为天赋之权利，但是其却深深地蕴含在平等和自由等思想之中。康德、狄德罗等都极力拥护教育和公民在教育中享有的固有权利。柏林大学之父费希特（Fichte）认为，"国家使人民皆可凭其工作而生存，则教育是达成此目的所不可或缺的制度，故人民应拥有（受）教育权"。① 这是"公民受教育权"作为一个概念最早被提出来。

在社会本位思潮的影响下，公民受教育权引起了宪法的关注。德国《魏玛宪法》第 145 条规定："国民小学及完成学校之授课及教育用品，完全免费"。此规定间接性地肯定了公民的受教育权。而 1936 年苏联宪法《苏维埃社会主义共和国联盟宪法》更是首次将"公民受教育权"写入宪法。1948 年联合国大会通过的《世界人权宣言》将受教育权确定为基本人权，1966 年通过的《经济、社会及文化权利国际公约》更是详尽地规范了受教育权的内容。

2. 公民受教育权的含义

一般认为，公民受教育权是属于宪法范畴的基本权利，然而公民受教育权的定义极富争议，学界尚未形成统一的认识。肖蔚云、姜明安教授认为"公民受教育权是指公民达到一定年龄并具备可以接受智力教育时进各级各类学校或通过其他教育设施和途径学习科学文化知识的权利。"② 秦惠民认为，"现代社会的所谓受教育权，是指公民作为权利主体，依照法律规定，为接受教育而要求国家依法

---

① 陈新民. 德国公法学基础理论（下册）[M]. 济南：山东人民出版社，2001：689.
② 肖蔚云、姜明安. 北京大学法学百科全书·宪法学行政法学 [M]. 北京：北京大学出版社，1999：413.

作出一定行为或履行一定义务的权利。"① 秦惠民的观点更能揭示受教育权的本质，即公民受教育权的核心主要体现在两个方面：一是公民的学习自由不受干涉的权利，公民有通过学习提升自己思想认识的权利；二是国家的帮助义务，国家有义务为公民的学习创造条件。

有关公民受教育权的内容，1966 年联合国通过的《经济、社会及文化权利国际公约》作了详尽的阐述。该公约第 13 条规定，"本公约缔约国承认，人人有受教育的权利。并且本公约国认为，为了充分实现这一权利：（1）初等教育应属义务性质并一律免费；（2）各种形式的中等教育，包括中等技术和职业教育，应以一切适当方法，普遍设立，并对一切人开放，特别是要做到逐渐免费；（3）高等教育应当根据成绩，以一切适当方法，对一切人平等开放，特别是要做到逐渐免费；（4）对那些未受到或未完成初等教育的人的基础教育，应尽可能加以鼓励或推进；（5）各级学校的制度，应积极加以发展；适当的奖学金制度，应予设置；教员的物质条件，应不断加以改善。"从该条文可以看出，公民受教育权内容主要有以下四个层次：一是公民有接受教育之权利；二是公民所接受之教育应尽可能免费；三是公民接受之教育应平等；四是公民所接受之教育须是合格的教育。

3. 作为社会权的受教育权

现代宪法中的基本权利可以大致划分为自由权和社会权。自由权标志着基本权利的开端，是人之所以为人的固有属性，是人与生俱来的或人的天赋；自由权是先于国家而存在的，标志着一个原则上不受控制和干涉的私人空间；国家的职能就在于保护个人自由。因此，自由权属于绝对的基本权利。

社会权从本质上来说，并非人与生俱来的不可分割的，只是当社会到了一定的历史时期，国家基于干涉社会的需要，在宪法和法律上予以规定的，这种基本权利是国家法律所赋予的，这种权利需要国家的积极作为方能够实现。因此，按照伯林的观点，自由权可以视为一种消极权利（negative right），而社会权则是一种积极权利（positive right）。

自由权包括信仰自由、思想自由、表现自由、人身自由、经济自由（私有财产权）、通信自由等；社会权包括社会保障权、劳动权、环境权、受教育权等。

作为社会权的受教育权的实现，需要国家积极的作为和干预，为教育的实施

---

① 秦惠民. 走入教育法制的深处——论教育权的演变［M］. 北京：中国人民公安大学出版社，1998.

准备充分的外部条件，例如提供充足的教育经费、维持健康的教育环境、准备良好的教育设施、聘请高水平的教师，等等，从而将国家的教育水准逐步提高，满足国民的受教育需求。

4. 素质教育

2003 年国家体育总局、教育部联合颁布的《关于进一步加强运动员文化教育工作的意见》中指出，新时期运动员文化教育工作的指导思想包括坚持党的教育方针，全面推进素质教育，依法保障运动员文化学习的基本权利，不断提高思想道德和科学文化素质。那么，什么是素质呢？何谓"素质教育"？

人的素质既有先天成分，也有后天成分，其中后天成分是主要的。一个人的素质是他（她）在后天的社会生活中，在社会的熏陶和教育中，在自觉与不自觉的学习实践中逐步形成的。素质包括思想道德素质、文化素质、专业素质和身体心理素质，这些素质的形成过程就是对其对应的知识学习、升华与内化的过程。

素质教育的宗旨是人的全面发展。素质教育也就是为了促进每一个人更好地完成各方面的进化，成为真正的人，成为文明人。

1978 年的"哈佛报告书"明确了哈佛大学的教育理想或目的是培养有教养的人。这样的人必须具备下列条件：（1）清晰、有效的思考及写作能力；（2）在某些领域中，具备广博的知识与基础；（3）对于所获得及应用的知识，具有正确批判和理解的能力，并了解宇宙、社会及人类自身；（4）勤于思考道德与伦理问题，具有明智的判断力，能做出恰当的道德选择；（5）具有丰富的生活经验，对于世界各种文化，深感兴趣，努力探讨。

爱因斯坦曾经指出："用专业知识教育人是不够的。通过专业教育，他可能成为一种有用的机器，但是不能成为一个全面发展的人。要使学生对价值有所理解并产生热烈的激情，那是最基本的。他必须获得对美和道德上的善和鲜明的辨别力。否则，他，连同他的专业知识，就更像一只受过很好训练的狗，而不像一个和谐发展的人。"

二、我国优秀运动员受教育权的现存问题及原因

根据《优秀运动员伤残互助保险试行办法》（2002 年）第 2 条的规定，"本办法所称优秀运动员（以下简称运动员）是指全国各省、市、自治区及计划单列市所属正式在编、享受体育津贴奖金制并从事奥运会和全运会项目的运动员"。

本文所指的优秀运动员一般指各省、自治区、市和（包括各地市）高水平运动队正式在编、享受体育津贴奖金制的在役专业运动员。

1. 文化缺失导致退役运动员安置困难

据统计，我国90％以上的优秀运动员是自少儿时期开始从事专业训练的。由于训练时间长、强度大，再加上在"金牌至上"观念的引导下，各级运动队大都忽视运动员综合素质的培养，从而使其与同龄人的科学文化水平、社会经验和适应能力有着明显的不足。由此造成一些单位接收退役运动员的积极性和主动性较差，其中最主要原因还是运动员文化素质问题。因此，要从根本上解决退役运动员就业安置问题，必须认真落实有关优秀运动员文化教育的各项方针政策，不断提高运动员的科学文化素质，增强他们的竞争实力。

2. 安置未能保证优秀运动员最终就业

随着我国市场经济体制的不断完善和劳动人事制度改革的深化，依靠计划分配和强有力的行政手段对退役运动员进行安置将会面临巨大挑战，即使对运动员进行安置，也可能出现不能胜任工作的局面。退役运动员普遍受教育程度低，综合素质长期在低位徘徊，适应市场选择的能力存在先天不足，二次就业的难度越来越大。即使优秀运动员退役后被带有严重"计划性色彩"地安置，也不能保证其最终就业。因此，安置不是终极目标，加强优秀运动员文化教育，提高其综合素质乃是当务之急，也是充分保证优秀运动员最终就业的根本之所在。[1]

3. 运动员接受文化教育的时间、质量无法保障

"学训矛盾"仍较突出，受"锦标主义"的影响，各级运动员文化学习的时间大量地被运动训练所占领，文化教育经费也大大地被缩减。经费来源单一，供给不足，致使教学条件得不到进一步改善。教学设施陈旧、师资队伍建设落后等问题，严重制约了教学效果的提高。另外，相当部分学校运动员文化教育呈现出"有形式，无内容；有内容，无效果"的特点。教学过程中还存在课程开设与社会需求能力脱钩，运动员文化教育依旧"重学历，轻能力"，文凭含金量较低，社会认可度不高等现象。[2]

4. 运动员应当接受更好的文化教育，生活得更有尊严

从法律的角度看，运动员作为公民享有平等的受教育的权利，但是由于运动

---

[1]　虞重干、郭修金. 我国优秀运动员文化教育理念的重构 [J]. 上海体育学院学报，2007 (2).

[2]　邹国忠、陈韶成. 对我国优秀运动员文化教育现状与保障体系构建优化的研究 [J]. 南京体育学院学报，2010，6 (3).

员职业的特殊性，其很难接受正规的文化教育。因为他们为了国家的荣誉，付出了心血和汗水，从某种意义上讲他们应当享受比一般学生更好的文化教育条件。胡锦涛在奥运会残奥会总结表彰大会的讲话中提到，"要重视竞技体育人才培养和队伍建设，特别是要加强竞技体育后备人才培养工作。要关心运动员的长远利益和全面发展，高度重视并切实加强运动员社会保障工作。"对运动员来说，切实保障其受教育的权利，才能让他们掌握生存技能，为退役以后的就业做好铺垫，才能保障他们的长远利益和全面发展。

因此，在我国由体育大国向体育强国转变的过程中，竞技体育的可持续发展也应建立在体育人才权利和利益的保护基础之上。这就要求我国在进一步发展体育事业尤其是竞技体育中，更加尊重运动员及其权利和利益，使运动员生活得更有尊严。

三、运动员受教育权的保障

1. 立法保障

《中华人民共和国宪法》第 46 条规定："中华人民共和国公民享有受教育的权利和义务"；第 19 条规定："国家举办各种学校，普及初等义务教育，发展中等教育、职业教育和高等教育，并且发展学前教育"。

我国《教育法》在《宪法》的基础上规定："中华人民共和国公民有受教育的权利和义务。公民不分民族、种族、性别、职业、财产状况、宗教信仰等，依法享有平等的受教育机会。"同时，第 18 条规定："国家实行九年制义务教育制度。各级人民政府采取各种措施保障适龄儿童、少年就学。适龄儿童、少年的父母或者其他监护人以及有关社会组织和个人有义务使适龄儿童、少年接受并完成规定年限的义务教育。"这就是说，无论是在义务教育阶段还是在非义务教育阶段，对于公民来讲，受教育权都是自己的基本权利。

《中华人民共和国体育法》已由中华人民共和国第八届全国人民代表大会常务委员会第十五次会议于 1995 年 8 月 29 日通过并予公布，自 1995 年 10 月 1 日开始施行。但是，我国《体育法》中并没有明确规定运动员的基本权利包括受教育权等。

早在 1978 年原国家体委就提出了"优秀运动队向院校化过渡的方针"，以期通过运动队院校化来加强运动员文化教育，提高运动员综合文化素质。1980 年，原国家体委下发了《关于优秀运动队建设的几个问题》的文件，其中提出要加强文化教育、从体制上解决运动员的文化教育和出路问题，并规定要保证必要的文化教育时间。1983 年，原国家体委、国家教委联合下发《关于试办职工体育运动技术院校的意见》的文件，正式提出 11 个省（市）体委先后在体工队的基础上成立职工体育运动技术学院。1986 年，原国家体委还颁布了《关于执行优秀运动队工作条例中有关文化教育工作的暂行规定》。1989 年，全国体委主任会议提出在有条件的省市可以试点，将年龄处于九年制义务教育阶段的运动员纳入普通教育的行列。到了 1993 年，国家体委在召开全国优秀运动队文化教育工作会议时下发《关于优秀运动队文化教育工作深化改革的意见》，指出"优秀运动队文化教育工作不仅关系到运动技术水平的提高，关系到优秀运动队伍的建设，也关系到对社会主义建设者和接班人的培养，优秀运动队文化教育工作是优秀运动队建设的重要组成部分"。

2002 年，《中共中央国务院关于进一步加强和改进新时期体育工作的意见》中明确要求努力抓好运动训练和文化教育，提高运动队伍的科学文化素质。2003年国家体育总局、教育部联合颁布的《关于进一步加强运动员文化教育工作的意见》强调指出，运动员文化教育要从运动员的实际出发，注重实效，努力改进文化教育的形式、内容和方法，保证教育质量。同年还下发了《关于进一步做好退役运动员就业安置工作的意见》，其中规定："获得全国体育比赛前三名、亚洲体育比赛前六名、世界体育比赛前八名和获得球类集体项目运动健将、田径项目运动健将、武术项目武英级和其他项目国际级运动健将称号的运动员，可以免试进入高等院校学习，高等学校还可以通过单独组织入学考试、开办预科班等形式招收运动员入学。"

2010 年，国家体育总局、教育部、财政部、人力资源社会保障部联合下发了《关于进一步加强运动员文化教育和运动员保障工作指导意见》的文件，提出加强运动员的文化教育，提高就业保障等工作的意见。

这些方针政策和相关文件都体现了党和国家对运动员文化教育的高度重视及对运动员保障的努力提高，使得运动员的文化教育有了法制上的保障。

2. 行政保障

（1）依靠教育行政部门与体育行政部门的双重管理

我国现行的运动训练管理体制是以专业训练为主的三级训练网，从层次结构上划分为三级：初级（以中小学校代表队、传统项目学校代表队、体育中学等为主体）；中级（以体育运动学校和业余运动体校为代表）和高级（以国家集训队和各省专业队为代表）。

我国的三级训练网在基层基本属于交叉管理。最基层的中小学校代表队等的训练组织主管部门属于教育部门，挂牌、认证方面属于体育行政部门管理；高一级的青少年体育训练归体育部门管理，如体育运动学校等，其中的文化教育由教育部门协助管理。为避免业余体校运动员荒废学业，辽宁省各级基层体校在"体教结合"方面进行了不懈探索。沈阳市各区县业余体校主动与当地优质小学、初中融合，将体校学生散落在普通班级中学习、训练，不仅保证了体育生的文化课学习，而且带动了普通学生锻炼身体的兴趣。

2009 年以来，体育系统和社会各界对国家队运动员文化教育工作的重视程度和支持力度不断加大，运动员文化教育工作得到进一步落实和提高，根深蒂固的"学训矛盾"思想开始转化，"学训相辅相成"的新理念得到更多认同。例如，国家乒乓球队坚持开展运动员文化教育工作，每周学习两个上午、一个晚上共 8 学时，还试点开展了二线运动员的入队文化测试工作。国家田径队每周坚持 3 次学习。国家艺术体操队采取多种措施，下工夫营造学习氛围，培养运动员学习主动性。国家射击、射箭队聘请专人负责运动员文化教育工作，内容涉及面广，学习活动十分活跃。国家羽毛球、蹦床、手曲棒垒球等队伍与高等院校合作，解决运动员学历教育问题。

本文认为，体育管理部门应普及建立运动员进入省、自治区、直辖市优秀运动队和国家队文化测试制度，运动员文化测试成绩作为入选省、自治区、直辖市优秀运动队和国家队的入队条件之一，促使运动员、教练及基层管理组织重视文化教育的培养。

（2）国家财政应大力支持运动员文化教育

长期以来，运动队的文化教育资金短缺，导致文化教育设施陈旧、文化教师水平不高。而运动员是一个特殊的群体，运动训练和竞赛的特点决定了对他们的教育必须采取特殊的教育管理和教学模式，只有采用更加先进的教学设备，利用现代化教学手段，采取更为灵活的教学组织方式，才能确保文化教育任务的完成，因此运动员文化教育的投入成本高于普通人。这就要求各级政府和体育主管部门必须加大资金投入的力度，要在教育事业费中拨专款用于运动员的文化教育，而且这笔资金各级财政部门要采取专项管理，以保证用于运动员文化教育，从而使目前运动员文化教育机构的教学设施陈旧落后、教学经费短缺、文化教师待遇偏低等办学现状得到根本的改变。

（3）体育行政部门负责组织实施、检查运动队文化教育工作，明确职能部门

长期以来，教练员、领队重视训练、轻视文化教育的学训矛盾是运动员文化教育不能有效进行的突出问题。究其原因，运动员及运动队的成绩是教练员考核的重要指标，也是决定体育行政管理部门的领导、训练中心的官员绩效的重要指标。为了使各级管理者充分重视运动员的文化教育问题，《关于进一步加强运动员文化教育和运动员保障工作指导意见》中明确指出，各地区体育行政部门负责组织实施、检查指导本地区运动队文化教育工作，明确相应职能部门，为所属教学单位配备得力的管理干部。各级运动队的领队、教练员对运动员文化学习负有管理、督促和帮助的责任，要主动支持运动员的文化学习，妥善解决运动员文化学习中的有关问题。

（4）管理部门应对运动员和教练员进行权利意识教育

权利的获得，往往是权利人主动要求的结果。优秀运动员由于在较长一段时间内从事高强度、挑战生理极限的专业训练，退役后又会面临再就业、职业转换的现实问题，因此他们有着更多的权利诉求，他们同样需要自己主动要求，以满足、实现自己的权利诉求。

运动员本身是法定权利的拥有者，也是申请和提起维权行为的基本主体。在现实社会中，优秀运动员是否行使法律赋予的权利，在很大程度上取决于运动员的权利意识状态。提高运动员的权利意识，首先要提高运动员对自身权利及其范围的认识；其次，运动员要掌握如何行使其权利；最后，运动员还要学会在其权利遭受侵害时如何进行救济、保护自己的权利。运动员权利意识的提高，会促使运动员积极行使权利、保护权利、捍卫权利。

3. 司法救济

（1）宪法权利的可诉性

受教育权是我国《宪法》明确规定的公民的基本权利，作为公民的我国优秀运动员的受教育权如不能得到有效保障，运动员能否提起诉讼呢？我国宪法学界对于《宪法》能否直接适用有三种看法：第一，否定说，认为《宪法》不能成为法院判案的直接依据；第二，折中说，认为对民事案件的审理，在民事法规未做具体规定的情况下，可以援引《宪法》条文；第三，肯定说，认为《宪法》是法院判案的直接依据，不仅是可行的，而且是必要的。

在民主和法治的条件下，只有通过宪法诉讼的形式，宪政理想才有得以实现的制度基础。我国宪法司法化的问题一直是学者的呐喊，直到齐玉苓案才开创了

我国直接适用宪法规范保护公民宪法权利先例并提出以民法方法保护公民在宪法上的基本权利，但是，有关齐玉苓案的《最高人民法院关于以侵犯姓名权的手段侵犯宪法保护的公民受教育的基本权利是否应承担民事责任的批复》（2001 年）已于 2007 年被最高人民法院废止。也就是说，我国法院不再支持直接以宪法权利受到侵犯为由提起的诉讼。

（2）行政复议提起的可能性

受教育权属于一种积极权利，它建立于国家的积极保障义务之上，要求国家不仅承担不得侵权的不作为义务，而且承担积极的作为义务，从而保障该权利的实现。对此，我国《教育法》第 18 条规定，国家实行九年制义务教育制度。各级人民政府采取各种措施保障适龄儿童、少年就学。适龄儿童、少年的父母或者其他监护人以及有关社会组织和个人有义务使适龄儿童、少年接受并完成规定年限的义务教育。

《体育事业发展"十二五"规划》《关于进一步加强运动员文化教育和运动员保障工作指导意见》等部门规章明确规定了运动员的受教育权利，例如"采取切实措施，提高运动员的基础文化教育水平和质量，加强运动员在役期间的文化教育工作"，"各级教育和体育部门要以推进各级体育运动学校运动员文化教育为重点，切实抓好基础教育阶段运动员的文化教育工作"，优秀运动员在自身受教育权利不能得到保证的情况下，可以向上级行政管理机关提起行政复议申请。

《行政复议法》第 2 条规定，公民、法人或者其他组织认为具体行政行为侵犯其合法权益，可以向行政机关提出行政复议申请。行政机关对行政相对人申请行政机关履行保护人身权利、财产权利、受教育权利的法定职责，行政机关不依法履行的，申请人可以申请行政复议。行政机关作为执行国家法律的重要组织力量，有保护行政相对人人身权、财产权的法定职权。[①] 法定职责是指法律、法规、规章所规定的，行政机关在行使职权过程中所承担的，能够引起法律责任和后果的作为或者不作为义务。[②] 当优秀运动员认为自己的受教育权受到威胁时，有权向有关行政机关申请保护。行政机关无正当理由拒绝保护或者不予答复，构成了不履行法定职责的具体行政行为。行政复议机关是有保护运动员受教育权的上级主管部门和同级政府。

---

① 姜明安. 行政法与行政诉讼法［M］. 北京：北京大学出版社，2011：381.
② 张鹏. 中国民告官常备手册［M］. 北京：法律出版社，2011：37.

（3）利用劳动合同规定的权利义务保障运动员受教育权

目前，国家队、省队与其运动员之间是使用合同进行管理的，例如中国田径选手在入选国家队后，与中国田径管理中心签约，将运动员与田径管理中心的责任和权利以契约的形式明确下来。合同中写明运动员的义务，包括应为国家队参加哪些比赛，完成任务的运动员也会明确地知道，根据合同能获得何种收益。此外，选手从地方上调到国家队，一些组织关系等内容也会反映在合同中。因此，运动员可以要求在合同中列明国家队应保障自己接受文化教育的权利，对运动员参加业余学习提供有利条件，给运动员足够的时间来进行文化教育学习，达到何种成绩可优先推荐运动员升学等。一旦运动员受到不公平不合理的对待，可以依据合同提起诉讼，只有这样才能切实保证运动员受教育权利的实现。

第三节　知名运动员隐私权的保护与限制

近几年运动员成为媒体关注的焦点，特别是奥运会期间，各种媒体对奥运健儿进行了深度报道，这些报道在让大众对知名运动员有了更多了解的同时，也促使笔者对知名运动员的个人隐私权问题有了更多的思考：第一，媒体还没有清楚地意识到知名运动员的隐私也应当予以保护，而知名运动员及其亲友、教练员、俱乐部和体育管理机构等对隐私权的保护意识也极其薄弱。第二，虽然民法实践中已经承认对隐私权予以保护，但是，知名运动员作为"公众人物"，是否能像普通人一样享有隐私权呢？第三，知名运动员作为"公众人物"，其所享有的隐私权与普通人的隐私权在范围上有哪些不同，应当受到哪些限制和保护？第四，知名运动员的隐私权如果得不到有效的保护，隐私权被肆意践踏，就会损害知名运动员的个人生活，进而影响其比赛成绩和我国竞技体育的发展。

一、隐私权的概念以及知名运动员隐私权保护的必要性

1. 隐私权的概念

隐私，指不愿告人的或不愿公开的事，主要包括三方面的内容：与公共利

益、群体利益无关的，当事人不愿他人知道或他人不便知道的私人信息；当事人不愿他人侵入或他人不便侵入的私人空间；当事人不愿他人干涉或他人不便干涉的私人活动。①

隐私权是指个人独处不受干扰，私密不受侵害的权利。隐私权的出现，一方面是由于个人人格的觉醒，另一方面是由于科技和大众传播的发展增加了侵害人格尊严的可能性和严重性。最早提出"隐私权"这一概念的是美国法学家塞缪尔·沃伦（Samuel D. Warren）。1890 年，沃伦因不满媒体对他的家庭生活和他女儿婚礼的详尽报道，与他的同学路易斯·布兰蒂斯（Louis D. Brandies）共同在《哈佛法律评论》（*harvard law review*）上发表了《隐私权》（*The Right to Privacy*）一文主张：不受他人干扰的隐私权应受侵权行为法保护。②

目前，在世界各主要国家，隐私权已经成为一种普遍承认和保护的基本民事权利，为所有自然人享有。

2. 我国法律和司法实践中对隐私权的保护

在我国《宪法》中原则性地规定了公民人格尊严、住宅、通信自由受法律保护，但是在《民法通则》及相关民事法律、法规和司法解释中并未将隐私权作为一项独立的人格权加以规范。2009 年 12 月 26 日颁布的《中华人民共和国侵权责任法》（以下简称《侵权责任法》）第 2 条规定了隐私权属于应该保护的民事权益。另外，在我国的司法实践中已经对隐私权予以保护。从司法实践中看，侵犯隐私权的案例多与社会的"公众人物"（public figure）有关，所谓公众人物，是指那些有一定名声或自愿介入公众事务的人，包括政治人物、演艺明星、知名体育运动员等。

3. 保护知名运动员隐私权的必要性

（1）知名运动员与公众人物

知名运动员是指在体育领域有过重大贡献，并由于在体育领域的卓著成就而在国内某一范围甚至国际领域为公众所知晓，享有一定知名度的运动员。我国现行法律并无关于"公众人物"的规定。但是在 2002 年范志毅诉文汇新民联合报业集团侵犯名誉权案的判决书中首次提出了公众人物的概念，并认为公众人物对媒体没有捏造事实的报道有容忍义务。由此可见，"知名运动员是公众人物"的观点已经在我国司法实践中被法院采纳。

---

① 杨立新. 人格权法专论［M］. 北京：高等教育出版社，2005：336.

② Samuel D. Warren & Louis D. Brandies, The Right to Privacy, 4 Harv. L. Rev. 193 (1890).

（2）我国知名运动员隐私权保护的现状

我国大多数知名体育运动员缺少应对媒体的经验，没有或欠缺保护自己隐私的理念，自己或其亲友往往会在无意之中公开本属自己隐私的事项，或者在自己的隐私被非法曝光后不知所措，行为过激，以至于无法弥合与媒体、公众的关系，使自己的心态、竞技状态、事业发展都处于一种被动状态。同时由于我国体育竞技事业起步较晚，教练员、运动队、俱乐部甚至体育管理机构还不能把握保护运动员隐私与吸引社会关注之间平衡关系，隐私权保护意识也不强，有时为宣传某一运动项目，为获得国家、社会的支持，或为运动队、俱乐部的利益而不当牺牲运动员的隐私而不自知。

（3）保护知名运动员隐私权的必要性

知名运动员为了国家、集体、俱乐部的利益，付出了艰苦的劳动，承受着常人难以忍受的训练强度。如果知名运动员个人信息、私人生活被频繁曝光则会破坏他们内心的安宁并困扰他们的生活，进一步影响到训练和比赛成绩。因此，知名运动员自身应当对自己的隐私范围有一个清楚的界定，即哪些事项应当公之于众，哪些不应当公之于众，必须做到自己心中有数，同时及时提醒其亲友约束他们的言行。另外，教练员、运动队、俱乐部和体育管理机构也应当树立保护知名运动员隐私的理念；媒体和社会公众也不能出于猎奇心理而无限制地挖掘运动员的隐私，在全社会树立保护知名运动员隐私的基本理念。这样不仅能够保证运动员在不受干扰的情况下多出成绩、出好成绩，为国家、集体和俱乐部争光，同时也能够促进我国体育运动和竞技体育的可持续发展。

二、知名运动员隐私权的保护与限制

知名运动员以其骄人的运动成绩赢得了较高的社会知名度，因此不管这些运动员是否愿意，也不可避免地因为其公众人物的身份而在合理的范围内公开自己的部分隐私，这也体现了运动员的隐私权与公众知情权之间的平衡。因此，从运动员隐私权的保护对象和隐私权的具体权利内容中都体现了保护与限制的平衡。

1. 知名运动员隐私权的保护对象

知名运动员隐私权的保护对象就是知名运动员的隐私，由于知名运动员的公众人物的特性，其隐私的范围较普通人要受到公共利益和公共兴趣的限制。知名运动员隐私权的保护对象主要包括：与运动员所从事的运动项目无关的私人信息、私人空间和私人活动。

（1）私人信息

私人信息，也称个人情报资料，包括所有的个人情况、资料。① 由于体育运动本身的特点，运动员的身高、体重、健康状况等与其所从事的运动项目有关的私人信息不属于个人隐私，应该允许公众获知。比如很多篮球爱好者对美国NBA球员的个人信息，包括身高、体重、伤病、俱乐部转会经历、球路风格等了如指掌，这些都是允许的，这些信息也是运动员为了更好地获得球迷们的支持而必须公开的，因此不属于隐私范围。又如著名的跨栏运动员刘翔因脚跟的伤病在北京奥运会赛场退赛及其后到美国手术治疗的各种细节经过，这是很多关心刘翔的社会公众想要了解的内容，也与刘翔从事的职业有密切的关系，因此刘翔的教练孙海平、领队在刘翔退赛后召开新闻发布会向媒体说明情况，在刘翔去美国治疗时，在手术完成后又由孙海平、领队向公众报告手术情况都不属于刘翔的隐私，因此能够成为媒体报道的内容，但是除此之外的有关刘翔的其他信息，如与跨栏运动无关的社会关系、电话号码等与公共利益没有关系的信息，仍然属于被保护的运动员个人的隐私。

（2）私人空间（或称私人领域）

私人空间是指个人居所或临时处所或私人所有之物，诸如箱、包、日记、书信等。住宅是主要的私人空间。除住宅外，私人空间还包括更衣室、电话亭等。知名运动员对这些私人空间享有隐私权，任何人未经许可不得擅自闯入其私人所有的、合法占有的房屋，也不得非法采用有红外线扫描、高倍望远镜探测、长焦距拍照等手段窥视个人空间，否则，即构成对运动员隐私权的侵害。在2008年北京奥运会期间，比赛场馆内的兴奋剂检测间作为一种私人空间，也都为了保护运动员的隐私而不再设探头，同时禁止使用拍照或录像设备。据北京奥组委运动会服务部反兴奋剂处专家介绍，在整个受检及取样过程中，运动员不会受到与检查无关的人员监视。兴奋剂检查工作人员必须遵守的纪律之一，就是决不能泄露运动员的隐私和有关检查的详细信息，不设探头也是对运动员隐私权的保护。②

（3）私人活动

私人活动包括日常生活、社会交往、夫妻的两性生活等一切个人的、与公众

---

① 杨立新. 人格权法专论 [M]. 北京：高等教育出版社，2005：336.

② 杨文. 兴奋剂检测间禁用手机 保护运动员隐私不设探头 [EB/OL]. http：//sports. cn. yahoo. com/07－11－/357/29y30. html.

利益无关的活动。运动员的私人活动不应受到限制，因为知名运动员除了参加训练和体育比赛外，就是社会中的普通一员，有权利不受干扰地享受私人生活，也只有在不受干扰下充分休息和调整，运动员才能以更好的状态投入到工作中去。新闻媒体采用跟踪、偷拍、窃听等方式打扰知名运动员私人生活的行为属于侵犯知名运动员隐私权的行为。

媒体对报道知名运动员的隐私一般采取"满足公众的兴趣"的抗辩。如何界定合理的公众兴趣呢？兴趣属个人的主观心态，千差万别，有时受非理性支配，难有统一的标准。同时，公众兴趣会有猎奇、低俗的兴趣倾向，媒体报道不能一味满足公众的这种兴趣而丧失了媒体自己的价值判断。本文认为，知名运动员的与其职业相关的活动、行踪具有一定的社会属性，成为公众知情权所指向的对象，因而对该部分隐私的探知符合公众的"合理兴趣"，不构成侵犯隐私权。因此，知名运动员外出喝酒、打架，出入色情场所，甚至吸毒等行为既违反了运动队、俱乐部的管理规定，也属于违反社会治安管理规定甚至违法犯罪的行为，对于这些活动虽然不属于与体育活动有关的事项也因为舆论监督、法律监督的需要也应当不属于知名运动员的隐私。

2. 知名运动员隐私权的具体权利内容及其限制

隐私权首要的作用和功能在于确保其在私人领域自由决定和自由行动的权利，因此隐私权的具体权利内容主要包括隐私保有权、隐私利用权。[①]

隐私保有权，即知名运动员有权对与社会公共利益无关的私人信息、私人领域和私人活动加以保护和隐瞒，以维护自己人格的圆满和生活安宁。对于运动员自身与公共利益无关的隐私，运动员都有权利予以隐瞒，以维护自己的人格尊严。他人，包括亲友、教练员、运动队、俱乐部或体育管理组织如果掌握运动员的这些隐私也不得随意公开，即构成侵犯隐私权。

隐私利用权，即知名运动员为了满足一定的物质利益或精神利益需要，依法按自己的意志对其隐私加以使用、公开或处分的权利。知名运动员为满足自己需要，可以利用自己的隐私，也可以按照自己的意愿对部分隐私予以处分。比如出版自己的日记，将自己的成长历程和竞赛经历写成书出版，准许媒体参观、拍摄自己的居所，同意他人使用自己的肖像、身体拍摄广告等。

隐私保有权和利用权都是知名运动员对自己的隐私主动予以控制的权利；另

---

① 许添元. 体育明星隐私权的法律保护 [D]. 成都体育学院学报，2005，(5) 11.

外，知名运动员认为某些事项属于自己的隐私而意图予以控制，但社会公众又认为这些事项是其应当了解的内容而予以获取，这两者就存在保护与限制的冲突，判断是应当予以隐瞒的隐私还是应当公开的事项涉及隐私权与知情权的平衡。

知情权是获取某种信息的权利，新闻自由和信息公开是实现知情权的重要途径。当某一信息涉及公共利益、公共需求或政治利益时，隐私权的保护应让位于知情权，应当允许公开不得隐瞒，比如在 2008 年北京奥运会期间，有媒体质疑中国某些女体操运动员的年龄、国际奥委会也要对此进行调查时，我国相关体育管理部门则对该信息予以公开，接受公众、国际奥委会的监督，以体现"公平、公正、公开"的精神。

3. 判断知名运动员隐私权限制的标准

对于如何判断某一私人信息、私人空间或私人活动是否涉及公共利益、公众需求或政治利益，本文认为，应当坚持以下标准：是否与体育运动相关；是否与体育精神相悖；是否有损国家形象；是否与商业利益有关。

（1）是否与体育运动相关

知名运动员以优异的表现征服了观众，成为人们心目中的英雄偶像。人们自然非常渴望了解关于他们的许多事情。满足普通公众希望了解知名运动员个人情况的愿望，将有助于吸引更多的人参与体育运动，发展体育事业。

在这里，知名运动员公开那些与体育运动相关的个人隐私，并不是为了维护某种明确的公众利益，而是为了满足某种公众兴趣。这种公众兴趣也并不是与某种明确的公众利益相关。但知名运动员的这种行为将有助于人们对体育运动的了解和热爱，有助于体育事业的发展。目前这种行为已成为体育界默认的一种行为准则，社会媒体或普通公众想了解运动员此方面的个人隐私应该不算是侵权行为。

（2）是否与体育精神相悖

体育运动是外向型的，是以运动员优秀的表现来吸引公众的。但是与其他表现类的艺术或表演相比，体育运动本身还包含着一个更高的追求目标，那就是伟大的体育精神。它超出了体育运动的本身，是整个人类追求健康向上，不断超越自我的一种精神。体育运动员有违这种精神的言行，即使与体育运动无关，也会被人们认为他是在亵渎体育精神，这对体育运动来说是一种损害，也是对公众利益的一种损害。因而对这样的个人隐私，公众有权了解，也有权对其言行进行评价。

（3）是否有损国家形象

知名运动员往往都是国家级的著名运动员。由于他们经常代表国家参加各种国际大赛，以优异的表现赢得了各国人民的关注。在世人眼中，场上场下的他们就代表了各自的国家和民族。在这种情况下，如果他们个人有什么不当的言行被媒体曝光，都将会破坏该国人民在国际上的形象。如果有人对他们不良的言行进行批评或劝导，他们不应该将其视为对自己隐私的侵犯，因为他们的表现关系到自己国家的形象问题，影响本国人民的公共利益。

（4）是否与商业利益有关

在当今信息发达的商业社会里，知名运动员对公众利益的影响更多地体现在其自身的商业品牌价值。由于知名运动员是公众心目中的英雄偶像，他们轻易地赢得了亿万消费者的喜爱和信任，利用他们的广告代言，商家们可以迅速地推销他们的产品。而知名运动员的品牌价值不但与他们曾经取得的辉煌体育成绩相关，也与他们身上所体现出的健康阳光的体育形象、正直公平的体育精神密切相关。

在日常生活中，一旦知名运动员的言行有悖于体育精神，而且言行被曝光的话，那将会使很多消费者受到感情上的伤害，对他们所代言的产品必将产生心理上的排斥感，从而给公众和商家的利益均带来损失，运动员本身的品牌价值也大打折扣。例如，2009 年年初美国"飞鱼"菲尔普斯吸大麻的新闻一出，就有一家公司中止了与他的广告代言合同，因为他们认为菲尔普斯的坏习惯会影响到他们的青少年顾客。

因而当知名运动员的个人隐私与某种商业利益相关时，也就会最终影响到社会公众的利益，那么这种隐私就有必要公开了。

四、知名运动员隐私权保护的制度构建

1. 在《体育法》中应明确知名运动员的含义，进而详细规定对知名运动员隐私权的保护与限制

颁布于 1995 年的我国《体育法》受当时"宜粗不宜细"立法思想的影响，对体育运动员的管理只有原则性的规定，目前出现的问题找不到解决的依据，已经不适应现代体育发展的需要，面临着修改。比如，现行《体育法》第 28 条规定"国家对优秀运动员在就业和升学方面给予优待"，但对优秀运动员的含义未明确界定。本文认为，应明确知名运动员和优秀运动员的关系，指出知名运动员的具体内涵。这样才能为知名运动员隐私权的保护与限制奠定基础。

2. 树立保护知名运动员隐私权的观念

鉴于目前全社会对知名运动员隐私权的范围和保护尚未形成统一认识，因此本文认为应当加强知名运动员隐私权的宣传，在北京奥运会期间，法制日报等媒体刊登文章提醒媒体、运动员及其亲友、教练员等在采访和接受采访中，注意保护知名运动员的隐私权，不要事无巨细、不要无限度地满足公众对资讯的渴望和猎奇心。任何基于公共利益而对知名运动员进行的报道，都不能不合理、不必要和不谨慎地涉及其隐私。所谓不合理，是指对运动员隐私范围和程度的公开，超过了基于公民知情权的基本要求，违背了新闻道德原则或公序良俗原则。所谓不必要，是指对知名运动员隐私的报道，并不是维护公共利益所必需的，相关信息对于增加公众知情权并无裨益，例如知名运动员的家庭经济状况、社会关系和生活习惯，可能就不是公众必须知道的；所谓的不谨慎，是对媒体报道者心态的提醒，因为知名运动员的隐私一旦被披露，造成的消极影响或伤害可能是无法消除的，这是对被报道者的不尊重，也是对新闻报道的不负责。

3. 建立运动员工会组织

由于知名运动员长期从事训练和比赛，与同龄人相比在社会经验、知识结构方面都存在差异，很难理解艰涩难懂的法律条文，在我国目前的情况下，达到每一位知名运动员都拥有自己的体育经纪人也非易事。本文建议体育行政管理部门可以建立体育运动员工会组织，聘请有经验的法律人士来处理有关知名运动员各项民事权利侵权的案件，以维护运动员特别是知名运动员的合法权益。同时也可以通过运动员工会来约束教练员、运动队、俱乐部等对运动员隐私的不当公开和利用。

第四节　知识运动员的形象权

一、形象权的概念及来源

1. 形象及形象权

在一般意义上，形象是指表现人的思想或感情活动的具体"形状相貌"或是指文学艺术作品中作为"社会生活描写对象"的虚构人物形象或其他生命形象。形象虽然是表现特定对象之个性特征的一个整体,但它包括许多具体的因素,例如真实人物的姓名、肖像、声音、体态等专属性人格因素;虚构角色的名称、图像、声音、姿态等艺术性角色因素。①

各种各样的人格因素或角色因素,都可能构成形象因素,从而具有商品化的价值。作为形象权的保护对象,形象可以分为以下两类:一是真实人物形象,即自然人在公众面前表现其个性特征的人格形象。它通过诸如姓名、声音、签名、影像(包括静态的肖像照片和动态的电视、电影中的个人形象)等人格因素形成具有实质性区别特征的形象,以表示或表现相应的自然人。二是虚构角色形象,即创造性作品中塑造的具有个性特征的艺术形象。它通过名称、外形、经典动作、口头禅、关键短语等艺术要素,创造并非真实存在的虚拟性角色,包括人物、动物等。虚构角色包括文学角色、视听角色和卡通角色。

世界知识产权组织的有关文件将形象分为"虚构角色"形象和"真实人物"形象两种。在美国,学理上也有真实人物形象与虚构角色形象之分,但它们在法律上却有不同的权利形态。真实人物形象的相关权利被称为"形象权"(right of publicity),是指"个人对其形象进行商业价值利用的权利"或表述为"每一个自然人固有的、对其人格标识的商业使用进行控制的权利"。虚构角色形象的相关权利则称之为"角色权"(rights in characters),其权利指向涉及作品中的"艺术形象",包括"在电影、电视、动画等作品中出现的人物、动物或机器人等,也包括用语言表现的作品中的虚拟形象。"②

在日本,学者将形象商品化的对象限定为"角色",但又对其做了扩充性解释,即角色包括漫画或动画片中的出场人物等靠视觉表现出来的臆想角色,小说故事中的出场人物等依文字、语言表现出来的虚构角色以及真实人物。

我国学者郑成思列举了形象的各种形态,包括真人的形象、虚构人的形象、创作出的人和动物形象、人体形象等。这里所讲的各种形象其实可以概括分类为真实人物形象与虚构角色形象。③

上述两类形象,由于形象商品化的结果,形象利益遂演变成商品化之形象权

---

① 吴汉东. 形象的商品化与商品化的形象权 [J]. 法学,2004(10).

② 林雅娜等. 美国保护虚拟角色的法律模式及其借鉴 [J]. 广西政法管理干部学院学报,2003(5).

③ 郑成思. 版权法 [M]. 北京:中国人民大学出版社,1993.

市场价值与财产利益。第三，人格权的功能表现为防止他人对自己人身和精神利益的损害，而形象权的作用表现为禁止他人对自身形象的商业性利用。总之，形象权起源于人格权，但又有别于人格权。

2. 形象权与著作权

著作权法最重要的特点就是，它保护关于思想观念的表述，不保护思想观念本身。其保护的对象和客体是作品，是必须在文学、科学和艺术领域内具有独创性并能以某种有形形式复制的智力创作成果。英国版权法把照片也纳入作品的范围①，也就是说，照片的版权属于拍摄它的人，一个人只有既是照片的拍摄者又是照片中的被拍者，才可能同时拥有版权和形象权，一般情况下这是不可能的。所以一般情况下形象权人和版权人不是同一个人。这样一来，摄影师不能阻拦被拍摄的人商业性地使用自己的肖像，而被拍摄的人也不得未经摄影师的许可而商业性地复制有关的摄影作品。两种权利的关系在这个例子中得到了很好的体现。

3. 形象权与商标权

在某些特殊的情况下，某人的姓名或肖像也可以用做商标，如"李宁"、"李小双"、"乔丹"等知名品牌都是用创立人或代言人的姓名或头像做商标的。商标的根本点在于显著性，而姓名或肖像本身是不具有显著性的，同名同姓是再常见不过的事，但是知名人士的姓名和肖像一旦与某种商品或服务相连，就具有了指示该商品或服务来源的作用，满足了作为商标的要素。尽管两种权利的起源不同，前者来源于隐私权，后者来源于商业欺诈的法律，同时两者保护的对象也不同，但并不影响权利人在遭遇侵权行为时，从两者之中选择于己有利的角度主张权利。这是从不同角度，用不同的权利来保护同一个客体。②

4. 形象权与隐私权

上述分析已经可以看出两者之间的区别：形象权是财产权，目的在于保护个人的形象因素不受他人的不正当商业利用。隐私权是一种独立的人格权，目的在于保护个人姓名、肖像不被他人非法公开和利用，免受情感伤害。形象权的主体一般是知名人士，所关心的不是应不应该公开知名人士的姓名和肖像，而是谁应当从利用这些姓名和肖像中获利的问题。而隐私权的主体是所有的真实自然人，自出生就当然地享有个人私生活不受打扰的权利。

---

① 王利明、杨立新. 人格权与新闻侵权 [M]. 北京：中国方正出版社，1995：469.
② 郑成思. 知识产权法 [M]. 北京：法律出版社，1997：22.

形象权作为一种财产性权利，可以转让和继承。因为利用的不是姓名和肖像本身，而是其中包含的商业价值，所以即使权利人死亡，也不影响形象权的独立存在，而隐私权是与自然人的人身紧密相连的，专属于权利人，故不得转让、抛弃，更无法继承。当然，在某些特定的情形下，侵权者的行为可能既侵犯了他人的隐私权又侵犯了形象权。

三、知名运动员形象权的法律保护

随着现代社会的发展，越来越多的人关注体育活动，体育事实上已经成为娱乐产业的一部分。知名运动员逐渐像好莱坞明星一样引人关注，他们的号召力和良好的公众形象被越来越多的商家看重，商家通过将运动员的姓名或肖像等注册为商标、为运动员提供赞助、请运动员代言等方式来宣传自己的产品和服务。一些知名运动员逐渐成为市场偶像，尤其对于足球这个世界最受欢迎的运动而言，越来越多的足球运动员对自己的形象进行商业化利用。以英国著名球星贝克汉姆为例，他在非运动领域利用名字和形象的商业化所获得的收益比在足球场上获得的要多得多，在这个意义上，可以说他的脸比脚更值钱。

1. 确认知名运动员形象权的必要性

我国知名运动员将体育作为其事业要付出极大的时间、精力甚至是伤病的代价，他们承受了常人所不能承受的压力，才有可能取得优异的成绩，并为人们所熟知、所喜爱。如果我们对运动员成功所付出的代价进行细化分析，其可以由以下几部分组成：

（1）运动天赋。运动天赋即运动员人力资本的比较优势。竞技体育是天才的事业，运动员个人原始的运动天赋，是一种特殊的稀缺资源，其人力资本的比较优势中蕴含潜在的巨大的经济和社会价值。运动天赋可以确立为运动员原始资本的支付。

（2）机会成本。一旦运动员选择了竞技体育这个职业，必然放弃并丧失其他途径成才的可能。运动员付出的机会成本也是昂贵的，运动职业属于"吃青春饭"的领域，如果不能在所从事的运动项目上取得成就，甚至因为训练和比赛而落得一身伤病，而同时由于高强度的体育训练而未能进行其他的知识和技能学习，那么他们结束运动员职业后的生活状况，就可想而知了。

（3）高风险性。运动员职业的高风险性突出表现在两个方面：第一，"赢家通吃"风险。竞技体育的一个突出特点是竞争过程和结果都极其残酷。由于一个运动项目在全世界只有一个世界冠军，而比赛结束后所有的光环大多都会集中在冠军身上，因此冠军具有"赢家通吃"、"整碗捧去"的特点，使得即使是与冠军毫厘之差的亚军、季军也几乎无人问津。第二，高危作业风险。运动员职业是一个挑战人类身体极限的职业，其风险还表现在训练和比赛可能产生的伤病、残废甚至是生命的付出。

（4）高支付性。运动员职业具有高负荷、高投入、高智力劳动的特点。运动员往往是"少年出家"，一个运动员从其"少年出家"到"功成名就"，需要长达十几年的积累，在这个过程中，其家庭要为之付出许多的训练成本和经费，即使是在我们的"举国体制"下，一个运动员的成功也需要家庭的经济支付。同时，在运动训练过程中，运动员要经受常人难以忍受的大运动量的训练和各种病痛，要将全身心投入到训练中去，放弃个人的生活和自由。这种付出也是常人难以想象和承受的。

由此可见，一个运动员要成为知名运动员，使其形象具有商业影响力，需要承受常人难以想象的付出。因此，我们应当充分保护知名运动员形象利益的商业价值。毕竟，现在已经是市场经济时代，过去一味要求运动员只问付出、不图回报的年代已经过去了。社会应正视这种变化，并从法律上保障运动员的财产利益不受非法侵犯。[①]

2. 我国知名运动员形象权侵权案例

我国曾发生过一些争议，并引起了关于运动员形象权归属的法律诉讼。2003年5月，可口可乐公司与中国男篮签署了商业赞助合同后，在产品包装上使用了包括姚明在内的三个国家男篮运动员的形象，姚明站在正中间的显著位置，姚明认为可口可乐公司未经本人许可而将其肖像用于产品上是侵权行为，并提起了诉讼。

另一个著名案例是2004年10月21日刘翔在奥运会上"飞翔"的照片被登在《精品购物指南》第80期的封面上，封面下方有中友百货第6期购物节的广告，此照片是奥委会下属官方机构拍摄的，精品购物指南报社购买了该照片用于杂志封面，刘翔认为精品购物指南报社等4家单位未经其同意而商业化使用其肖像的行为侵犯了自己的肖像权，向法院提起了诉讼。

这两个案件引起了广泛的争议，这些争议的焦点就是1996年国家体委出台

---

① 蔡璞、袁张帆. 体育运动员的形象权及其法律保护［J］. 首都体育学院学报，2004，1（4）：53.

的 505 号文件的合法性问题，该文件强调现役运动员的所有无形资产归国家所有，那么是否只要商家得到了国家运动员管理机构的许可就可以不经运动员本人许可对其姓名、肖像等进行商业化使用？

2001 年我国国家体育总局出台了《关于运动项目管理中心工作规范化有关问题的通知》，该通知规定"运动员从事商业性广告活动应经所属的全国性单项体育协会批准，并由协会通过合法的广告中介机构办理"，同时规定了商业性广告收入按照运动员个人 50％、教练员和其他有关人员 15％、全国性单项体育协会 15％、运动员输送单位 20％的比例进行分配。但该通知只涉及运动员形象权开发之后利益分配的问题，并没有明确运动员形象权的归属问题。

2006 年国家体育总局在《关于对国家队运动员商业活动试行合同管理的通知》中规定：一、运动员商业活动中价值的核心是无形资产，包括运动员的姓名、肖像、名誉、荣誉等。随着我国体育社会化程度的不断提高，体育投资主体多元化、利益多元化的趋势日益明显，但在我国现阶段，发展竞技体育是国家的重要任务，国家投入仍然是竞技体育发展的主要渠道和主要保障。对多数运动项目而言，运动员的无形资产的形成，是国家、集体大力投入、培养和保障的结果，同时也离不开运动员个人的努力。国家队的主要任务是完成训练和比赛任务，为国争光，运动队和运动员的一切行为都应围绕这一核心任务进行。商业开发活动应当服务于项目发展和运动队建设，有利于运动队的教育和管理，不得冲击队伍的正常训练秩序，影响队伍的稳定和发展。要保障国家队训练竞赛任务的顺利完成，同时依法保障运动员的权益。二、各单位应当根据本项目实际情况和工作需要，与进入国家队的运动员签署相关合同，对国家队运动员商业活动进行管理。要围绕国家队运动员的商业活动，明确约定管理单位与运动员的基本关系及相关权益的处置，明确运动员商业开发活动权利主体、运作主体、运作模式、运作程序、相关权利义务、违约责任等。各运动项目国家队的管理体制和模式存在较大差异，在运动员管理模式上也不尽相同。各单位应当在遵守有关政策规定的前提下，根据本项目国家队的自身情况，如国家队组织模式、集训时间、队员来源和身份、相关关系等因素，认真研究确定双方在运动员商业活动方面的相互关系，明确权益。①

---

① 郑李茹，田学礼. 我国国家对运动员无形资产开发权问题研究 [J]. 南京体育学院学报，2009，5（23）：15—18.

从 1996 年国家体委出台 505 号文件到 2006 年国家体育总局的规定的转变，表明我国正逐渐意识到商业化不断侵入体育领域的今天，无形资产的归属不能再像过去那样一刀切地归于国家所有了。然而从 2006 年这份文件的叙述中可以看出：首先，仍是在反复强调中国的体育事业包括运动员，是国家投入的结果；其次，第二条虽表明在商业活动中的关系利益等可以协商，但始终没有明确我国竞技运动员的无形资产及开发权的归属或分成问题。规定上的模糊，就给了实际执行中很大的自由裁定空间，这无疑为运动员形象权的保护埋下了隐患。

3. 目前我国知名运动员形象权保护的立法现状

从我国的现行立法和法律实践来看，已有不少对于运动员形象权保护的规定，如民法中对于人格权的保护、商标法的保护、反不正当竞争法的保护等。虽然现行法律为运动员形象权的实现提供了法律依据，但是在日益商品化的今天，我们应看到现行法律的规定已无法完全满足形象权保护的需要，存在着很多局限。

（1）通过人格权保护的局限

首先人格权的保护范围无法涵盖所有形象权的客体，人格权始于出生（或成立），终于死亡（或消灭），为自然人终生享有或法人在存续时间享有。而形象权作为一种特殊的财产权，其保护还可以延伸到已去世的知名运动员，他们的形象权由其继承人享有并行使。其次，形象权主要是通过转让或许可使用其人身标识来得以实现，而人格权的权利与主体之间则具有不可分离的属性，不可转让、许可使用或者放弃。

（2）通过商标权保护的局限

我国仅对依法经过注册的商标予以保护，而并非所有的人格特征都可以注册成为商标，如声音等，这就使得部分的形象权保护被排除在外。而且商标权有有效期的限制，以及要求商标须持续使用，否则可能招致撤销的规定等，这些都不符合形象权使用的特性。

（3）通过反不正当竞争法保护的局限

主要在于反不正当竞争法保护的主体具有特定性。根据《中华人民共和国反不正当竞争法》第 2 条的规定，主体主要是"经营者"，是指从事商品经营或者营利性服务的法人、其他经济组织和个人。"反不正当竞争法调整的是在市场经济中产生的各种社会关系，它的规范对象是竞争者，其主体亦在竞争者之间"。这便极大地限制了反不正当竞争法保护的范围。1996 年 WIPO（世界知识产权组织）编撰的《关于反不正当竞争保护的示范规定》第一条第（1）款界定"在工商业活动中违反诚实的习惯做法的任何行为或做法应构成不正当竞争"，这使得其保护范围有很大的突破，但主体上仍局限于自然人和法人，不能完全适应形象权的保护。

四、国外在运动员形象权保护上的经验

在欧洲国家运动员形象许可协议中，通常都有一个典型的"权利许可"条款，该条款将形象权定义得非常广泛：许可其人格要素作为以下用途使用的权利——拍摄电影、电视（包括直播与转播），广播（包括直播与转播），制作录音、动漫、录像和电子图片（包括但不限于电脑制作的形象、静态图片、个人影像），产品代言和各类媒体广告，以及对其个人的姓名、肖像、签名、生平经历和成果（包括著作权和其他知识产权）等包括但不限于个人的实际或模拟的肖像、声音、照片、表演、个人特征和其他表示其身份的要素进行促销和商业化使用的权利。[①]

关于形象权的讨论焦点不仅在于形象权的内容，还有一个更重要的问题是其权利归属问题，尤其是当运动员属于某一体育组织或某个团队的时候，这个问题就更加突出。

以英超联盟的球员雇佣合同为例，其中的第 4 条就是关于运动员形象权商业化利用的有关条款，该条款首先对形象权的权利归属进行了规范。根据该条款的规定，球员进入英超联盟后，其所代言和接受赞助的商标和产品不得与俱乐部代言的商标和产品、俱乐部的两个主要赞助商或商业合作伙伴以及联盟的最主要赞助商的商标和产品相冲突或竞争，加入英超联盟之前已经存在的商业化行为除外。

2004 年，德国一家电子游戏制造商"电子艺术公司"（Electronic Arts，简称 EA）在其开发的国际足联（FIFA）足球电脑游戏中使用了德国前国家队守门员奥利弗·卡恩（Oliver Khan）的形象，卡恩认为未经本人同意而使用自己的形象是一种侵权行为，并提起了诉讼。而该公司的抗辩理由是该使用虽未获得卡恩本人的授权，但公司已与德国国家足联以及国际足联签订了有关游戏开发的协

---

① 刘进. 欧洲国家对运动员形象权的法律保护［J］. 体育学刊，2007（7）.

议，协议中明确规定公司可以在电子游戏中使用德国足联俱乐部球员的肖像制作虚拟游戏形象。但在此案中法院最终支持了卡恩的诉讼请求。

运动员形象权的权利归属至少涉及以下主体：运动员、俱乐部、主办单位、体育协会、体育行业监管机构。运动员个人的形象权到底属于哪个主体，这是个很复杂的问题，很难从立法上给予统一规定。

从欧洲国家处理形象权归属冲突的实践来看，形象权的归属冲突主要存在于运动员与其雇主或者行业协会之间，其现有的处理方法有以下几点是值得借鉴的：第一，尊重运动员加入某一组织和团队前行使形象权的自由；第二，在加入某一组织或团体之后，仍然给予运动员一定的行使个人形象权的自由，只要其形象商品化行为不与体育组织或团队的商业行为相抵触和冲突即可，并将该要求在事前的雇佣合同中加以明确；第三，除运动员个人所接受的雇佣合同的规定外，运动员所在的组织和团体及其他任何组织和个人不得以任何方式损害或剥夺运动员个人的形象权。

五、对我国知名运动员形象权保护的建议

1. 应该在立法上引进形象权

形象权旨在保护人格的标识要素，因此，凡是某一要素能指称某一特定的人物形象，增强商品或服务对消费者的吸引力，能使顾客产生某种特定的联想，发挥符号的指引功能，就有可能产生形象权。形象权作为一种财产性权利，可以转让，也可以许可他人使用，在立法上引进形象权，可以充分保护我国运动员形象所具有的经济价值。同时，考虑到国家对运动员培养的投入，可以由运动员与体育管理部门签订部分转让形象权的合同，其一部分形象权（或形象利益）由体育管理部门代表国家进行支配。这样，既兼顾了国家的利益，也符合我国民法的基本原则。

2. 应该对形象利益在国家、集体和运动员个人中进行合理的分配

我国的竞技体育实行的是"举国体制"。从业余体校、专业体校到省市体工队再到国家队，运动员要通过层层输送、选拔，而能够成为世界冠军的只是极少数人。在这个过程中，运动员的培养依靠国家大量人力、物力、财力的投入。但是，随着社会主义市场经济的不断完善，竞技体育商业化进程的加快，运动项目职业化的推进，"举国体制"与市场经济的矛盾越来越显现。竞技体育运动员同

训练单位在物质利益上产生的争议，只是这种矛盾的表现形式之一。

对运动员形象商业收益的分配不能"一刀切"，而应根据不同运动员项目的特点区别分配比例：对于职业化程度高，更多靠运动员自身努力和投入的，则应提高运动员的分配比例；而对于国家"包办"程度高，国家在人力、物力、财力等方面投入高的，则应提高国家的分配比例。

3. 对于运动员的形象要素应区分"个人要素"和"运动员要素"两种类型，并对这两种类型的形象要素的商业价值进行不同的分配。

所谓运动员形象要素中的"个人要素"是指运动员个人未以任何方式直接或者间接显示其与运动队或所从事的运动项目有关的肖像、姓名或别名、声音等个人特征；而形象要素中的"运动员要素"是指运动员个人的以任何形式涉及或者展示与运动队或所从事的运动员项目有关的肖像、姓名或者别名、声音、体育动作等运动员特征。[①]

一个运动员存在这样两种不同的人格标识的主要理由是：一个自然人在赛场上奔跑时，其肖像、动作等仅反映个人的信息。但一个自然人身穿特定的运动服、手握运动器械在赛场上竞技时，其肖像、动作等则传达了运动员的信息。"运动员要素"相较于"个人要素"，能够产生更大的商业利益，在于前者传递了"优胜"、"第一"、"拼搏"、"健康"等良好信息，可以为商业所用，而后者一般无法传递相同的信息。就两类形象要素的形成过程来说，也是有着明显区别的。"个人要素"的形成，取决于先天的继承、后天的教育、生活环境和经历等，而"运动员要素"的形成，既有先天继承因素，也有后天对竞技能力进行训练的因素。比如，运动员潇洒的动作、矫健的形象均是其竞技能力的体现，乃至运动员表现的刚毅神态的肖像，都是竞技能力意志品质的体现。

对于运动员形象要素中的"个人要素"，其商业利用的物质利益应归其所有。比如，英国足球明星贝克汉姆做洗发水生产商 BRYLCREEM 的广告，由于不涉及体育方面的形象，因此被认为没有违反劳动合同。[②] 形象要素的"运动员要素"商业利用所带来的物质利益，则应根据各有关方面在培训运动员竞技能力中作用的大小和投入的多少，合理地确定其参与物质利益分配的比例。

---

① 朱灿. 论运动员的形象权［D］. 对外经济贸易大学硕士毕业论文，2006.
② 赵豫. 运动员形象权的法律保护［J］. 体育学刊，2005（2）：20.

第二章　运动员转会与运动员社会保障

第一节　运动员及运动员技术等级制度

一、运动员的分类

根据《劳动部关于界定文艺工作者、运动员艺徒概念的通知》（1992）的规定，运动员，系指专门从事某项体育运动训练和参加比赛的人员。也就是说，在我国运动员只包括专业运动员和职业运动员，并不包括业余运动员。

1. 专业运动员

国家体育总局、教育部、公安部、财政部、人事部、劳动和社会保障部六部委于 2007 年 8 月 31 日颁布实施了《运动员聘用暂行办法》。《运动员聘用暂行办法》中规定，"运动员是指专业从事某项体育运动训练和参加比赛，且享受试训体育津贴或体育津贴的人员。"此处的运动员是指专业运动员。

专业运动员是与计划经济和举国体制相伴而生的产物，是国家为了提高运动成绩，攀登世界体育高峰，增强民族凝聚力和自豪感而设立的制度。国家为运动员提供训练条件（场地、设施、教练等）、食宿条件，并由国家发工资、补贴，其中心任务就是训练和比赛，为国争光。所有权主体是代表国家的地方体育局。[①]

---

① 许永刚，李华. CBA 运动员人力资本所有权界定 [J]. 体育学刊，2008 (5).

2. 职业运动员

杨铁黎、张建华认为"职业运动员是把某项运动作为一种谋生手段，将自身的竞技能力以商品的形式出现，换取劳务报酬的一种职业"。[①]

在我国，职业运动员是指与某一职业俱乐部签订工作合同并经过相关项目管理中心（协会）批准注册，以从事某项竞技体育运动为主要谋生手段，通过出售自己的竞技能力，换取劳务报酬的特殊职业群体。

《中国足球协会运动员身份及转会暂行规定》（2010）第 3 条规定，职业球员是指年满 18 周岁，与职业俱乐部签订了书面劳动合同，且以从事足球活动的收入作为其主要生活来源的球员。

也就是说，职业运动员必须同时具备以下三个条件：第一，相关项目管理中心批准注册的运动员；第二，与某一职业俱乐部签订工作合同的运动员；第三，以从事相关运动为主要谋生手段的运动员。

最早从事体育运动的运动员是没有职业和业余之分的。但在公元前 388 年至公元前 146 年时就已经开始出现职业运动员。18 世纪末，有人提出所谓"业余原则"。该原则称那些获取过竞赛报酬的运动员为职业运动员，不准其参加不获取报酬的业余比赛。19 世纪时"业余原则"在英国确立下来；田径界对职业运动反对最为强烈，1876 年成立于伦敦的田径俱乐部正式将"业余原则"写入自己的章程。

1894 年，复兴奥林匹克运动会代表大会通过的《奥林匹克宪章》第 4 条规定，"凡职业运动员，除击剑外，不得参加其他奥林匹克比赛项目。不为任何报酬或金钱奖励参加比赛，不与职业运动员比赛，参加体育指导永不收取酬金的运动员才是业余运动员"。这是现代奥林匹克运动关于"业余原则"最初的也是最明确的表述。

应该承认，"业余原则"确实是一个值得追求的体育价值观念，对促进奥运会的初期发展，保证奥林匹克运动的纯洁，确实产生了积极的作用。

但是，"业余原则"一产生便遭到体育界不少人的反对。反对者认为关于"业余原则"的规定有很大的漏洞，首先把是否获取报酬作为衡量"业余"和"职业"的标准，既含混不清，又难以把握。其次，"业余原则"与奥运会的组织形式（竞赛）是格格不入、相互矛盾的。因此，这一规定与其说是"业余原则"

---

① 杨铁黎，张建华. 职业体育市场运作模式的理论探讨［J］. 体育与科学，2000（3）.

的滥觞，毋宁说是拉开了"业余"与"职业"之争的帷幕。①

随着职业赛事规模迅速扩大，"业余原则"的维持也让国际奥委会背上了包袱。一方面，运动员身份的界定成为多年来困扰国际奥委会头疼的问题；另一方面，业余选手越来越难以符合国际奥委会提出的"更快、更高、更强"的要求，使得奥运会的观赏性和代表性都大打折扣。正因为如此，来自民间和国际奥委会内部允许职业运动员参加的呼声越来越高。1980年的代表大会上，国际奥委会终于从《奥林匹克宪章》中删除了有关"业余原则"的规定。1988年，当职业网球选手出现在汉城奥运会赛场时，现代奥林匹克运动从此翻开了新的一页。

1992年，由美国NBA职业篮球选手组成的"梦之队"亮相巴塞罗那奥运会，引起轰动。此后，职业棒球、冰球、网球选手先后踏上奥运赛场。为控制奥运会规模，国际奥委会在2002年规定，奥运会大项要控制在28个以内，并定期评估，决定去留。2005年，棒球和垒球不幸在投票中出局，离开了奥运会。2012年的伦敦奥运会，举行了26个大项的比赛。在奥运会的26个大项中，只有职业拳击选手还不能参赛。这是由于职业拳击和业余拳击规则相去甚远。不过，这一状况也有望在今后几年得到改变。

3. 优秀运动员

国家体育总局发布的规范性文件中经常会出现优秀运动员、优秀运动队的说法。比如，《运动员聘用暂行办法》（2007）第2条明确指出，"本办法适用于各省级及以下优秀运动队的运动员"。还有例如《优秀运动员伤残互助保险试行办法》（2002）、《国家体育总局办公厅关于退役优秀运动员免试进入高等学校学习有关事宜的通知》（2000）、《国家体育总局关于国家体育总局直属体育院校免试招收退役优秀运动员学习有关问题的通知》（1999）等。但是这些规范性文件并没有对优秀运动员这一身份进行界定。

北京体育大学闵捷的硕士毕业论文《对我国优秀运动员人力资本产权归属问题的研究》中指出："在进行本项研究的过程中，首先查阅了国家体育总局关于优秀运动员的相关规定，对优秀运动员的规定有以金牌为标准的，有以运动级别为标准的，没有统一的规定。另外，从中国期刊网上查阅相关文章，发现有大量的关于我国优秀运动员训练、培养、就业、产权等问题的相关研究。但在这些研究都没有对我国优秀运动员进行明确的界定，也没有十分确定的说法。一般情况

---

① 刘世明. 业余原则述略 [J]. 武汉体育学院学报，1992（4）.

下都是选择国家队或省市队成绩较好的队员进行研究，也有选择青年队成绩较好的队员进行研究的；还有就是选择在奥运会、全运会或全国性的大型比赛期间对参赛运动员进行研究的，各项研究都是根据自己的需要选择研究对象。"[①]

上海体育学院陈书睿老师在其论文《优秀运动员社会责任的法学分析》中指出："优秀运动员一般指省、自治区、市（包括各地市）高水平运动队正式在编享受体育津贴奖金制的在役运动员，随着体育事业的发展，或许还应包括竞技成绩优秀的不正式在编的注册运动员和以参加职业体育活动为主的职业运动员。"[②]

二、我国运动员技术等级制度

运动员技术等级制度是我国竞技体育制度的组成部分，形成于 20 世纪 50 年代中期，至今已实施近 60 年，其间几经变迁，而整体框架未变。

国家体委 1956 年颁布《中华人民共和国运动员等级制度条例》（草案），标志着我国运动员技术等级制度初步确立。1958 年 6 月正式颁布《运动员技术等级制度》，标志着这一制度正式形成。此后，大致经历了 5 次程度不同的修订和重新颁布，分别是 1963 年、1981 年、1984 年、2005 年、2009 年。

从变迁规模来看，历次修订即历次变迁，都属于局部性变迁，而非整体性变迁。就是说，该制度从正式形成以来虽然经历了 5 次大的修订和重新颁布，但每一次修订都是在原有框架内进行部分修改和完善，或者是对运动项目进行补充，或者是对各项目的等级标准进行修改，或者是对等级名称有所变更，或者是对审批程序、管理办法、管理主体进行变更，或者兼而有之。但归根到底，历次修订的结果并未导致该制度的整体性改变，而是原制度经过部分修补、完善后继续运行。

我国运动员技术等级制度包括"运动员技术等级标准"和"运动员技术等级管理办法"两个基本组成部分。我国运动员技术等级制度变迁是多种因素共同作用的结果。具体分析，可以归纳为 4 种基本因素，分别是运动项目因素、运动技术因素、运动竞赛因素和管理因素。

1. 运动项目因素

项目的扩展是促成我国运动员技术等级制度变迁的动力或影响因素之一。具

---

① 闵捷. 对我国优秀运动员人力资本产权归属问题的研究 [D]. 北京体育大学硕士毕业论文，2010.
② 陈书睿. 优秀运动员社会责任的法学分析 [J]. 天津体育学院学报，2011（1）.

体表现，其一是运动项目数量增加导致技术等级项目范围扩大。例如，1956 年颁布的《中华人民共和国运动员等级制度条例》（草案）只涉及田径、游泳等 16 个单项运动员等级标准，此后项目数量逐渐增加，到 2009 年修订后，有等级标准的项目总数已经增加到 69 个。其二是逐渐注意项目的技术特征和文化传统，将部分项目的等级名称与其他项目加以区分，突出其项目特色和文化意蕴。例如，将武术运动员的等级名称定名为武英级武士、一级武士、二级武士、三级武士和武童级武士 5 个级别，将围棋运动员的等级名称定名为九段棋手、八段棋手、七段棋手、六段棋手、五段棋手、三段棋手、二段棋手、初段棋手等。

2. 运动技术因素

整体运动技术变化是促成我国运动员技术等级制度变迁的各种影响因素中最活跃的内部因素，表现形式之一是运动技术的进步导致等级标准修订。例如，据张国平统计，田径运动健将技术等级标准从 1956 年首次公布，到 2000 年为止，先后修订和增补了 12 次，每一次修订和增补都反映了我国田径运动技术水平的发展状况[①]；夏元庆比较分析了 1998 年和 2002 年公布的健美操二、三级运动员规定动作中对操型、音乐速率、难度、编排设计的规定，发现后者比前者更准确地反映了健美操运动的发展方向[②]；丁独伊研究分析了 20 世纪 50 年代至 80 年代体操运动员技术等级标准的变化，发现 20 世纪 50 年代至 60 年代以基础动作为主，到 70 年代至 80 年代，成套动作难度标准不断加大，反映了国内外、尤其是国内体操运动技术进步的趋势。表现形式之二是技术规则的变化导致技术等级标准修订。例如，回寅等人研究了健美操运动员等级标准的演变轨迹，发现其重要特点是及时反映健美操运动技术规则的变化，不断适应新规则，及时与国际接轨。

3. 运动竞赛因素

我国运动员参与运动竞赛的范围逐渐扩大、参赛等级规格逐渐扩大、国际影响力逐渐扩大也是促成运动员技术等级制度变迁的原因之一。运动员技术等级制度形成之初和形成之后很长一段时期，由于各种因素的影响，我国运动员参与运动竞赛的范围主要局限于国内比赛和少量小范围的国际性比赛，参赛等级规格较小，国际影响力也较小，虽有乒乓球等个别项目例外，但整体状况并未发生改

---

① 张平国. 我国田径运动健将技术标准变迁及其历年发展状况 [J]. 田径，2002 (4).

② 夏元庆. 新等级规定动作实施对促进我国竞技健美操事业发展的研究 [J]. 南京体育学院学报，2006 (12).

变。因此，我国运动员技术等级制度的视野也相应较窄，在很长时期内，我国运动员的技术等级固定为运动健将、一级运动员、二级运动员、三级运动员、少年级运动员 5 个等级。

改革开放之后，随着我国运动员全面、广泛地参与各类大型顶级国际比赛，运动员技术等级制度的视野也随之扩展。为了体现整体运动技术水平提高的实际情况，后来在运动健将之上增加了国际运动健将这一最高级别，最终形成了沿用至今的国际运动健将、运动健将、一级运动员、二级运动员、三级运动员 5 个级别的等级序列。这一等级序列格局的形成，本质上反映了我国运动技术整体水平的飞跃，但这种飞跃是由运动员参与运动竞赛的范围和等级规格扩大，即运动竞赛参与全面国际化引发的，与单纯的运动技术因素有所不同，所以我们将其归结为运动竞赛因素。

4. 管理因素

管理的目的是使组织及其制度有效果和有效率地运行。管理的内在要求是科学化和现代化，围绕管理科学化和现代化的一系列的矛盾运动，是引发运动员技术等级制度变迁的深层原因。纵观历次修订或变迁，在 2009 年启动、2010 年完成的最近一次修订中管理因素的作用最为显著，主要体现在以下几个方面。

（1）注意管理细节，提高了规范化程度。比如，建立健全了运动员技术等级称号文字档案和电子档案，包括审批文件、有关运动会成绩册和秩序册、运动员等级申请表、等级运动员证书发放和证书编号。

（2）明确责任权限，进一步理顺了等级审批授权关系。过去的管理办法是，国家体育行政部门将一级运动员、二级运动员、三级运动员的审批权同时直接授予省、市、自治区体育行政部门和地市、区县体育行政部门，造成地市和区县的审批工作直接对国家体育行政部门负责，这种授权关系导致省、市、自治区体育行政部门对地市和区县的审批工作疏于管理。为了调动省、市、自治区一级加强等级审批管理的积极性、主动性、创造性，修订后将相应的审批权只授予省、市、自治区体育行政部门，由其根据本地区实际情况，决定是否将二级运动员、三级运动员审批权授予地市和区县。

（3）增加管理透明度和严谨性。提出了逐步实施运动员技术等级审批情况网上公布和查询，接受社会监督的原则和要求。与此相适应，对运动员技术等级证书实行全国统一编码并分段。例如，国际级运动健将证书全国统一编号为 8 位数，前面 4 位数是审批年份，后 4 位数是审批顺序号；国家运动健将证书全国统一编号是 9 位数，前面 4 位数是审批年份，第 5 位数是等级标志编码 "0"，后面 4 位数是审批顺序号。

（4）引入人权理念，注重保障申请人的合法权益。设置了专门条款，明确规定各等级称号的审批程序，同时规定了审核、审批单位对申请人的告知义务和说明理由的义务，用法定程序保障了申请人的知情权。

（5）提高证书介质的科技含量，等级证书印制采取了纸张图案防伪、热敏防伪油墨、凹版防伪印刷、缩微文字防伪等一系列防伪技术。

这次修订，使我国运动员技术等级制度向科学化、现代化迈进了一大步。

我国竞技体育整体制度是举国体制，运动员技术等级制度以竞技体育整体制度为依托，但是作为一项比较单纯的局部性、技术性的制度，也有它的独立性和特殊性。这项制度是历史的产物，有其历史价值和贡献，将来的发展也应循其自身的历史轨迹，吸取历史经验，而不应割断历史。

第二节　职业运动员转会制度

一、运动员转会

运动员转会是伴随着体育职业化、职业体育自由转会制度的产生而发展起来的。1876 年，苏格兰足球运动员詹姆斯·兰转会到英格兰的俱乐部，是历史上最早的转会。[①] 从 20 世纪 60 年代开始，以足球为代表的体育职业化到达了相当高的程度。各国足球协会和足球俱乐部为吸引优秀运动员加盟，放宽政策给予运动员更大的谈判权力和更优厚的条件，促使运动员的转会更加频繁和复杂，球员转会市场也越来越庞大。

1. 转会的概念

转会是指球员从一个俱乐部流向另一个俱乐部的行为和结果。通过转会，球

---

① 谭建湘，马铁. 体育经纪导论 [M]. 北京：高等教育出版社，2004.

员改变了所属俱乐部和国家联合会的注册。^①

足球运动员的转会是足球市场的需要，也是足球俱乐部发展的基本条件之一。更新足球运动员对于一个职业俱乐部是不可或缺的，职业俱乐部通过引入和转出球员可以组合球队的最佳阵容，从而可以使球队获得最好的成绩，使比赛变得更为精彩，更富有趣味性，吸引更多的球迷观看比赛，也使俱乐部获得更好的收益。

2. 转会费

转会费是球员从一个体育俱乐部转到另一个体育俱乐部时，转入俱乐部支付给转出俱乐部的费用。^② 一个运动员转会费高低取决于多方面因素，一般根据当地有关的法律规定由转会的俱乐部双方协商解决，其计算依据很多，比如球员的场上位置、年龄、潜力、市场号召力以及运动员转会后的工资和待遇等。1905年英格兰球员阿尔夫·考门从桑德兰俱乐部转会至米德尔斯堡俱乐部的转会费是1000英镑，而当时英格兰球员的年收入仅为208英镑，且没有奖金。在还不到100年的时间里，2001年法国著名球星齐达内从意大利尤文图斯转会到西班牙皇家马德里时的转会费就已经涨到6440万美元。

转会费制度通常是通过某一特定的体育联盟或者管理机构的规则来进行运作。因此，转会费具有像合同一样的可执行性。转会费制度是体育领域的独特制度。在其他的领域，雇主在雇用新员工时不会受到经济方面的限制。在通常的雇佣法和合同法上，合同如果到期，劳动者就不再受原企业的制约，其他企业可以自由地与劳动者接洽并雇佣他。然而在球员转会市场上，买方俱乐部一般来说却没有权利在不支付转会费的情况下得到自己想要的球员，甚至在转会费达不到卖方俱乐部的要求时也无法达成所愿。

在过去，不同的体育项目的转会费制度在细节上会有不同，但是它们都有一些共同的特征，最关键的一点就是，它们规定了一种运动员的登记机制，据此，一名运动员在加入某一特定的俱乐部时就被登记为该俱乐部的运动员。通过登记授予参赛的权利，并且每个运动员一次只能登记一个俱乐部。任何想雇用该运动员的其他俱乐部必须向前一俱乐部支付一笔转会费来购买对该运动员的登记权。

3. 转会费的性质

对于转会费的法律性质，有各种不同的说法，其中主要有训练培养费说、所

---

① 郭树理. 外国体育法律制度专题研究 [M]. 武汉：武汉大学出版社，2008.
② 同上.

有权转让金说和违约金说。

训练培养费说认为俱乐部为培训球员投入了大量的人力、物力和财力，球员的离开会给俱乐部带来损失，为弥补这种损失，就要通过支付转会费使俱乐部得到补偿，只有这样才能鼓励俱乐部努力培养新人。这实质在为限制自由转会寻找借口。因为俱乐部的损失，可以让球员通过参加比赛加以弥补，或者俱乐部可以和球员签订较长时间的合同使自己免受损失。所以，不能以此为借口，来限制球员自由转会的权利。为了更好地保护球员转会自由，不给俱乐部提供对合同到期球员收取转会费的理论依据，不能将转会费的性质定位为训练培养费。[①]

所有权转让金说把球员当成了商品，认为运动员和俱乐部签约后，俱乐部便拥有了该运动员的产权，当该运动员向其他俱乐部流动和交换时，实际上是俱乐部间财产的流动和所有权的让与。[②] 这种把运动员当成财产的观点实际上是对运动员人格利益的一种轻视。所有权作为物权的种类，是人对物完全支配的权利。运动员转会不论是技能的转会还是人身的转会都带有人身的属性。运动员（人）作为权利的主体不能成为所有权的客体。运动员转会不是物的流转，更不是所有权的让与。另外，国际劳工组织在 1944 年《费城宣言》第 1 条所确定的 4 项基本原则中第一项就是"劳工不是商品"。因此，所有权转让金说没有理论依据。

在 2001 年中国政法大学主办的体育法国际研讨会上，有学者提出转会费属于违约金，得到与会者的认同。在 2004 年的中美体育法国际研讨会上，有学者提出：运动员与俱乐部之间的合同从性质上属于劳动合同，应遵守劳动法的规定，转会费从其性质上应认定为违约金；如果合同届满，运动员应有权自主选择转会，而如果合同未届满，运动员应承担相应的违约责任。违约金说是当代法学界对转会费性质的普遍认识。

笔者也更赞同违约金说，因为违约金说更有利于保护球员自由转会的权利，更加合理。所有权转让金说没有把球员看做是权利的主体，不利于对球员各项权利的保护。补偿金说可能会给俱乐部收取合同到期球员转会费提供理论支持，造成很多合同到期的球员由于转会费的缘故无法转会。相比较来讲，违约金说更有利于保护球员的转会自由。如果球员合同期满，就可以不用再承担支付违约金的

---

① 周进强. 我国职业体育俱乐部经营中的若干法律问题 [J]. 天津体育学院学报，2001.
② 陈华荣. 中国足球运动员转会费的法律性质评析 [J]. 体育学刊，2007 (1).

义务，也就不用再支付转会费，这样更多的球员可以成功自由转会。

二、国际足联转会制度

目前世界上比较通用的转会制度为国际足联在 2005 年 1 月颁布的《球员身份与转会条例规定 2005》。该制度的形成经历了三个阶段的发展。

1. 保留和转会制度

欧洲各国从 19 世纪开始，普遍施行"保留和转会制度"。俱乐部一般都有两类球员名单：一种名单是俱乐部希望保留的球员，另一种名单是俱乐部想转出的球员。在这种制度下，球员的转会自由受到了极大的限制。俱乐部为前者提供最低保留薪金，等新的合同签订后再提供正常薪金，假如该球员不同意俱乐部提供的待遇，那么他将面临进退两难的境地，既得不到任何薪金，也不会被允许转会。对于后者，俱乐部为其设置一定的转会费，如果有新的俱乐部要求转入该球员，那就要向其原俱乐部支付转会费；如果转会费过高无人购买，那么该球员就无法转会，而且一般也得不到原俱乐部的工作合同，不能取得任何收入，将面临暂时"下岗"。更糟糕的是，这名球员的所有权却仍属于原俱乐部，只得被动地听候"发落"。对于那些想转会但俱乐部想保留的球员，俱乐部会设置高额的转会费吓退所有要求转入球员的俱乐部，从而阻止转会交易的顺利进行。[1]

2. 博斯曼体系

1995 年"博斯曼法案"的出现，才在真正意义上废除了"保留和转会制度"。球员博斯曼认为他所在的俱乐部和比利时足协以及欧足联违反了欧洲联盟的法律：任何一个成员国的劳动者都有权在欧盟各成员国之间自由流动、平等就业。法庭认定现行的转会制度剥夺了"劳动者自由流动的权利"，违反了欧盟法律，应予废除，合同期满的球员应当可以在欧盟国家范围内自由转会，其效力的原俱乐部不得收取任何转会费。博斯曼体系的进步在于转会费的取消。该体系规定只要球员与俱乐部的合同期满后，该球员便成为自由球员，可以不经过俱乐部的允许自由转会，原俱乐部不得收取任何转会费。但是，如果球员与俱乐部的合同未满，球员想要转会，必须支付原俱乐部一定数额的转会费作为赔偿。[2]

---

① 杨天翼. 新制度经济学视野下的欧洲职业足球转会制度演进分析 [J]. 东岳论丛, 2010 (3).

② 刘志云, 邸菲菲. 国际足联转会制度对中国足球转会制度的启示 [J]. 湖北体育科技, 2011 (9).

　　3. 后博斯曼体系

　　后博斯曼体系即本文所说的国际足联现行转会制度。"博斯曼法案"主要解决欧盟合同期满后自由球员免费转会的问题，对于合同期在身的球员以及非欧盟国家和欧盟成员国之间的球员在转会过程中是否能够免费转会的问题一直存在争议。欧盟认为欧足联、国际足联的相关转会规定违背了欧盟法律，所有球员都不应该受合同约束，他们应该自由流动，他们同其他产业职工一样有自由寻找工作的权利。但该提议除了得到部分球员的支持外，遭到欧足联和国际足联以及各俱乐部的坚决反对。如果真要像欧盟设想的那样，球员完全自由，那么球队的战术打法将缺乏稳定性，这会严重影响到球队的成绩以及俱乐部的管理和建设，可能给足球产业带来毁灭性的打击。国际足联、欧足联与欧盟多次协商谈判，试图建立一个既能适应足球运动自身特点又不违反欧盟法律的转会体制。经过 1997 年、2001 年、2004 年的三次颁布与修改，国际足联最终在 2005 年 1 月颁布了适用于世界大多数地区的转会制度《球员身份与转会条例规定 2005》。

　　经历了以上几个阶段的变更后，目前国际足联的转会规则也基本沿用了2005 年的规定，没有根本改动。国际足联施行的《球员身份与转会条例规定2005》主要指出：只有年满 18 周岁才能具有转会的权利，球员与俱乐部的合同最短为 1 年，最长为 5 年。对于 3～5 年的长合同又进一步规定，28 岁以下的球员如果签署长合同，有 3 年的保护期，28 岁以上有两年保护期。也就是说，球员和俱乐部必须在保护期之外才能要求单方面解约。如果某球员在合同保护期之内违约，国际足联将对该球员进行 4～6 个月的停赛处罚。如果某俱乐部在合同保护期内擅自与球员解约，或试图擅自转入尚未脱离合同保护期或有合同在身的球员，那么该俱乐部在 1～2 年内将被禁止引进新球员。如果球员单方面违约提前终止合同，那么无论是否在保护期内，新俱乐部或球员都要给原俱乐部一定的补偿金，补偿金的具体数额在球员与原俱乐部的合同中会有所规定。当然，假如双方俱乐部和球员之间在有正当体育理由（国际足联转会制度规定：若球员在一个赛季中代表其俱乐部的比赛少于该俱乐部参与比赛的 10％，则球员可以提前终止合同，此为正当体育理由）的情况下协商解约或签约，则不受以上条款约束，且新俱乐部要支付一定的转会费给原俱乐部。①

　　国际足联现行转会制度具有非常鲜明的特点。以往的"保留和转会制度"过

---

　　①　刘志云，邸菲菲. 国际足联转会制度对中国足球转会制度的启示 [J]. 湖北体育科技，2011 (5).

于限制球员的自由流动，俱乐部在控制球员方面具有绝对的主动权，俱乐部是最大的受益者。"博斯曼法案"为球员争取自由权的同时损害了俱乐部的利益。俱乐部在球员合同期满后，将失去对球员控制的话语权。在两种制度的基础上，国际足联现行转会制度较大程度地弥补了前两者的不足，在保证球员自由转会的同时，依法维护了俱乐部的利益，促进了足球运动的长远发展。

第三节　中国职业足球运动员转会制度的发展历程

一、中国足球运动员转会制度产生的背景

改革开放前，我国长期实行计划经济体制，由国家统一管理人民经济生活中的方方面面。在此前提下，体育领域的运动队以专业队的形式存在，由国家各级体育行政部门负责管理日常的训练、比赛及业余生活，运动员的收入由体育行政部门依靠国家财政拨款进行分配。除个别的协议交流外（这种协议交流是由运动员所在的体育行政部门牵头进行），运动员在其运动生涯中基本上是终身效力于其培养单位，无法按照自身意愿在不同的省市区专业队间自由流动。

随着时间进入 20 世纪 90 年代，我国的改革开放事业不断发展，1992 年党的十四大明确提出要在我国建立社会主义市场经济体制，这一目标的确立更是推动了我国经济体制改革的向前迈进。在此背景下，为了改变中国足球的羸弱状况，作为中国足球的直接管理机构中国足球协会决定对足球管理体制进行改革。

1992 年 6 月中国足协在北京市红山口八一体工队驻地召开了全国足球工作会议，讨论足球体制的改革问题。这次会议确定了中国足球国内联赛的改革方向——职业化足球联赛，即将当时中国足球联赛的 20 余支专业足球队转变为职业足球俱乐部形式并同时推向市场，俱乐部成为独立的法人，自负盈亏，国家不再负担运动员的财政支出和收入。

1993 年大连足球会议上，中国足协首次制定并推出了关于运动员流动的相

关规定。中国足协根据《中国足球协会章程》、《中国足球协会俱乐部章程》、《中国足协关于人才流动的若干规定》、《中国足球协会运动员转会细则》等规定，决定于 1994 年 12 月 15 日起，也就是职业化联赛第一年比赛结束后，在其管辖范围内全面实行运动员转会制度。

二、中国足球职业联赛转会制度的历史沿革

转会制度自 1994 年实施起，根据中国足球职业联赛的不断发展，也经历了不断的演变。

1. 自由转会阶段（1994 年—1997 年）

中国足球职业联赛的转会制度在实行初期采用的是运动员自由转会的方式。这一转会方式是参照当时国际上普遍实行的转会制度而制定的，其优点在于可以兼顾运动员、俱乐部等各方利益，满足各方需要。[①]

这一阶段的转会制度在一定程度上打破了属地和人才壁垒，实现了职业足球核心资源（运动员）的流动性，为合理配置人力资源奠定了制度基础。1995 年—1997 年的三年中，职业足球运动员的转会人数分别为 1995 年 28 人、1996 年 62 人和 1997 年 72 人，跨省（市）流动达 10 余个。[②]

足球运动员的转会交易（市场交易）使职业体育俱乐部和运动员逐渐意识到人力资本价值的观念。在人力资本价值的驱动下，运动员产生自身价值潜在的危机，开始督促自己刻苦训练，以提升自身的人力资本，并通过市场实现自身价值。

但是，由于这个时期制定规则的权力机构缺少职业体育运行的经验，在市场机制不完善的情况下采取了"自由经济"的制度设计理念，致使在运动员转会制度结构和制度安排中，仅仅在运动员资格和转会费的分配方面有较强约束力，而在最重要的市场交易部分的规则存在很多问题。其中主要问题表现在两个方面：

第一，在实际的运动员转会交易中，转会费价格出现虚高性失真。1996 年以住房、高工资等待遇吸引运动员的现象层出不穷。例如，在运动员转会过程中出现了买方俱乐部在未通知卖方俱乐部的情况下就私下与有合约在身的运动员接

---

① 郑璐. 中国职业足球运动员转会制度研究 [J]. 体育世界，2010 (5).

② 周璋斌. 我国足球职业化过程中转会现象透析 [J]. 体育科技，1997 (1).

触，继而产生了"见面费"、"私下交易"、"签字费"等问题。1997 年这类问题达到了顶峰。卖方俱乐部为留住优秀运动员或给出天价转会费或提高待遇，而买方俱乐部则不惜代价，又人为提高转会费价格。同时，俱乐部内部运动员间的收入差距增大，产生新的劳、资矛盾，从而在一定程度上弱化了提升自身竞技能力来实现人力资本价值的激励机制的作用。①

第二，地方保护和行政干预的壁垒。受长期的计划经济体制、传统思维方式和区域自利性约束，加之《中国足球协会运动员转会细则》中在运动员区域流动的合法性和地方保护（省、市足协）以及行政干预（省、市体委）的限制及惩罚性制度上的真空，导致同地区足协属下各俱乐部运动员之间流动和租借相对容易，而跨省（市）间运动员的流动仍存在阻力。例如，上海市将李晓、陈伟及申思在 1996 年转会范围限制在上海的球队内交流，武钢俱乐部 7 名符合转会条件的运动员也未能流动到外区域等案例，都是地方保护和行政干预的典型例证。这种壁垒造成两大害处：一是"画地为牢"的行为妨碍了足球人才市场的合理流动与循环，同时，扭曲了运动员的意愿倾向，由此存在人权问题；二是区域的限制力也助长了运动员转会价格提升的欲望，某些运动员凭借于此提出一些不合理的要求与条件。从本质意义上说，限制运动员的合理转会本身是在抑制中国足球职业化的进程。②

2. 申报制阶段（1998 年）

在停止采用自由转会方式后，中国足协于 1998 年采用了申报制这一转会方式。这种转会方式对此前运动员转会中出现的高额转会费、签字费等现象有所遏制，同时对财力不足的俱乐部起到了保护作用。

3. 摘牌制阶段（1999 年—2002 年）

中国足协在 1998 年推出申报制转会方式的基础上于次年又进一步改革运动员转会制度，推出了"摘牌转会制"。摘牌制是到目前为止我国职业足球联赛实行时间最长、也是最为运动员诟病的转会方式，其间也经历了一定的发展变化。

（1）顺序摘牌阶段（1999 年—2000 年）

摘牌制起初是在申报制的基础上，将各俱乐部选择运动员的顺序与该俱乐部当年联赛的名次成绩相结合，成绩好的俱乐部在摘牌时排位靠前，有相对优先选

---

① 丛湖平，石武. 我国职业足球运动员转会制度研究 [J]. 体育科学，2009（5）.
② 同上.

择运动员的权利。此制度出台后一些成绩差、实力弱的俱乐部受到较大冲击，其引进优秀人才的权益无法得到有效保障，因此叫苦不迭。

（2）倒摘牌制阶段（2001年—2002年）

出于对联赛各俱乐部实力两极分化形势的担心，中国足协在2001年正式推出倒摘牌制转会方式，希望借此避免上述问题的发生。倒摘牌制实际上就是将俱乐部的联赛成绩与选择运动员的顺序倒挂结合，成绩差的球队在摘牌时排位靠前，有相对优先选择运动员的权利。这一转会方式基本上无视运动员的转会意愿，一些实力较弱的俱乐部为了加强自身实力，在摘牌时屡屡强摘上榜的优秀运动员，而运动员自身无意加盟该球队，在被摘牌后不惜采用索要高薪、"悔婚"等行为意图改变摘牌俱乐部的决定，从而避免加盟不中意的球队。

但是，这种制度也导致出现了新的问题。

第一，运动员转会的流动性降低。运动员转会制度的核心是通过建立保障市场机制在运动员流动中的作用力的制度，实现人力资源合理配置，使职业俱乐部达到竞技均衡的目的。由于"摘牌制"的具体制度安排没有体现交易的基础性要件——"交易双方的自愿原则"，同时，进一步强化"硬配置"原则（《中国足球协会运动员转会细则》第6条规定，对中国足球协会确定并由俱乐部再次确定的运动员，必须服从中国足球协会的安排，如运动员不愿转入该俱乐部，则失去当年的转会资格）。自1998年实行"摘牌制"以来，运动员转会成功率出现下降趋势。

第二，运动员与俱乐部的相互选择性错位。运动员转会与一般的商品交换有本质上的区别。一般商品的交换是买卖双方在自愿原则下根据产品的劳动时间或使用价值决定商品交换的价格和数量，而运动员转会交易则是买卖双方对运动员携带的人力资本价值的交换，运动员的主体身份并不属交换内容（即人权）。这就意味着运动员转会需在特定的规则范围内在交易双方俱乐部和运动员三方自愿的基础上实现。制度由挂牌、摘牌两部分组成，因此在很大程度上限制了俱乐部和运动员自愿的属性。在摘牌大会上，俱乐部和被转会的运动员均处于"被动"状态中，出现的第一种情况是很多运动员被其没有选择偏好的俱乐部摘牌，并强制转入；第二种是俱乐部在没有选择的情况下勉强做出选择的情况。在这个转会过程中，运动员已完全成为具有一般商品属性的商品，完全失去了主体权利。这种现象被媒体形象地称为"拉郎配"。从1999年转会费在百万以上的运动员选择意向和实际转会结果的情况就可以看到这种现象。

4. 双轨制阶段（2003 年—2009 年）

中国足协对国内运动员转会制度的数次修改并未能很好地满足各方需求，平衡各方利益。在此情况下，足协对运动员转会制度进行了进一步的改革。新的改革采取了渐进式的策略，其目标是将运动员转会制度由倒摘牌制向自由摘牌过渡，最终建立运动员可以自由转会的转会模式。

（1）自由摘牌与倒摘牌制相结合阶段（2003 年—2004 年）

在此阶段，中国足协给予各俱乐部在转会名单中自由摘取 1 名运动员的权利（2004 年改为 3 人），各俱乐部所拥有的 4 个剩余的转会名额（2004 年改为 2 人）仍旧按照倒摘牌制度的规定进行。

（2）自由摘牌阶段（2005 年—2009 年）

从 2005 年开始，中国足协在国内运动员转会制度上开始全面实行自由摘牌制度，即由各俱乐部根据运动员要求或者俱乐部需要上报本年度运动员转会名单，经中国足协审核，公布运动员转会名单。各俱乐部在规定的时间内根据自身需要自由摘取上榜运动员并到中国足协办理转会手续。[①]

2005 年中国足协修订了新的转会规则，其中限制的部分主要体现在两个方面：第一，规定"每个俱乐部每年最多可自由转入 5 名运动员，而转出额度不加限制"；同时，还规定"若运动员所在的原俱乐部希望继续和该队员签约，那么，这名运动员就不得转会"。另外，在运动员转会的资格（尤其是放宽了 21 岁以下运动员的转会限制）、转会费等方面做了较大的修订和补充。第二，以弹性限制的方式在"转会"规定中明确了运动员转会费的计算指标、系数和方法，其计算结果可作为运动员转会费的参考标准；同时，增加了运动员限薪制度。除此以外，转会交易部分的规则基本体现了市场的作用。

5. 自由转会阶段（2009 年至今）

2009 年，中国足协决定自由转会改革，2009 年当年为转会改制缓冲期，2011 年全面施行自由转会，但在这段过渡期中，很多俱乐部为了减少来年自由转会的损失，已经提前与合同到期或即将到期的球员签订了 2～5 年的工作合同。一般情况下，俱乐部与 30 岁以上的主力球员续约两年合同，25～30 岁的球员签订 3 年合同，25 岁以下的球员则会用 3～5 年的长约将其锁定。

2011 年在各级别联赛间首次施行"自由转会"制度，加快了中国足球融于

---

① 郑璐. 中国职业足球运动员转会制度研究 [J]. 体育世界，2010（5）.

国际足坛的步伐。"自由转会"即各个俱乐部可以自由联系球员，转会成功后到足协注册即可；如球员与原俱乐部合同到期，可以以自由人的身份加盟其他俱乐部，原俱乐部不得收取转会费。这令一些处于无球可踢的球员可重新得到上岗的机会，如前天津泰达球员杨君在一年没有参加正式比赛的情况下，以自由人的身份成功加盟广州恒大。另一方面中国足协又明确了各支球队的转会名额限制，其中内援引进一个赛季不许超过 8 名球员（包括 5 名无年龄限制以及 3 名 21 岁以下的球员）。

第四节　运动员的社会保障

一、运动员属于《劳动合同法》规定的劳动者

1. 专业运动员是否属于《劳动合同法》中的劳动者

国家体育总局、教育部、公安部、财政部、人事部、劳动和社会保障部六部委于 2007 年 8 月 31 日颁布实施的《运动员聘用暂行办法》（以下简称《暂行办法》）中明确规定了运动员实行聘用、培养和退役制度，该文件也明确了其主要适用于教育体育行政部门即全额拨款事业单位聘用运动员的情况。

《暂行办法》将运动员管理纳入国家事业单位工作人员管理体系，将运动员保障纳入社会基本保障体系，坚持运动员聘用工作统一规范、分级管理。实行运动员聘用制，是我国运动员培养制度的一项重要改革。

国家体育总局局长刘鹏认为，《暂行办法》在五个方面取得了突破：一是优秀运动队全面实行聘用制，与运动员签订试训合同或聘用合同；二是规范了运动员聘用程序，统一聘用工作审批部门；三是明确了运动员培养机制，实行职业转换过渡期制度；四是保证了运动员试训及职业转换过渡期间的经费来源；五是明确规定了退役运动员再就业优惠措施。

由于我国从计划经济时代以来一直实行"劳动—人事"相分离的制度，事业单位与其人员之间的人事关系由人事部门管理，其人员享受干部待遇。而企业与

其职工之间是劳动关系，由劳动部门管理，其职工只是一般的工人。随着我国社会主义市场经济体制的建立，市场经济的发展要求打破劳动力市场中的身份因素，统一劳动力市场，使劳动力资源从行政配置转为市场配置。

在我国，事业单位在经费来源、编制管理、工资福利、社会保障等方面都与企业不同，这使得事业单位在人事管理上也与企业有很大的差别，不作区分地将事业单位一律纳入《劳动合同法》的调整范围，在实践中会遇到障碍。

按照《劳动合同法》第 2 条第二款和第 96 条的规定，结合《中华人民共和国公务员法》（以下简称《公务员法》）相关内容，国家机关工作人员（工勤人员除外）实行公务员制度，社会团体工作人员大多参照《公务员法》管理，而事业单位中用人关系的法律适用明确分为四类：一是纳入国家人事行政编制、由国家财政负担工资福利的工作人员，属于依照或参照公务员管理的人事关系，适用《公务员法》或相关人事管理制度。二是实行企业化管理的事业单位中的用人关系，纳入劳动关系的范畴，适用《劳动合同法》。三是近年来在人事制度改革中实行聘用制的工作人员，按照《劳动合同法》第 96 条的规定，他们在所在单位订立、履行、变更、解除或者终止劳动合同，法律、行政法规或者国务院另有规定的，依照其规定；未作规定的，适用《劳动合同法》。四是工勤人员的劳动关系，适用《劳动合同法》。

结合《劳动合同法》以及《暂行办法》的具体规定，我们认为，《暂行办法》中的试训运动员和优秀运动员属于在人事制度改革中实行聘用制的工作人员，可以按照《劳动合同法》的规定进行管理，属于《劳动合同法》中的劳动者。

2. 职业运动员与职业体育俱乐部之间工作合同的性质

我国《劳动法》（1995）、《体育法》（1995）以及《劳动合同法》（2008）都没有关于职业运动员劳动合同的相关规定，实践中有"工作合同"、"交流协议"、"服役合同"、"聘用合同"等多种表述。职业球员合同是否适用《劳动合同法》，业界一直存在争议。王存忠、张笑世等认为不论这些合同的名称如何，合同中具体条款的表述与我国劳动法调整的劳动合同条款相符，故职业运动员与俱乐部之间是劳动合同关系，受劳动法律关系调整[①]。韩新君认为职业运动员工作合同具有行业特殊法律性质，应该建立其规范的工作合同和劳动标准体系，等于认可其

---

① 张笑世. 对我国职业运动员工作合同法律问题的认识 [J]. 中国司法，2008 (5).

为劳动合同。①

在对职业运动员是否存在劳动关系进行确认时，各国对劳动关系的一方主体即俱乐部的界定一般没有大的争议（职业俱乐部一般都注册为公司），主要围绕另一方主体即职业运动员的"劳动者性质"的争议很大。由于各国对此理解不同，所以对劳动者性质的具体判断基准也不尽一致，但基本上是依据有无"使用从属关系"为核心基准进行判断的，即该职业运动员是否从属于俱乐部并被使用。具体来说，要根据劳动过程中命令、监督、指导、管理关系的有无，劳动时间、地点的约束性的有无，劳动报酬的性质和纳税形式等进行综合分析判断。如果具有使用从属关系，则可以认定具有劳动关系，该职业运动员就是劳动者，能够成为劳动法的适用对象，得到劳动法的保护。然而近年来伴随劳动形态多样化，职业运动员出现了使用从属程度较弱的就业形式，一些从事该形式的职业运动员出现了非劳动者的特征，比如租赁的职业运动员等。

职业运动员的使用从属关系的特征要从以下几方面来加以具体判断：第一，职业运动员工作内容是否由俱乐部决定，工作过程是否存在俱乐部一般的指挥监督关系；第二，职业运动员工作时间和地点是否有约束性；第三，职业运动员是否适用于俱乐部的管理规则和劳动纪律；第四，职业运动员是否有劳务提供的代替性；第五，服装、器械等是否由俱乐部负担；第六，报酬是否与劳动自体相等价，随付的所得税扣除的有无，生活保障费以及退休费制度的有无等。上述问题回答为"是"，则职业运动员的劳动者性就强，反之则弱。而且在具体判断时要依据各种要素进行综合判断。

2002 年 12 月 29 日，足球运动员谢晖与重庆力帆俱乐部签订《球员工作合同》，约定谢晖转会至力帆俱乐部并为其效力 2003 年后半赛季、2004 年全年度赛季、2005 年全年度赛季，力帆俱乐部向谢晖分阶段支付薪金。后因力帆俱乐部终止了与谢晖的合约，导致双方在薪金的支付上出现争议。经双方多次协商未果，2004 年 2 月 5 日，谢晖向江北区劳动争议仲裁委员会申请进行劳动争议仲裁。2004 年 4 月 30 日，仲裁委员会做出裁决，裁决原力帆足球俱乐部应该向谢晖给付工资、补偿金、滞纳金等共计 400 万元。此仲裁也表明中国开始把足球运动员和俱乐部之间的工作合同纠纷视为劳动纠纷，把职业运动员视为《劳动合同法》中的劳动者。

---

① 韩新君. 职业运动员工作合同法律问题的探讨 [J]. 天津体育学院学报，2006（3）.

二、运动员社会保障的概念及意义

1. 运动员保障的概念

曹彧博士在其博士论文《我国运动员社会保障和再就业问题研究》中指出，社会保障是指国家为了保障社会安定和经济发展而依法建立的，在公民由于年老、疾病、伤残、事业、灾害、战争等原因而生活发生困难的情况下，由国家和社会通过国民收入分配，提供物质帮助，以维持公民一定生活水平或质量的制度。社会保障也是国家对劳动者履行的社会责任，是劳动者应享有的基本权利。运动员是一种特殊的劳动者，自然应享有社会保障的各项基本权利；而运动员作为一种特殊职业，其所面临风险的特殊性决定了一般的社会保障制度无法全面应对运动员所面临的特殊风险，这就需要在一般社会保障制度的基础上，采取针对运动员特殊风险的特殊保障措施。

在 2006 年 11 月颁布的《关于进一步加强运动员社会保障的通知》中提出"认真做好运动员社会保障工作"，并对运动员的医疗、养老、失业、工伤等社会保险问题和住房问题作了具体规定。此后"运动员保障"成为体育界的习惯用法。但在国家层面，一直以来采用"运动员社会保障"的固定用法。胡锦涛总书记在 2008 年 9 月 29 日北京奥运会、残奥会总结表彰大会上讲话中指出，"要重视竞技体育人才培养和队伍建设，特别是要加强竞技体育后备人才培养工作。要关心运动员的长远利益和全面发展，高度重视并切实加强运动员社会保障工作。"这之中使用了"运动员社会保障"，随后中编办关于总局"三定方案"中再次使用了"运动员社会保障"的提法。此后，我国体育界同时使用"运动员社会保障"和"运动员保障"两个提法，但其内涵是一致的。本文进行了统一，采用"运动员社会保障"，认为这是一个更为准确的说法。

2. 运动员社会保障的意义或必要性

党和国家历来十分重视运动员保障工作，运动员的保障水平一度相对高于其他行业从业人员的社会保障水平。随着社会主义市场经济体制的逐步建立和完善，原有的各项运动员保障政策逐渐滞后于市场经济的发展，运动员管理方式难以适应国家人事制度改革的要求，在役期间文化知识学习不足，停训待安置阶段的管理与就业指导工作缺位，退役前后社会保障难以顺利衔接，运动员退役后再就业难度越来越大。对于新时期运动员保障工作中出现的这些问题，国家体育总局高度重视，积极研究解决渠道，制定了伤残互助保险、关怀基金补助金、奖学金、助学金等一系列保障措施。以政府主导、社会参与、全面覆盖、分级负责为工作原则，探索建立与我国社会主义市场经济和竞技体育发展相适应，与国家保障制度相衔接，以社会保障为基础，以事业保障为激励，以自我保障和商业保险为补充，资金来源多渠道、保障方式多层次、保障内容全方位、权利义务相对应、管理和服务社会化的运动员保障制度，初步搭建了由国家、社会、行业、地方和个人共同承担的多层面、全方位的立体保障平台。

在国家层面，运动员社会保障工作得到党中央、国务院的高度重视和有关部门的大力支持。国家体育总局联合有关部委加强运动员社会保障工作的规划和宏观管理，加强运动员社会保障政策研究，重点解决了具有全国性、普遍性的运动员社会保障政策问题。在行业层面，形成了人事部门牵头抓总，训练竞赛、科教、经济等部门共同协调、齐抓共管的工作格局。"三金一保"工作、体育行业职业技能鉴定工作和运动员职业辅导工作顺利推进，各单项运动协会积极支持和参与运动员社会保障工作，部分协会设立了运动员社会保障专项基金，有的协会还通过开展退役运动员培训、推荐就业的形式帮助运动员就业。在地方层面，各地认真落实国家各项运动员社会保障工作政策，并根据本地区的情况和特点，扎扎实实开展运动员社会保障工作。在个人层面，运动员自我保障意识不断增强，自我保障能力不断提高。

目前，按照努力构建国家、社会、行业、地方和个人多层面、全方位的运动员社会保障体系的总体要求，我国在运动员的社会保险、岗位管理、聘用办法、退役安置、职业转换以及试训运动员的保障等方面已初步完成了制度设计及制度建设等基础工作，国家层面的政策措施已基本到位，已经建立起符合社会主义市场经济要求，与我国体育发展水平相适应，与国家保障制度相衔接的全方位的运动员社会保障体系。[①]

三、我国运动员社会保障工作的历史发展

2011 年 9 月在广西南宁召开的全国运动员保障工作会议上，国家体育总局副局长杨树安指出，"目前，全国体育系统将运动员保障工作重心从物质性基本保障转变到运动员人力资源的深层次开发，调整到职业规划和发展保障上来。运

---

① 史康成. 坚持科学发展观以人为本 有针对性地开展运动员保障工作［EB/OL］. http://news. sports. cn/others/zt/08tyjz/jhfy/2008－01－07/1356644. html.

动员保障工作与运动员入队、在训、退役安置等运动生涯的各个环节密切相关，切实做好运动员保障工作，必须将运动员运动生涯的各个环节有机地结合起来，协调推进"。①

1. 注重物质性的保障阶段

新中国成立初期，为了提高我国竞技体育运动技术水平，充分体现和发挥社会主义制度的优越性，确立新中国在世界体坛的地位，党和政府陆续出台了一系列相关的规章制度，为我国竞技体育的发展提供了有力保证。

1951 年，国家颁布发行了《中华人民共和国劳动保险条例（草案）》（以下简称《劳动保险条例》），包括了生育、医疗、疾病、负伤、退休、死亡待遇和待业救济等项目，该条例规定运动员可以享受该条例中的同等待遇。

1956 年，全国总工会办公厅、国家体委办公厅《关于运动员在比赛中负伤应给予何种劳动保险待遇的通知》中指出："在实行劳动保险或某单位参加运动会或比赛而负伤时，可参照劳动保险条例的规定，按因工负伤待遇处理，未实行劳动保险条例的，亦可参照上述精神，按各单位的劳动保险集体合同或现行办法按因公负伤待遇处理"。这是我国针对运动员伤残第一次提出保障措施。该通知明确了国家 1951 年颁布的《劳动保险条例》的某些条款适用于运动员。

1962 年，原国家体委出台了《关于处理伤病运动员的几点意见》，提出了"对伤病运动员的处理，必须严肃认真，负责到底，力求安排得当"的原则。这不仅强化了运动员伤病处理工作的内容，还彰显了国家对运动员保障工作的重视。

1964 年，原国家体委、内务部、劳动部联合下发了《关于优秀运动员工龄计算等有关问题的意见》，明确规定"凡自学校或社会上正式参加到省、市、自治区优秀运动队的运动员，自进入优秀运动队专业训练之日起即算为参加工作，成为国家正式职工"。随后，又在《关于做好调整处理运动员工作的通知》中提出了"留者安心、去者愉快"等退役运动员安置工作原则。

1965 年，国家体委在《关于做好调整处理运动员工作的通知》中，"对不能继续从事专业训练的运动员，应本着负责到底的精神，给予妥善安置"。并就安置的原则、途径和安置后的工资待遇等作出了明确的规定。

1980 年 4 月，民政部、国家劳动总局、国家体委发布《关于招收和分配优秀运动员等问题的联合通知》。该通知规定，各省区市优秀运动员在编制人数内，

---

① 全国运动员保障工作会议强调 把握规律提高执行力 [EB/OL]. http://www.sport.gov.cn/n16/n299469/2072036.html.

每年可按 15% 进行调整。退役安置的优秀运动员符合干部条件的可办理转干手续。同年，原国家体委印发了《关于优秀运动队建设的几个问题》，要求各级体育部门加强对运动员文化教育的重视并建立相应的制度来确保实施。这说明相关部门已经意识到文化教育对提高运动员综合素质的重要性。

1982 年，经国务院批准，原国家体委颁发了《优秀运动员教练员奖励试行办法》，对在国际重大比赛中获得优异成绩的运动员、教练员实施奖励。这在一定程度上加强了运动员和教练的积极性，同时也推动了我国竞技体育的发展。

1986 年 11 月，原国家体委颁布了《优秀运动队工作条例（试行）》，对优秀运动员的工资、福利、生活、学习等社会保障的内容作出了比较系统的规定。其中第 28 条明确规定："运动员的工资、福利、奖励、伤残劳保以及其他物质待遇等，按国家有关规定执行；国家推行社会保险，对优秀运动队可以拨出一定经费交纳人身安全保险金，对于受伤致残的运动员，争取从社会保险中获得相应的补偿。"

1987 年国家体委与国家教委制定并颁发了《关于著名优秀运动员上大学有关事宜的通知》，通知规定，奥运会、世界杯、世界锦标赛单项前 3 名获得者和集体项目前 3 名的主力队员以及世界纪录创造者，如符合普通高等学校招生体检要求，年龄在 30 周岁以下（申请进入成人高校学习者，年龄在 40 周岁以下），由国家体委会商国家教委与有关高等学校联系入学事宜，免于参加全国高等学校招生统一考试，由高等学校进行必要的文化考核，并决定是否录取。这个规定为我国优秀运动员继续深造打开了方便大门，既有利于我国竞技体育水平的提高，也为我国退役安置开辟了新的途径。（1999 年经教育部同意，获得全国体育比赛前三名的运动员可以免试进入直属体育院校学习。）

同年针对运动员管理方面情况，原劳动人事部制订并颁布了《关于招收运动员如何实行劳动合同制的通知》，通知要求原国家体委就运动员实行合同制的问题，应该会同有关部门和地区进行调查研究，并制订招用运动员的具体方案。"合同制"在一定程度上保证了运动员职业的稳定性，吸引更多人加入其中；同时也利于运动员工作的管理。

1995 年 10 月开始实施的《中华人民共和国体育法》中第 28 条指出："国家对优秀运动员在就业或者升学方面给予优待"。随着这一法规的出台，我国对运动员的文化学习在法律的层面有了充分的保障，这对于运动员文化教育如何开拓探索出了一条道路。从法律层面对运动员后顾之忧的关注，对中国运动员竞技体育水平的逐步提高，尤其是促进体育事业协调、健康向前发展将产生积极而长远的影响。

2. 注重运动员人力资源的深层次开发——职业规划和发展保障阶段

伴随我国经济体制由计划经济向市场经济转轨，体育管理体制也逐步实施管办分离，各个运动项目的运动队的管理形式也发生了巨大变化。其中一些群众基础较好、观赏性比较强的运动项目逐步实行了职业化的管理机制。政府加大了对奥运金牌项目投资的力度，实行强化管理。而对一些非奥运奖牌项目，政府则削减了投资，让其在市场运行中自决生存。

2002 年的中央 8 号文件《中共中央国务院关于进一步加强和改进新时期体育工作的意见》要求，"体育、人事、财政、劳动保障等部门要研究制定非职业化运动队中的优秀运动员退役就业安置的政策和有关措施，尽快建立针对优秀运动员的激励机制和伤残保险制度，切实解除运动员的后顾之忧"。根据该文件精神，国家体育总局与中编办、财政部、人事部、教育部、劳动与社会保障部联合下发了《关于进一步做好退役运动员就业安置工作的意见》，决定实施尝试市场化的退役运动员安置途径。

2003 年，在《关于进一步做好退役运动员就业安置工作的意见》的基础上，国家体育总局与财政部、人事部联合印发了《自主择业运动员经济补偿办法》。由此，退役运动员就业安置从计划经济体制下由国家统一安置转向适应市场经济体制要求的政策性安置与自主择业相结合，这对进一步做好新时期退役运动员就业安置工作奠定了良好的基础。

2006 年国家体育总局在上海召开了新中国成立以来第一次全国优秀运动员保障工作会议。会议下发了国家体育总局、财政部、劳动和社会保障部联合制定的《关于进一步加强运动员社会保障工作的通知》，这是国家有关运动员社会保障方面发布的第一份综合性文件，其重要意义在于将各优秀运动队编制内运动员纳入国家社会保障覆盖范围，并提出了妥善解决编制外试训运动员的医疗等社会保险问题，从而使我国优秀运动员保障事业进入了一个新的发展阶段。

2007 年 8 月，由国家体育总局、人事部、财政部、教育部、公安部、劳动和社会保障部公布《运动员聘用暂行办法》，将运动员管理纳入国家事业单位工作人员管理体系，并将运动员保障纳入社会基本保障体系，坚持运动员聘用工作实施统一规范和分级管理。但由于不是强制规定，缺乏法律效力，提及的合同只是集体合同，没有针对涉及聘用期产生的纠纷进行解决的途径问题，用人单位处在强势地位，而运动员处在弱势地位，使得运动员的个人利益无法实现最大化。① 此后，总

---

① 李艳. 我国运动员社会保障体系的探析［D］. 湖南大学，2010.

局发布《关于做好运动员职业转换过渡期工作的意见》，提出培养、提高运动员再就业意识。在运动员在训阶段有关培训工作的基础上，引导运动员进一步了解自己，了解社会，强化退役再就业意识，为运动员职业转换做好思想准备和心理准备。帮助运动员积极规划自身的再就业方向，鼓励运动员认真学习文化知识，参加职业技能培训，提高自身综合素质。

2008年，总局批准体育基金管理中心、人力资源开发中心印发《运动员保障专项资金实施细则》，对专业从事体育运动训练、比赛，享受体育津贴或试训体育津贴的各级优秀运动队的运动员进行重大伤残医疗补助、特殊困难生活补助和运动员职业辅导。

2010年3月，国务院办公厅转发了国家体育总局、教育部、财政部、人力资源和社会保障部《关于进一步加强运动员文化教育和运动员保障工作指导意见》。

四、现行有效的有关运动员社会保障方面的政策法规

关于运动员保障的政策与法规，除去一般的社会保障外，在运动员安置、就业、文化教育和求学深造、伤残抚恤和医疗照顾方面，还有一些特殊和专门的规定。

1. 运动员安置方面

计划经济时期，政策性安置几乎是退役运动员的唯一途径，绝大部分运动员都能通过政策性安置实现再就业。多年实践证明：运动员能否实现再就业愿望，要看体育行政部门能否协调好与劳动、人事部门的关系，甚至还要直接协调与用人单位的关系。随着我国劳动用工制度发生深刻变化，运动员的再就业即退役安置也日益突出，相当一部分至今还依靠行政手段。可是对于部分退役运动员，由于缺乏相应的就业竞争力，即使通过政策性安置落实了工作，仍然极有可能在激烈的竞争中再次失业。

《关于进一步做好退役运动员就业安置工作的意见》指出，地方各级人民政府和有关部门要高度重视退役运动员就业安置工作，充分发挥政府的主导作用，研究制定退役运动员就业安置工作的优惠政策措施，建立进出畅通机制，根据本地区的实际情况，在不断完善退役运动员就业安置政策和办法的基础上，积极探索适应社会主义市场经济体制要求的退役运动员就业安置的新思路和新办法，拓宽就业安置渠道。各级人事、机构编制、劳动保障、财政、教育和体育部门要充分运用法律和行政手段，并采取有力措施做好退役运动员就业安置工作。

2003年8月，人事部、财政部、国家体育总局再次联合印发了《自主择业

退役运动员经济补偿办法》，对不需要组织安置，要求自主择业，经组织批准，并在规定时间内办妥相关人事关系手续的，可以享受一次性经济补偿。经济补偿费包括基础安置费、运龄补偿费和成绩奖励三部分。同退役费相比，经济补偿费的额度显然要高得多，这也为再就业以及再创业提供了一定的资金保证。

2. 就业方面

2002年，国家体育总局、中央编办、教育部、财政部、人事部、劳动和社会保障部联合颁布了《关于进一步做好退役运动员就业安置工作的意见》，其中提到，"获得全国体育比赛前三名、亚洲体育比赛前六名、世界体育比赛前八名和获得球类集体项目运动健将、田径项目运动健将、武术项目武英级和其他项目国际级运动健将称号的运动员，经体育部门推荐，高等学校考察，可安排到高等学校从事体育教学等工作"。

2007年，国家体育总局、教育部、公安部、财政部、人事部、劳动和社会保障部又联合下发了《运动员聘用暂行办法》。其中规定：各类体育事业单位招聘体育工作人员的，对取得优异成绩的退役运动员，可以采取直接考核的方式招聘；对其他退役运动员，应在同等条件下优先聘用。体育部门使用彩票公益金资助建成的体育设施所在单位，须安排一定比例岗位用于聘用退役运动员。各类教育事业单位招聘体育教师、体育教练员等体育类专业技术人员的，对取得优异成绩且具有教师资格的退役运动员，可以采取直接考核的方式招聘；对其他具有教师资格的退役运动员，应在同等条件下优先聘用。

2007年8月，为进一步加强运动员职业辅导工作，引导广大运动员根据市场需求，提高再就业能力，顺利实现从在训到退役的过渡和职业转换，国家体育总局颁布了《关于做好运动员职业转换过渡期工作的意见》。在过渡期内，体育部门的主要任务有五个。第一是培养、提高运动员再就业意识，引导运动员进一步了解自己、了解社会；第二是为运动员读书创造条件，指导符合条件的运动员通过免试保送的方式上大学，为不符合免试保送的运动员提供辅导，帮助他们通过单独招生考试或参加高考进入大学读书；第三是面向运动员开展各类职业教育和技能培训，帮助运动员提高社会适应能力和竞争能力；第四是充分利用体育行业特有工种职业技能鉴定工作的平台，帮助他们获得相关的体育行业职业资格证书；第五是提供就业指导和援助。

3. 文化教育和求学深造方面

为进一步加强运动员文化教育工作，全面提高运动员思想道德、科学文化素质，国家体育总局、教育部于2003年颁布了《关于进一步加强运动员文化教育工作的意见》，在保证完成九年义务教育的基础上，大力开展包括普通教育和职业教育在内的高中阶段教育，稳步发展高等教育。鼓励教育、训练、科研相结合的体育院校为运动员设立预科。普通高等体育院校和体育职业学院的运动训练专业，对通过单独招生考试或免试入学的运动员在完成 2 年基础课程学习并达到要求后，可按有关规定转入其他体育专业学习；对从事省级专业训练 2 年以上或达到国家一级运动员技术等级标准的运动员，可根据实际情况免修部分专项技术训练课。运动员在训期间全年文化学习时间不得少于 300 学时，平均每周为 10~12 学时，其中外语学习每周不得少于 4 学时。

1987 年，原国家体委、国家教委就联合公布了《关于著名优秀运动员上大学有关事宜的通知》。通知规定，奥运会、世界杯、世界锦标赛单项前三名获得者和集体项目前三名的主力队员以及世界纪录创造者，如符合普通高等学校招生体检要求，年龄在 30 周岁以下（申请进入成人高校学习者，年龄在 40 周岁以下），由国家体委会商国家教委与有关高等学校联系入学事宜，免于参加全国高等学校招生统一考试，由高等学校进行必要的文化考核，并决定是否录取。

国家六部委 2002 年联合颁发的《关于进一步做好退役运动员就业安置工作的意见》进一步扩大了可以免试进大学深造运动员的范围。其中规定，"获得全国体育比赛前三名、亚洲体育比赛前六名、世界体育比赛前八名和获得球类集体项目运动健将、田径项目运动健将、武术项目武英级和其他项目国际级运动健将称号的运动员，可以免试进入高等学校学习，高等学校还可以通过单独组织入学考试、开办预科班等形式招收运动员入学"。

2003 年 11 月，国家体育总局公布了《优秀运动员奖学金、助学金试行办法》，对优秀运动员进行资助。在役期间获得劳动保障部门认可的职业资格证书、大专学历证书或大学本科学历证书的，一次性给予 2000 元、3000 元或 5000 元的奖学金。退役后参加全日制大专学历或全日制大学本科学历教育且签订自主择业协议的，一次性给予助学金 10000 元或 15000 元。

2008 年，财政部专门出台了《运动员保障专项资金财务管理办法》，对在役期间参加高等学校学习，本人年收入低于当地城镇职工平均年收入的运动员，给予每学年最多不超过 2500 元的资助。对退役后进入高等学校学习，学习期间无收入来源的运动员，给予每学年不超过 5000 元的资助。

4. 伤残抚恤方面

长期以来，对于运动员负伤致残的抚恤，按照 1978 年原国家体委发布的《关于体育事业单位优秀运动员、教练员和其他人员因公负伤致残评定残疾等级的通知》的规定执行。如按照该通知的标准，内蒙古地区 1979 年以前因公负伤致残达三等甲级者，伤残抚恤金的标准仅为每年 98 元。[①] 在我国经济实力和物价指数飞速增长的今天，这样的抚恤金标准甚至连杯水车薪都称不上。2007 年 11 月，国家体育总局宣布该通知失效。

2002 年，为了解除运动员因训练比赛所致伤残的后顾之忧，根据党中央提倡社会互助，建立多层次社会保障体系的精神，国家体育总局依照《劳动法》、《体育法》等有关规定，出台了《优秀运动员伤残互助保险试行办法》。该办法规定，体育基金会成立"优秀运动员伤残事故专家鉴定组"，作为运动员伤残等级的鉴定机构。鉴定机构依据国家技术监督局《职工工伤与职业病致残程度鉴定》（GB/T 16180—1996）制定《优秀运动员运动伤残等级标准》，为运动员进行伤残等级鉴定。保险待遇标准分为十一级（特级至十级），最高一级为 30 万元人民币，最低一级为 2000 元人民币。

2004 年，国家体育总局又颁布了《优秀运动员伤残互助保险暂行办法》。与《优秀运动员伤残互助保险试行办法》相比，《优秀运动员伤残互助保险暂行办法》对优秀运动员的范围做了扩大解释，同时增加伤残等级第十一级并相应调高第九级和第十级的赔付标准。这样受益运动员范围进一步增加，保险待遇标准分为十二级（特级至十一级），最高一级为 30 万元人民币，最低一级为 1000 元人民币。

为了帮助运动员解决因重大伤残和特殊生活困难所面临的工作和生活问题，国家财政又设立了运动员保障专项资金。《运动员保障专项资金财务管理办法》规定，运动员保障专项资金用于运动员重大伤残医疗补助、运动员特殊困难生活补助和职业辅导等项目。其中，运动员因重大疾病、运动伤残、慢性运动损伤或失业等原因，导致生活非常困难的，可以享受运动员特殊困难生活补助。因长期运动训练导致重大疾病，以及因在役期间运动伤残导致退役后生活较为困难，或因长期运动训练导致退役后出现慢性运动损伤旧病复发，在治疗期间无固定收入来源且未参加工伤保险和基本医疗保险的，一次性给予不超过 5 万元运动员特殊困难生活补助；治疗期间有固定收入来源或已参加工伤保险、基本医疗保险的，且本人收入低于当地城镇职工平均年收入的，给予一次性不超过 3 万元运动员特殊困难生活补助。

5. 医疗照顾方面

运动伤病及其治疗问题是长期困扰运动队建设和发展的重要问题之一。为了

---

① 武艺，王丰. 内蒙古两运动员状告两级体育局［N］. 内蒙古晨报，2006－02－27.

帮助国家队老运动员、老教练员解决在伤病治疗和生活中面临的一些困难，体现国家对为我国体育事业作出过贡献的老运动员、老教练员的关怀，2003 年，国家体育总局制定了《国家队老运动员、老教练员关怀基金实施暂行办法》，并委托中华全国体育基金会具体实施。老运动员指已办理退役手续，曾代表国家队参加比赛取得过以下成绩之一的运动员：（一）1978 年 12 月以前，取得过世界冠军、打破（超过）世界纪录（非奥运项目首次打破世界纪录）或首次珠峰登顶；（二）1979 年 1 月以后，取得过奥运会、奥运会项目世界锦标赛（世界杯）、亚运会前三名，非奥运会项目的世界锦标赛（世界杯）冠军；（三）为中国体育事业作出突出贡献且在国内外有较大影响。中华全国体育基金会设立国家队老运动员关怀基金审定小组，负责接受申请和资格审查。根据老运动员实际所遇到的困难程度，体育基金中心按照重大疾病、严重疾病、英年早逝和慢性运动损伤的情况分别给予 5 万元、3 万元、2 万元资助。[①]

2004 年，在中央领导的亲切关怀下，国家体育总局与财政部、人事部、卫生部、劳动和社会保障部又联合下发了《关于对部分老运动员、老教练员给予医疗照顾的通知》，对十一届三中全会前获得世界冠军的老运动员及其教练员，退休时给予医疗照顾；对十一届三中全会前获得世界冠军的老运动员及其教练员、超破世界纪录和珠峰登顶成功的运动员退休后，因运动损伤导致的医疗费用个人自负部分，国家给予适当补助。

财政部 2008 年出台的《运动员保障专项资金财务管理办法》也规定，本办法的受益人群为因运动训练导致死亡和 1～4 级伤残的运动员。运动员发生重大伤残时，按下列标准分别给予医疗补助：在住院治疗和康复期间，对检查、治疗、康复费用中个人自费和自负部分给予 50％补助，每人每年最多不超过 5 万元；因国内无法医治经批准到国外进行治疗的，按其在国外治疗费用的 50％给予补助，补助金额每人每年不超过 50 万元，治疗时间一般不超过一年。

---

① 中华全国体育基金会副理事长董鑫萍在第七批国家队老运动员老教练员关怀基金颁发仪式上的发言 [EB/OL]. http：//www.tyjjh.org.cn/articleshow.asp? articleid＝356，2009－03－23.

第三章　体育社团相关法律问题

第一节　概　述

　　20 世纪 80 年代以来，在世界范围内掀起了一场"社团革命"。社团的兴起成功地克服了"政府危机"和"市场危机"给社会带来的问题，从而使公民社会成为政府和市场之外的社会第三域。社团的发展适应时代的要求，是当代民权运动高涨的标志，也符合各国政府治理国家理念的转变。从"大政府、小社会"或"大政府、大社会"向"小政府、大社会"的改革进程，从政府统治社会到社会自治，都需要壮大社团的力量，依靠社团实现社会的善治。美国约翰·霍普金斯大学研究社团的著名教授萨拉蒙宣称："全球性社团革命"对 20 世纪晚期的意义，也许如同民族国家的兴起对于 19 世纪晚期的意义一样重大。[①] 基于社团对社会的巨大意义，世界各国都重视对社团的立法，从法律层面上保护民间的结社行为。因为，如果说"民族国家的兴起"意味着国家的独立，那么"社团革命"则象征着社会的进步。

　　在我国，改革开放给了社团新的生命，市场经济的运行也让社团有了壮大的资本，体育社团的数量有了质的飞跃。但是，相对于广阔的领土和众多的人口，我国体育社团的数量却远远落后于国外发达国家，在社团绝对数上无优势可言。

---

　　① ［美］莱斯特·M. 萨拉蒙等著；贾西津等译. 全球公民社会：非营利部门视界 ［M］. 北京：社会科学文献出版社，2002.

中国体育社团的也具有区别于其他国家的特征和问题：体育行政部门名义上为体育社团提供业务指导，实质上履行行政管理的职能；1997年从国家体委分离出来的二十几个运动项目管理中心，仍然代替着相应的单项运动协会，并长期形成"两块牌子、一套人马"的局面；当今在运动项目管理中心治理下的各项运动，在走市场化道路时出现了种种难解的问题，严重阻碍了我国体育事业的发展。

然而，针对体育社团目前存在的种种问题，我国尚未能从法律层面上为体育社团的后续发展提供支持。对体育社团的管理仍然沿用着1998年颁布的《社会团体登记管理条例》，这是一种具有计划经济色彩的行政法规，其规定落后于时代，阻碍着我国社团特别是体育社团的发展。

一、社团概念的界定

1. 社团的法律定义

中国社团的类型多种多样，有互益性社团、社会服务性社团、公共服务性社团。对社团的内涵和外延准确地界定困难很大，1989年颁布的《社会团体登记管理条例》中没有对社团作直接的定义，而是根据社团的性质和任务划分出不同的社团，并采用类列举的方法，把名称为"协会、学会、联合会、研究会、基金会、促进会、商会"的组织归入社团的范畴。

1998年中国新颁布的《社会团体登记管理条例》，首次以法律条例的形式定义了社团："社团是指公民自愿组成，为实现会员共同意愿，按照其章程开展活动的非营利性社会组织。"在这一权威性的社团定义中，明确地指出自愿性、组织性、共同意愿、非营利性的社团性质。由于中国社团发展的独特性，定义中少了"民间性和自治性"两个社团的最本质的属性。

2. 社团与民间组织的概念辨析

1998年，国务院批准民政部撤销原社团管理局，成立作为二级局的民间组织管理局，并陆续在全国各级民政部门建立了相应的民间组织管理机关。与此同时，把"民办非企业单位"也统一归口到各级民间组织管理部门。[①]

由此可以看出，"民间组织"实际成了"社会团体"和"民办非企业单位"的共同上位概念。2000年4月民政部发布了《取缔非法民间组织暂行办法》，

---

① 王名，刘培峰等. 民间组织通论［M］. 北京：时事出版社，2004：5—6.

"民间组织"这一称谓正式用于规章的表述。① 由于目前我国法人的类型分为"机关法人"、"事业单位法人"、"企业法人"和"社团法人"四种,② 社团的法律地位也只存在"社团法人"和"非法民间组织"两种,这导致依法成立的基金会只能属于"社团法人",因此,"民间组织"其实应包括"社会团体"、"民办非企业单位"和"基金会"三种组织形式。③ "社团"一般是"社会团体"的民间叫法,而"民间组织"则是中国官方使用的概念。

3. 社团与社团法人的辨析

按 1986 年颁布的《民法通则》规定,我国的法人类型分机关、事业单位、企业、社团四种。在现实中,"社团法人"应包括依《社会团体登记管理条例》(1998)登记成立的社会团体、依《民办非企业单位登记管理暂行条例》(1998)登记成立的民办非企业单位和依《基金会管理办法》(1998)注册登记成立的基金会。而在中国学术界和民间社会,"社团"一词实际是"社会团体"的简称。所以,有人提出,为了避免使用"社团"一词可能造成的概念指向不明问题,建议按"社团"概念出现的先后,应把"社团"一词的使用权赋予"社团法人",而现在通用的"社团"还原成"社会团体"代替。④ 因此,在本文中,"社团"一词仍是社会团体的简称。

二、体育社团概念的界定

体育领域引用最广泛的体育社团的概念是卢元镇先生在《中国体育社会学》一书中对体育社团的定义,"体育社团就是以体育运动为目的或活动内容的社会团体"。顾渊彦先生在《体育社会学》一书中认为体育社团的概念是"以体育实践为主要目的,自发地或人为地组织起来的具有共同的行为规范和情感的人们的集合"。

国家体育总局人事司 2001 年 9 月 24 日出台的《全国性体育社团管理暂行办法》中,没有对体育社团明确的定义。仅对体育社团的成立与变更、业务指导与

---

① 谢海定. 中国民间组织的合法性困境［A］. 见:吴玉章. 社会团体的法律问题［M］. 北京:社会科学文献出版社,2004:50.

② 参见 1986 年颁布的《民法通则》第三章.

③ 王名,刘培峰等. 民间组织通论［M］. 北京:时事出版社,2004:14.

④ 渠涛. 中国社会团体法律环境的民法制度整合［A］. 见:吴玉章. 社会团体的法律问题［M］. 北京:社会科学文献出版社,2004.

管理、组织机构、任职管理等作了解释。

在体育的现实中，存在着因社团组织形式复杂和多样而无法定义的问题，现有的体育社团，既有政府选择的，又有公众自愿成立的；既有公益性的，又有互益性的；既有成员性的，又有非成员性的；既有基于人群集合的，又有基于体育项目集合的；既有法律合法性的，又有社会合法性的。因而，对体育社团作一个清晰的界定非常困难。但基于社团的本质属性和特性，我们认为："体育社团是公民自愿组成，自主管理，为实现会员共同意愿，按照其章程以体育运动（或活动）为目的的非营利性社会组织。"①

三、体育社团的社会意义

在关于公民社会兴起的理论探讨中，西方存在着"政府失灵"、"市场失灵"、"志愿失灵"、"治理理论"等多种解释，分别从不同的角度，对非营利组织的意义作出相应的阐述。但在中国，市场经济尚不成熟，民主政府也不完善，体育社团的兴起除了社团的"世界性"共性之外，还有其特定的个性。从政府的角度看，体育社团是体育行政部门转变职能的根本要求。形成"小政府、大社会"，需要政府在宏观体育政策、法律方面的支持，更需要体育社团承载中观、微观的体育社会服务和管理职能。

从 20 世纪 70 年代末改革开放开始，中国的"总体性"社会逐渐解体，在国家权力之外，开始出现一些自由的社会空间和社会资源，政府已不可能包办一切。到 1992 年确立市场经济道路，政府在经济领域、社会领域中的管理能力更加备受考验和质疑。重新定位政府职能，退出经济、社会领域已成为市场经济发展的必然要求，实行"国家管、社会办"的社会治理模式也开始成为政府转变职能的方向。因此，20 世纪 90 年代中期开始的国务院机构改革、体育行政部门改革显示了政府从意识到行动、从被动到主动的转变。

罗干在《国务院机构改革方案的说明》中提到，对于政府来说，为了适应市场化改革的需要，必须推动社团走向自治。伍绍祖在 1994 年全国体委主任会议上也指出，体育体制改革主要做好三件事：一是抓好机构改革；二是协会

---

① 黄亚玲. 论中国体育社团：国家与社会关系转变下的体育社团改革 [M]. 北京：北京体育大学出版社，2004.

实体化，由点到面逐步推开；三是进一步理顺中华全国体育总会和中国奥委会的作用。[①] 1995 年颁布的《中华人民共和国体育法》更是把"鼓励、支持体育社团的发展"上升为法律要求。

欧美、日本等发达国家的体育事业发展经验也更坚定了我国政府重视体育社团的政策趋向。美国、法国、意大利、西班牙、日本和澳大利亚等国家，政府都把管理体育的职能交给民间体育社团，在促进本国体育事业发展的同时，也提高了政府的行政效率。[②]

从个人的角度看，体育社团的发展能更有效地满足个人的多元体育需要。随着市场经济的发展，个人生活水平提高了，体育的功能也开始受到人们的重视，除了传统的"增强体质"之外，还可以健美、健心、娱乐等，体育运动可以满足人们的多元需要。由人们自发组成的民间体育社团，能最大限度地发挥个人的积极性，有效地满足人们的多元体育需求。

此外，体育社团还能制约体育行政部门的权力，保护公民的体育权利。联合国《公民权利和政治权利国际公约》第 22 条把自由结社列为公民的基本权利和政治权利。为保护公民个人权利，不受强势权力的侵犯，美国《宪法》更是把结社自由与表达自由、言论自由、集会自由作为同等重要的公民权利，因为结社往往是其他自由得以实现的前提。在强大的政府面前，公民个人往往是弱小的、无力的。当两者相对时，强大的政府权力可以完全掩盖住个人的公民权利，政府权力势必会侵犯弱小个人的权利。结社能够壮大个人的力量，对无尽的政府权力形成有效的制约，保护个人的公民权利。

从社会发展的角度看，体育社团是现代体育的主要组织形式，也是"治理"体育的载体。横向国家比较，世界发达国家的体育管理组织形式很好地向我们展示了体育社团的优势。

在日本，政府大力扶持综合性社区体育俱乐部，各单项体育、企业体育和大中小学生体育也纷纷以俱乐部形式开展活动。目前，日本体协下辖的市区町村体协管理下的社区体育俱乐部就有 40 多万个。[③]

美国是一个移民国家，信奉"人人生而平等、自由"，高度彰显公民权利，

---

① 黄亚玲. 论中国体育社团：国家与社会关系转变下的体育社团改革 [M]. 北京：北京体育大学出版社，2004.

② 同上.

③ 王凯珍，赵立. 社区体育 [M]. 北京：高等教育出版社，2004.

美国也是一个社团化的国家，国家保护社团的思想达到"国家本身就是一个社团"的高度。在澳大利亚，"总管"国家体育事务的组织"澳大利亚体育委员会"本身也是一个体育社团。

我国社团从无到有、从有到不可抑制的发展事实，我国政府积极转变职能、建立"小政府、大社会"的举措也进一步证明，社团也将是未来社会的一种重要组织形式，体育系统作为社会的亚系统，无疑也必将适应社会的发展，采取体育社团的组织形式。

针对政府管办体育带来的种种弊端，如效率低、消耗大，政府不再直接管理体育已成为现代社会的要求。政府职能更集中地落在制定政策法规、指导体育发展战略和监督体育发展过程上面，而把具体的体育发展事务交给了民间体育社团治理，形成"政府管、社会办"的良好协作局面，这是现代体育发展的必然要求。

四、体育社团的分类

国内学者中，卢元镇曾将体育社团分为竞技体育类社团、社会体育类社团、体育科学学术类社团、体育观众社团、体育新闻社团、享受型体育社团、体育商会组织七大类。[①] 但由于划分标准不统一，多有交叉与重合。

黄亚玲借鉴非营利组织的分类方法，首先将体育社团组织分为会员制组织和非会员制组织（体育基金会），然后将会员制组织划分为互益性体育社团、公益性体育社团和调节性体育社团。[②]

第一类为互益性体育社团。互益性体育社团是指社团组织有特定的服务对象，其成员可以享受体育社团提供的技术培训、信息服务、提供场地等方面的服务。互益性体育社团又可分为商业性和社会性体育社团两类。前者如体育商业协会等。后者如体育联谊会、体育同学会、球迷协会等。在北京北部的回龙观大社区热爱足球运动的业主自发组织了"回龙观业主足球协会"，目前下属有 32 支足球队，1000 多名注册球员。自 2004 年至 2010 年，回龙观足协在回龙观地区办事处的支持和指导下，成功举办了七届"回龙观足球超级联赛"，简称"回超"，回

---

① 卢元镇. 论中国体育社团 [J]. 北京体育大学学报，1996 (1).

② 孔伟. 中国体育社团管理的法治化建设研究 [D]. 曲阜师范大学硕士学位论文，2007.

龙观足协即是典型的互益性体育社团。

第二类为公益性体育社团（中间型）。公益性体育社团是指体育社团没有特定的服务对象，是面向全社会或弱势群体开展体育活动所组织的体育社会团体。包括团体会员型社团和个人会员型社团。团体会员型主要包括各单项运动协会、行业性体育协会、体育学会、研究会等；个人会员型主要包括协会、学会等，像中华名人垂钓俱乐部等社团组织。

第三类为调节性体育社团，包括中华全国体育总会、中国奥林匹克委员会两大社团组织。

张振龙以是否具有法人地位将体育社团划分为法人型体育社团与非法人型体育社团。他认为，虽然当前我国不承认非法人社团的合法地位，且也有一些国家如新加坡等也将法人视为社团的唯一合法形式，但越来越多的国家承认非法人社团的存在。如日本的任意社团、美国的非法人非营利组织、德国的无权利能力社团，英国的小型慈善组织等，尽管其具体组织形式和权利能力并不完全相同，但其基本上未经注册或不具有法人地位。[①]

第二节　我国体育社团的发展现状

一、体育社团的基本属性

体育社团的基本属性应该包括：民间性、非营利性、公共性、代表性、参与性。

1. 民间性

民间性包含三重含义，即"自主性"、"自愿性"和"自治性"。"自主性"是指体育社团组织可以自主地确定本社团的负责人，自主地聘用需要的工作人员，自主地决定事务。"自愿性"是指体育社团的法人或公民是否参加某个体育社团是否捐款或提供志愿服务，完全取决于他自己。"自治性"是指体育社团不是政府的组成部分或分支机构，也不承担政府职能，在遵守法律或不违法的前提下，

---

① 张振龙. 我国体育社团基本法律制度研究［D］. 北京体育大学博士学位论文，2012.

体育社团的决策和行为不受政府的影响。

2. 非营利性

非营利性是指体育社团不以营利为目的。"非营利"不等于说社会团体不能从事收费性活动不能有盈余，而是说社团不能把盈余当做红利分配，而要把盈余全部投入到符合宗旨的事业中。简而言之，就是社团组织可以营利，但社团组织的理事或董事不可能分利或分红。

3. 公共性

公共性是指体育社团的产权不属于任何个人、团体和组织所有，而属于全社会所有。体育社团的"公共性"来自于它所享受的免税待遇。由于免税待遇的代价是由全社会来承担的，所以享受免税待遇的财产也应该归全社会所有。

4. 代表性

代表性是指体育社团都在不同程度上代表某一类人或某一个体育阶层的共同利益。一般来说，互益性体育社团的绝大多数成员或是具有相似的年龄、性别、文化程度、职业，或是对体育具有相似的兴趣，因而也就具有比较一致的利益和要求。实际上，正是共同的阶层、价值观念、处境、志趣、要求和利益，使他们聚集到一起并结成体育社团组织。所以，互益性体育社团很容易，而且也是不可避免地要成为其成员共同利益的代言人。公益性体育社团一般是为了维护某一类人的利益或追求某种社会目标的代言人。

5. 参与性

参与性是指体育社团是公民参与体育生活或体育活动决策过程的工具或渠道。各类体育单项协会、学会、行业协会的体育社团都要不遗余力地以自己特有的方式参与政府的决策过程，以期通过影响政府的决策获取自己的利益。[①]

二、发达国家体育社团的发展现状

1. 数量众多、普及全国

英国、美国、加拿大、澳大利亚等普通法系国家，崇尚个人自由，法律对政府权力和公民权利作出严格的界定，目的在于预防处于强势地位的政府权力超越界限，侵犯公民权利。所以，为提高自己的话语能力，保护公民自身权利，民间普遍结社，除了宪法规定的除外，法律也没有对公民的结社行为作出特别的限

---

① 康晓光. 权力的转移——转型时期中国权力格局的变迁 [M]. 杭州：浙江人民出版社，1999.

制,而是把此行为作为类似个人自由的公民权利。所以,体育社团的特殊性在这些国家里能充分表现出来,从国家级体育社团到社区型体育社团,体育社团成了人们不可缺少的生活伴侣。从某种意义上讲,这些国家本身就是一个特殊的社团,生活社团化成了普通法系国家的一个重要特征。

大陆法系国家,政府对人们的结社行为经历过禁止、默许到现在的宽容和支持三个阶段。随着生产方式的革新推动社会的发展,资产阶级公共领域兴起,工人运动的发展使得公民结社也成为社会发展中不可忽视的因素,从总体上表现得越来越积极,这促使西方国家政府的态度也发生转变。法国对民间结社行为的支持开始于20世纪初。法国政府于1901年7月颁布了《法国非营利组织法》,把社团看作是一个协议,由两个人组成即可成立;加上现代奥林匹克运动的发端,顾拜旦爵士的影响,法国体育社团也逐渐进入法国人民的生活。

2. 自治力强、可信度高

在许多发达国家,政府与体育社团采取合作的方式,把体育事业的管理职能下放给体育社团,并让体育社团自主管理。美国是一个"社团化"国家,负责体育事业管理职能的机构是地区性的"公园与休闲委员会",其本质也是一种社团,由所属地区公民选举产生,并由所在地区公民组成。在澳大利亚,社团性质的"澳大利亚体育委员会"管理着几乎整个国家的体育工作,悉尼奥运会的筹划就由这样一个体育社团来组织,并夺得了很好的成绩。此外,新西兰的"希拉利委员会"、英国的"英国体育理事会"、西班牙的"最高体育理事会"和"国家奥委会",以及意大利的"国家奥委会"等体育社团都独立承担着管理整个国家体育事业的职能,政府主要通过立法(如西班牙1997年颁布的《体育法》对最高体育理事会、国家奥委会的职能作了明确的划分,对最高体育理事会的领导人选、职责权限、工作任务、财务监督等方面都有明确的规定,[①] 并提供财政资助来影响体育社团。

三、中国体育社团的发展现状

跟发达国家体育社团的特点相比,我国体育社团具有以下的不同点:

1. 体育社团管理权力虚化

按政府原来的计划,中华全国体育总会(1952年6月成立)成立的目的应该是"团结全体运动员和体育工作者,努力开展体育事业,普及群众体育运动",

---

① 崔丽丽等. 中外全国性体育社团比较 [J]. 天津体育学院学报,2004 (1).

而中国奥委会的目的则在于"代表全中国的奥林匹克运动","在中国宣传和发展奥林匹克运动"。① 但在实际中,这两个组织"丧失了法律或其章程规定的职能,连基本的会议制度和选举制度也难以坚持,基本成了一个空壳",其价值只存在于名义上,即可以借其名义与国际体育组织保持联系。另一方面,在1997年国务院机构改革过程中,由原体委分流下来的人员组成了21个具有行政权力的运动项目管理中心,承担了相应的单项运动协会的职能,架空了协会的管理权力,使得这些单项运动协会形同虚设,这直接造成运动项目管理中心与单项运动协会是"两块牌子,一套人马"的特殊局面。②

2. 体育社团工作人员比例失调

在我国体育社团中,专职人员的比例远远高于志愿者,如果算上兼职人员,比例悬殊更加惊人,几乎可以把志愿者忽略掉。这说明我国体育社团尚未发掘志愿者这种重要的人力资源。其实,社团的志愿行为因领域而异,在专业性很强的领域,如教育、医疗领域,因需要相应的专业知识或技能,这就决定志愿者不可能很多,而且作用有限;而在没有专业要求的领域,如体育、娱乐、文化领域,往往又是人们的共同兴趣所系,能够吸引到众多的志愿者。

3. 体育社团成立的政府选择性

新中国成立后,国家级体育社团多是政府选择的产物,以政府需要为前提而建立。选择的类型和数量主要依据两个方面,一是竞技体育的需要,二是国家对体育的拨款额。

竞技体育与国家利益结合是最为紧密的。体育舞台能显性或隐性地展示一个国家的社会制度、经济发展水平、民族意识等的强弱,中国选择竞技体育作为政治、经济和文化的窗口,与中华民族被欧洲列强耻辱的历史有直接的关系。体育具有的政治功能,是政府选择建立社团的重要原因。国家级体育社团的选择大都体现了竞技体育和奥运项目优先发展的特性。

国家体委得到国家拨款的多少,是选择体育社团成立的又一个原因。计划经济下的体育完全依靠国家的经费来源,体委办多少事要依据每年可供支配的经费来决定。竞技体育社团的成立,离不开经济的保证。国家选择了"政府办"社团,对社团的投入就义不容辞,但政府的投入又不可能脱离实际得到拨款多少的

---

① 黄亚玲. 论中国体育社团:国家与社会关系转变下的体育社团改革 [M] 北京:北京体育大学出版社,2004.

② 卢元镇. 论中国体育社团 [J]. 北京体育大学学报,1996 (1).

局限性，因此，国家级体育社团的成立，从数量上是一个渐进的增加过程，也是政府在权衡了经济供给水平后做出的选择。从社团的成立时间看，选择时分轻重缓急，优势项目社团和能够在国际大赛上取得好成绩项目社团，如体操、乒乓球、射击、射箭、举重单项协会（均成立于 1956 年）的成立时间要早于项目开展不普及的其他协会。

4. 体育社团性质的官民二重性

"官民二重性"是指"体育社团虽然带有社团所固有的民间性，但同时又以多种形式在许多方面依赖于政府，表现出明显的半官半民性质"。① 在我国，这种半官半民的性质，与其说是体育社团主动"挂靠"造成，还不如说是政府选择的结果。

随着市场经济的发展，政府权力已不可能实现在社会领域的大包大揽，所以政府把部分管理社会的职能下移到社团身上，希望用社团的形式来代替政府的直接管理。但是，在某种程度上，政府希望把社团培养成自己在社会领域的代言人，社团的成立由政府选择，社团也因此承担了由政府赋予的职能。在体育领域，"政府部门对体育社团能否承担起应尽的责任尚有疑虑，对部门权力的下放十分谨慎，因此体育社团的官民二重性表现得更为突出"。② 一个有力的证明就是现在的 21 个运动项目管理中心与各单项运动协会合为一体，直接架空各单项运动协会的权力，这是我国体育社会化过程中出现的极不正常并会造成严重恶果的逆潮现象，说明政府还不敢向体育社团放权，并在实际上控制着民间体育社团。

第三节　我国体育社团的立法历程

一、新中国成立前中国体育社团历史概况

19 世纪末，发端于欧洲的现代体育借助于社团组织这一载体传播到了全世界。1910 年旧中国组织召开了第一届全运会，体操、田径、游泳、篮球等现代

---

① 卢元镇. 论中国体育社团 [J]. 北京体育大学学报，1996（1）.
② 同上.

体育项目第一次以竞赛的方式呈现在国人面前。之后，现代体育逐渐由学校推向社会，被大众认识和接受。群众性体育社团的数量也随着体育在中国的普及而增加，1924年中国第一个全国性体育社团——中华全国体育协进会正式成立。

进入20世纪30年代，结社现象在全国范围内较为普遍，大城市体育社团数量迅速增加，这种现象引起了国民政府的重视，并加强了对社团的监管，颁布了有关法令，规范了社团的组建。1932年10月，国民党政府公布了《修正民众团体组织方案》。这一方案首次以法规形式，规定了各种社团成立的程序和遵守的原则，明确了社团必须经过中央的核准，须遵守所规定的原则和登记程序，并强调民间团体组织绝对服从国民政府和中央的统一管理。

20世纪40年代，体育社团在体育发展中的作用更加凸显，在国内外体育赛事的组织、经费的筹措等方面显示了不可或缺的作用。中国组团参加1948年在伦敦举行的第十四届奥运会，就是由民间体育组织——中华全国协进会筹备经费、组织选拔运动员并带队赴外参加比赛的。

1949年新中国成立之前，体育社团类型随着社会的需要，逐渐从传统单一性的武会组织发展成为多种类型的社团形式。这一时期体育社团突出的特点是：自下而上型成立的组织较多；社团成立时，由社会知名人士发起，如1924年8月成立的"中华全国体育协进会"就是由张伯苓发起成立并任会长的社团组织。1929年在南京成立的"中央体育研究会"就是由体育界名人吴蕴瑞发起的，并有热爱体育运动的社会上层名流捧场参加。但当时由于社会政治纷争风起云涌，体育社团的政治倾向性明显。在中国传统文化和社会政治背景下形成的体育社团组织，自然传承传统文化的特质，不愿意与国家权力处于抗衡状态，总是小心翼翼地寻求政治平衡，以期得到官方的认可和保护。在北京、上海、天津、广州等一些大城市里的体育社团多少带有半官方机构的意味，其成员大多具有准官僚的社会地位。可见，近代中国社会中的体育社团组织，从一开始就包孕着民间和官方的二重因素，成为国家与社会之间的纽带和中介，同西方社会民间性、自治性的体育社团大不相同。

二、新中国体育社团的发展

体育社团的发展与整个社会的发展息息相关。新中国成立后，中国社团出现了七次发展高潮，这些高潮都与国家政治经济及文化的变迁有直接的关系。从体育社团的发展变化看，有三次发展的高峰期，第一次是 1956 年，其标志是 17 家全国体育社团在这一年成立。

新中国成立初期，各项事业百废俱兴，1956 年以前，政府对体育社团，特别是新中国成立前成立的各种社团组织进行了清理、整顿。1950 年 9 月，政务院制定了《社会团体登记暂行办法》，确立了社会团体的类别、登记的范围、筹备登记、成立登记的程序、原则、登记事项以及处罚等内容。1953 年 3 月内务部又制定了《社会团体登记暂行办法实施细则》。这些登记办法和实施细则使带有封建、迷信色彩的秘宗会、神武会等体育社团组织被清理出门。内务部和地方政府对原有的体育公益性社团组织、体育项目协会组织、体育联谊会组织、体育学术研究社团组织等进行了依法登记，确立了其法律地位。经过几年的整治，净化了体育社团队伍，并积极扶植新兴体育社团的成立，体现在政府对体育社团的管理比新中国成立初期有了一定的宽松度，促使体育社团的数量明显回升，各种新型体育社团逐步占据了中国社会空间，扮演着一定的社会角色。此后，1959 年—1961 年是新中国经济困难时期，这一阶段体育社团的发展也受到很大的影响，统计资料表明，在这三年中没有成立一家全国性体育社团。[①]

1962 年随着国民经济的复苏，整个社会经济文化生活又恢复了正常，体育社团发展又一次显出了勃勃生机，到了 1964 年出现了第二个发展高潮，其标志是 8 个全国性体育社团在这一年成立，而同期其他领域成立的社团总数只有 12 个，这充分说明了体育社团在第二个高峰期，数量的增加处在全国的前列。随后，经历的"文化大革命"，体育社团的组织与活动遭到了严重的干扰和破坏，基本处于瘫痪和无序状态。

1978 年中国的改革开放，给体育社团的发展带来了又一次机遇，经过一年的准备后，出现了体育社团的第三个高峰期，即 1979 年新成立的体育社团数量达到了 14 个，是新中国成立以来成立体育社团数量较多的一年。1979 年是中国体育发展史上的一个里程碑，1956 年因台湾问题退出国际奥委会的中国，在与奥林匹克大家庭中断 23 年后，又一次回到了国际体育舞台。经历了十年"文化大革命"浩劫的人民，也迫切需要恢复正常的体育活动，其中包括体育社团组织的活动，在原有社团纷纷恢复正常运转的同时，新社团的出现如雨后春笋，这一年全国共有 60 个社团成立，其中体育社团就占了 13 个。

---

① 黄亚玲. 中国体育社团的发展——历史进程、使命与改革 [J]. 北京体育大学学报，2004（2）.

三、改革开放后中国体育社团立法状况

1. 1989 年，国务院为结束社团多头登记管理的混乱局面，加强社团的统一登记管理，颁布了《社会团体登记管理条例》，将社团统一由民政部门归口登记，并由此形成了由登记管理机关和业务主管单位分别对社团的登记注册管理及日常管理实行负责的所谓双重管理体制。

2. 经过多次清理整顿之后，1998 年国务院对《社会团体登记管理条例》进行修订和重新颁布，进一步强化了这套管理社团的行政法规。因此，在目前我国缺乏结社基本法的情况下，1998 年颁布的《社会团体登记管理条例》（以下简称98《条例》）也就成为目前我国社会团体登记管理的基本法律制度。

1989 年《社会团体管理条例》形成的双重管理体制因 98《条例》的颁布得到进一步强化，成为目前我国社团登记管理的基本体制。

这种双重管理体制明确要求，符合法定成立条件的社团，在获得登记管理机关的批准之前社团首先必须找到业务主管单位，并得到业务主管单位的许可，这两个条件缺一不可，这实际是在社会团体的登记许可程序上设立了双道门槛。

3. 根据 98《条例》的内容，2001 年 9 月 24 日国家体育总局颁布了《全国性体育社会团体管理暂行办法》（体人字［2001］473 号）。该暂行办法中规定："国家体育总局是社团的业务主管单位，机关各厅、司、局、直属机关党委是社团相关业务管理的职能部门；社团所在单位是受国家体育总局委托负责对社团进行日常管理的挂靠单位；国家体育总局管理的社团与省、自治区、直辖市同类体育社团的关系是业务指导关系。"对于"国家体育总局系统以外的其他行业成立的全国性体育社团，由国家体育总局协同挂靠单位，根据有关社团管理法规和各自职能共同做好社团指导管理工作。"暂行办法中还要求"省、自治区、直辖市体育行政部门参照本办法，结合本地实际制定相应的地方性体育社团管理办法"。[①] 可见，在"母法"（98《条例》）的制度框架之下，中国众多体育社团面临着与其他领域社团同样的合法性危机。

---

① 吴景良. 政府改革与第三部门发展［M］. 北京：中国社会科学出版社，2001.

第四节 目前我国体育社团立法存在的问题

一、严格的准入制度造成了众多体育社团的非法地位

1. 双重许可制度形成的高门槛限制

从社团设立与国家权力之间的互动关系上来讲，社团的成立有三种类型：许可制、部分许可制和放任制。

许可制是指国家对社团的成立采取资格准入制度，社团的成立要得到国家有关部门的批准和登记。未经批准成立的社团为非法社团，国家对它们总体上采取禁止的态度，非法社团的创立人和主要参与人要受到行政处罚，社团财产要被追缴。

与许可制相反，放任制是指国家对社团的成立与活动没有特别的法律限制，视社团活动与个人活动无异，由一般的法律来调整与规范。针对许可制可能导致国家与社团完全同构、国家权力的无限延伸而导致国家对社会的全面控制，而放任制可能导致社团的放任自流危及个人自由和社会安定，世界上大多数国家在实际法律制度上或实践上仅采用部分许可制（或称部分登记制）。

从 1989 年开始，我国在社团管理上逐渐形成了登记管理机关和业务主管单位分别负责的所谓双重管理体制，这种管理体制因 98《条例》的颁布得到进一步强化，成为目前我国社团登记管理的基本体制。

其中，登记管理机关包括"国务院民政部门和县级以上地方各级人民政府民政部门"，而业务主管单位则指"国务院有关部门和县级以上地方各级人民政府有关部门、国务院或者县级以上地方各级人民政府授权的组织，是有关行业、学科或者业务范围内社会团体的业务主管单位"。

这种双重管理体制一方面强化了登记许可制度的门槛限制，另一方面又规避了政府某一部门在行政许可方面应当承担的责任，使得任何社会组织不仅难于通过登记注册成为合法社团，而且也很难将不予登记的理由归咎于任何一个政府部门。

2. 成立条件的高要求和"非竞争性原则"阻止大量体育社团依法成立

98《条例》第 10 条规定了社团成立所需具备的物质条件，包括"有 50 个以

上的个人会员或者 30 个以上的单位会员；个人会员、单位会员混合组成的，会员总数不得少于 50 个"；"有固定的住所"；"有与其业务活动相适应的专职工作人员"；"有合法的资产和经费来源，全国性的社会团体有 10 万元以上活动资金，地方性的社会团体和跨行政区域的社会团体有 3 万元以上活动资金"。

这些规定主要是针对小规模的社会团体而作出的高门槛成立限制。对于全国性或省级的体育社团，人多财足，这些物质条件算不得是一种限制，但对于绝大多数社区型体育社团，尤其是对处于社会底层、收入低微的公民来说，这些条件无疑将剥夺他们的自由结社权，阻止其依法成立体育社团，以社团的形式锻炼身体。

3. 严格而复杂的登记注册程序引起的合法性危机

按照 98《条例》第三章的规定，一个合法社团的成立登记需要经过多重程序的审查。假设一个社团已经满足第 10 条规定的成立条件并且不属于第 13 条规定的类型，那么，它还需要通过这些程序后才能开展合法活动：寻找业务主管单位——业务主管单位审查同意成立社团的申请——发起人向登记管理机关申请筹备——登记管理机关审查同意筹备申请（60 日内）——社会团体成立筹备（包括召开会员大会或代表大会，通过章程，产生执行机构、负责人和法定代表人）（6 个月内）——向登记管理机关申请成立登记——登记管理机关审查同意批准社团的成立（30 日内）——得到批准成立的社团再次获得业务主管单位"依法出具的批准文件"后向登记管理机关备案（60 日内）——登记管理机关发给《社会团体法人登记证书》（30 日内）——申请刻制印章，开立银行账户——正式开展活动。①

如果再加上在申请筹备或申请成立过程中由于某些"有效文件"的不明或缺失而拖延的时间，据初步估算，一个社团依法登记注册成功需要将近一年的时间。

二、控制型的社团管理制度剥离了体育社团的民间性，限制体育社团的发展

从现行法规的内容上看，中国政府对社团的管理"从总体上呈现限制竞争、抑制发展的基本导向"，以求把社团的活动控制在行政部门的管理范围之内。98《条例》总共的文字不足 5000 个，其中提出"应当"有 34 处，"必须"18 处，"不得"8 处，但几乎没有规定具体的培育发展条文。

通过"归口登记"、"双重负责"和"分级管理"这三重保险，政府选择了自

---

① 1998 年颁布《社会团体登记管理条例》：第一章"总则"，第 9 条—第 19 条.

己的体育社团，并利用业务主管单位干涉体育社团的内部治理，以防体育社团的发展偏离政府的指导方向，最终把依法成立的体育社团控制在"政治上达标，行政上挂靠，符合法律程序，得到社会支持"的性质上。

"非竞争性原则"是指，为避免社团之间的恶性竞争，禁止在同一行政区域内设立业务范围相同或相似的社团。98《条例》第13条明确规定："在同一行政区域内已有业务范围相同或者相似的社会团体，没有必要成立"，登记管理机关将不予批准筹备。这种规定的立法思路是："限制社团之间的竞争，并消解由竞争引起的各种社会不安定因素，保持社会的稳定；社团的数量过大，会给政府的控制增加难度；竞争会导致社团之间为了生存和获取资源采取各种措施，容易偏离政府为社团所设定的方向。"

另一方面，将让这些"官方"体育社团长期生活在没有压力的环境中，"等、靠、求"着政府的财政拨款来维持其存在，缺乏动力机制来提高自治能力，这就形成了"政府拨款——自治能力低"的恶性循环。而当社团因自身治理能力低而造成严重的社会问题时，也间接降低了政府在国人心目中的信任度，当今中国足球联赛的问题就是一个很好的例子。

由此可见，"非竞争性原则"不仅不利于民间体育社团的发展，也不利于受到保护的"官方"体育社团的健康发展。

三、法律救济机制不健全导致体育社团内部纠纷难解

我国体育社团缺乏法律救济包括两方面内容，一是"非法人"体育社团的权利没有得到法律的承认，在其权益受到侵害时没法得到法律的救济。二是在法人体育社团运行过程中出现内部纠纷，社团法无法让"当事会员"满意甚至侵犯了会员的合法权益时，缺乏相应的法律措施加以救济。

在我国现行的法律环境下，一个体育社团的成立必须严格按照98《条例》规定的合法性要求，即"政治上达标，行政上挂靠，符合法律程序，得到社会支持"。不符合此要求的，即为"非法"社团，没有开展活动的权利，没有依法诉讼的权利，可以随时加以清除。在此合法性要求中，"政治"和"挂靠"原则最为重要，也是最为模糊、最具有人为色彩的要求，这也成为现实中业务主管部门或民政部门执法不能或推卸责任而拒为申请组织担保或注册登记的"法律理由"，众多申请的体育民间组织因此而被拒之门外，而没有相应的法律措施引为救济，连1989年《社会团体登记管理条例》所规定的"不予登记后，申请人可以向上

级民政部门申请复议"的做法也在98《条例》中被取消了。

鉴于体育纠纷的专业性和技术性强的特征，司法的介入固然可以最终解决争议，但所要耗费的司法成本也必然是巨大的，所以，世界许多国家都专门成立了体育仲裁机构，① 并制定了相应的《体育仲裁法》，甚至建立体育法庭，② 这也成了各国解决体育社团内部纠纷的有效的法律救济途径。我国《体育法》第33条也规定："在竞技体育活动中发生纠纷，由体育仲裁机构负责调解、仲裁。体育仲裁机构的设立办法和仲裁范围由国务院另行规定"。但至今我国的体育仲裁机构仍未设立。而根据2000年颁布的《立法法》规定仲裁制度必须由全国人大或其常委会制定，现在国务院已无权制定体育仲裁条例，必须由全国人大常委会颁布《体育仲裁法》。但由人大常委会出台的《体育仲裁法》仍迟迟未能出世。总之，《体育仲裁法》和体育仲裁机构的缺失，使体育纠纷无法得到合法、合理的解决，加剧了我国体育社团治理的混乱。

四、健全中国体育社团立法的必要性

体育领域是社会领域的亚系统。在我国，体育系统的改革落后于社会系统的改革，体育社团缺乏相应的基本法作为支持，现行的社团管理行政法规成了我国体育社团主要的法律框架。以上研究已经指出，由于现行社团管理行政法规的落后，造成了我国体育社团的种种现实问题，因此，要解决体育社团的法律支持问题，也就必然需要改进当前社团管理行政法规。

虽然，我国在1995年颁布了《体育法》，并在《体育法》第五章有关于体育社团的规定，但这些规定只是概念性的、抽象性的、个别性的描述，难以普及一般性的体育社团，也无法对实践中的体育社团起法律支持的作用，这导致《体育法》中这些有关体育社团的法律规定最终流于形式。另一方面，随着社会主义市场经济的运行和社会主义民主政治的发展，体育系统建立"小政府、大社会"的改革趋势，我国的体育社团必然会发展迅猛，承担时代赋予之职能。因此，如何突破当前不合理的行政法框架，建立体育社团的法律支持系统，保证体育社团能独立、健康地发展，将是当前我国体育社团乃至整个体育系统必须面对的紧迫问题，也是我国实现法治社会的必然要求。

---

① 沈建华、汤卫东等. 职业足球俱乐部纠纷解决机制探析 [J]. 上海体育学院学报，2005 (6).
② 赵许明，张鹏. 体育社团处罚纠纷处理机制的比较及选择 [J]. 体育科学，2005 (4).

第四章 我国体育行政许可与体育经纪人法律问题

第一节 体育行政许可概述

一、行政许可的概念、性质

1. 概念

2003 年 8 月 27 日，全国人大常委会通过了《中华人民共和国行政许可法》（以下简称《行政许可法》），该法律第 2 条规定："本法所称行政许可，是指行政机关根据公民、法人或者其他组织的申请，经依法审查，准予其从事特定活动的行为。"

从《行政许可法》对行政许可的规定中，可以看出目前我国行政许可要从以下几个方面予以界定：第一，行政许可是需要公民、法人或者其他组织提出申请的行为；第二，行政许可是行政主体实施的行为，包括行政机关和法律、法规授权的组织，虽然法条中将行政许可的主体限定在"行政机关"，但是实质上包括了法律、法规授权的组织；第三，行政机关针对的是提出申请的公民、法人或者其他组织，不包括行政机关对其他机关或者其直接管理的事业单位的人事、财务、外事等事项的审批；第四，行政许可的内容是准予申请人从事"特定的活动"，这个特定活动的形式极为广泛，但是最终限定在行政许可法允许从事的事项范围内。①

---

① 罗豪才，湛中乐. 行政法学 [M]. 北京：北京大学出版社，2006 年第 2 版：183.

2. 行政许可的性质

在我国，对行政许可的性质没有统一的认识。学术界主要有两种理论：第一种理论认为，行政许可是普遍禁止的解除，自由的恢复。第二种理论认为，行政许可是一种权利的赋予，是一种授益性的行政行为。相对人本来没有此项权利，由于行政机关的允许和赋予，才使其获得了一般人所不能享有的特权。

当前，我国行政法学界的通说认为行政许可的性质是"解禁"或"权利恢复"。通说认为，行政许可作为一种事前控制的手段，其本质主要变现为对相对人是否符合法律、法规规定的权利资格和行使权利的条件进行审查核实，不是对相对人的授权。[①]

二、行政许可的范围和设定

行政许可的范围，就是指哪些事项可以设定行政许可，哪些事项不可以设定行政许可，是行政许可调整的事项范围。从世界各国实行许可制度的范围看，大多数的行政许可事项都集中于两个方面：一是关系到公民、社会、国家利益的特殊行业、经营活动，如矿产资源的开采许可，特殊商品的贸易许可；二是关系到公民生命、自由、财产利益的特殊行业，如律师职业、会计师职业的许可。

1. 可以设定行政许可的事项

我国《行政许可法》第 12 条将可以设定行政许可的事项概括为下列六项：[②]

（1）直接涉及国家安全、公共安全、经济宏观调控、生态环境保护以及直接关系人身健康、生命财产安全等特定活动，需要按照法定条件予以批准的事项；

（2）有限自然资源开发利用、公共资源配置以及直接关系公共利益的特定行业的市场准入等，需要赋予特定权利的事项；

（3）提供公众服务并且直接关系公共利益的职业、行业，需要确定具备特殊信誉、特殊条件或者特殊技能等资格、资质的事项；

（4）直接关系公共安全、人身健康、生命财产安全的重要设备、设施、产品、物品，需要按照技术标准、技术规范，通过检验、检测、检疫等方式进行审定的事项；

（5）企业或者其他组织的设立等，需要确定主体资格的事项；

① 罗豪才，湛中乐. 行政法学［M］. 北京：北京大学出版社，2006 年第 2 版：184.

② 参见《行政许可法》第 12 条.

（6）法律、行政法规规定可以设定行政许可的其他事项。

2. 不能设定行政许可的事项

有权设定行政许可，也不是对任何事项都设定行政许可。在界定行政许可范围的时候，通常根据各国经济和社会发展的实际情况，对可以设定行政许可的和不能设定行政许可的事项分别作出原则性规定或者具体列举。

一般来说，不得设定行政许可的事项主要有：与公共利益无关，可以由公民、法人或者其他组织能够自主决定的；市场竞争机制能够有效调节的；行业组织或者中介机构能够自律管理的；行政机关采用事后监督等其他行政管理方式能够解决的。

3. 行政许可的设定

在我国，行政许可设定是一种立法性行为。根据《行政许可法》的规定，行政许可设定的主体，原则上是全国人大及其常委会与国务院，同时，在一定条件下，也包括较大的市以上的地方人大及其常委会以及省级人民政府。除此之外，国务院各部委和其他地方人民政府一律不得设定行政许可。各主体设定行政许可的权限、所依据的程序，都来源于《行政许可法》的规定和授权。

三、体育行政许可项目

2004 年 9 月 17 日，国家体育总局发布《关于做好〈中华人民共和国行政许可法〉贯彻实施工作的通知》，通知中指出，经国务院确认的体育行政许可包括：从事射击竞技体育运动单位批准（国务院行政审批制度改革工作领导小组办公室 2004 年 8 月 19 日确认）；举办攀登山峰活动审批；举办健身气功活动及设立站点审批；开办武术学校审批；开办少年儿童体育学校审批（以上 4 项由国务院第 412 号令公布）等 5 项。[①]

通知进一步指出，经国务院确认暂予保留的非行政许可体育审批项目包括：举办全国性和国际性体育竞赛审批；国家正式开展的体育竞赛项目立项审批。其他非审批项目包括：社会体育指导员技术等级称号授予、教练员专业技术职务等级评聘、裁判员技术等级称号授予、运动员技术等级称号授予等。以上项目在国家出台新的法律、法规之前，按照现行办法执行。

2005 年 5 月 23 日，国家体育总局发布《关于受理行政许可申请有关事宜的

---

① http://www.sport.gov.cn/n16/n1167/n2658/n369979/370266.html.

公告》（体政字［2005］48 号），明确规定，法律、法规和国务院决定涉及体育系统实施的行政许可事项共 5 项，即：从事射击竞技体育运动单位批准；举办攀登山峰活动审批；举办健身气功活动及设立站点审批；开办武术学校审批；开办少年儿童体育学校审批。其中，"从事射击竞技体育运动单位批准"的实施机关是省级人民政府体育行政主管部门，"举办攀登山峰活动审批"的实施机关是国家体育总局和省级人民政府体育行政主管部门，"举办健身气功活动及设立站点审批"、"开办武术学校审批"和"开办少年儿童体育学校审批"的实施机关都是县级以上人民政府体育行政主管部门。许可事项按照有关规定实行分级审批管理。①

2010 年 7 月 4 日，国务院下发了《关于第五批取消和下放管理层级行政审批项目的决定》（国发［2010］21 号，以下简称《决定》），取消行政审批项目 113 项，涉及体育部门 2 项；下放管理层级行政审批项目 71 项，涉及体育部门 1 项。取消的行政审批项目包括"开办武术学校审批"和"开办少年儿童体育学校审批"。

《关于第五批取消和下放管理层级行政审批项目的决定》认为，根据《中华人民共和国义务教育法》和《中华人民共和国民办教育促进法》，学历教育的审批权限在教育部门，体育部门对"开办武术学校"和"开办少年儿童体育学校"的审批属于前置审批。但是，由于有关"开办武术学校"和"开办少年儿童体育学校"涉及的体育部门前置审批和教育部门最终审批的表述分别体现在国务院令第 412 号和《中华人民共和国义务教育法》、《中华人民共和国民办教育促进法》等不同的法律、法规，使得个别地方的体育部门和教育部门在审批权限上出现理解不一致，而影响到武术学校和少年儿童体育学校的成立。根据行政审批制度改革工作部际联席会议办公室《关于对现有行政许可事项进行审核论证并提出取消或调整建议的通知》，2009 年 8 月，国家体育总局组织有关司局、直属单位和部分地方体育局，对体育部门现有的行政许可事项进行了深入讨论和认真研究，并在书面发函征求教育部意见后，提交报告建议取消体育部门"开办武术学校审批"和"开办少年儿童体育学校审批"两个项目，由教育部门单独行使审批权。

按照国务院令第 412 号的规定，"申请举行健身气功活动和设立健身气功站点"由县级以上人民政府体育行政部门审批。国家体育总局发布的《健身气功管理办法》（国家体育总局令第 9 号）将设立健身气功站点的审批进一步明确为：对设立健身气功站点的，应当经当地街道办事处、乡镇级人民政府或企事业单位

---

① http://www.sport.gov.cn/n16/n1167/n2658/n369979/370246.html.

有关部门审核同意，报当地具有相应管辖权限的体育行政主管部门审批。由于健身气功站点均在基层，实践中行使审批权均为县级或直辖市的区、县级体育部门。因此，《决定》明确将"设立健身气功活动站点审批"的权限下放到县级人民政府体育行政主管部门。

第二节　高危险性体育项目的行政许可

一、高危险性体育项目的界定

2009 年国务院颁布的《全民健身条例》第 32 条规定，"经营高危险性体育项目的，应当符合下列条件，并向县级以上人民政府体育主管部门提出申请。县级以上人民政府体育主管部门应当自收到申请之日起 30 日内进行实地核查，做出批准或者不予批准的决定。批准的，应当发给许可证；不予批准的，应当书面通知申请人并说明理由"。

从这条规定可以看出，经营高危险性体育项目必须获得县级以上人民政府体育主管部门行政许可。也就是说，国务院把高危险性体育项目的行政许可权赋予了体育主管部门。但是，《全民健身条例》中并没有对高危险性体育项目进行界定，也没有列举出一些项目进行说明，只是在其 32 条第四项中规定：国务院体育主管部门应当会同有关部门制定、调整高危险性体育项目目录，经国务院批准后予以公布。

我国有些省市的地方性法规中对高危险性体育项目有具体的规定，但是并不统一。比如《广东省高危险性体育项目经营活动管理规定》（2007）第 3 条规定：本规定所称高危险性体育项目是指已制定国家标准或者地方标准中专业性强、技术性高、危险性大的体育项目，包括：游泳、潜水、漂流、攀岩、蹦极、射击、射箭、卡丁车、轮滑、滑翔伞、动力滑翔伞、热气球等。《吉林市高危体育经营活动管理条例》（2009）第 2 条明确规定：本条例所称高危体育经营活动，是指以营利为目的，从事危险性大、专业技术性强、安全保障要求高的体育经营活动。高危体育经营活动项目包括：游泳、卡丁车、蹦极、攀岩、轮滑、滑雪、滑冰、射箭、潜水、漂流、滑翔伞、热气球、动力滑翔伞、射击以及国家体育行政主管部门规定的其他高危体育项目。

经过深入的调研与讨论，2011 年 6 月国家体育总局公布了拟列入第一批高危险性体育项目目录，游泳（游泳、公开水域游泳）、滑冰（花样滑冰）、滑雪（高山滑雪、自由式滑雪、单板滑雪）、潜水（潜水）、登山（攀岩）名列其中。①

二、高危险性体育项目行政许可设定的必要性

1. 高危险性体育项目存在较高的风险性

作为人类返璞归真回归自然远离城市喧嚣的一种时尚性运动，高危险性体育项目能使人们在寻找快乐的同时征服自然、战胜自我、驱散疲劳、释放生活和工作压力，成为现代人不可阻挡的休闲生活方式。

但是，在满足了参与者寻求刺激的同时，其高风险性也不断引发各种事故。导致高危险性体育项目发生事故的因素复杂多样，有参与者的个人素质、使用设备、野外环境及社会和组织环境等，这些自然和人为因素相互作用，贯穿于高危险性体育项目的始终。

例如在户外运动过程中遇到天气变幻、路况湿滑等自然因素是不可人为控制的。一些突发的自然灾害如山火、岩石崩塌、海啸、台风等都是人力不可控制的因素。自然因素的变化有时也能影响参与者的身体或者心理，易导致危险发生。②

除了不可控制的客观因素外，参与者可能会因为设备或者衣物、鞋子等准备不足或者不当而引发危险。例如，在炎热的夏天，在高海拔的内陆地区昼夜温差大，有时就如经历四季，如果参与者所带设备或者衣物等不足以应付这些情况，就有可能让身体陷入危险。特别是遇到恶劣或者多变的环境因素时，更有可能引发或者提前引发危险的降临。

还有参与者本身素质的因素。如"参与者没有遵守当地有关条例以及指示"、"参与者高估了自己的能力"、"使用工具不当"或者"没有当地向导等"。所以参与者自身缺乏某方面的能力或者身体健康程度不能负荷整个运动过程，就可能导致伤亡。

---

① 李立. 游泳潜水攀岩未经许可不得擅自经营 [N]. 法制日报，2012—3—2.

② 2007 中国登山户外运动事故报告解读 [EB/OL]. http：//sports. sina. com. cn/outdoor/2012—01—17/1215/45. shtml.

近年来，在高危险性体育项目中参与者猝死的例子屡见不鲜。有些是因为自身的心脏不能负荷如此高强度的体力活动，有的则是因为中暑、失温等。所以，作为高危险性体育项目的参与者要求有良好的体力和心理素质应对多变恶劣的自然环境。

2. 高危险性体育项目的自律性组织无法保障其规范发展

目前，高危险性体育运动行业中的自律性组织即高危险性体育运动各单项项目协会虽然在全国成立，但依然是一个相对松散的组织，不具备足够的威信和震慑力。并且，一些高危险性体育运动项目的协会成员是由各职业高危险性体育运动项目组成，对于一些有约束性的规定无法真正地接受和彻底执行。更重要的是很多高危体育运动项目都是刚刚传到我国，高危体育运动项目协会不仅缺乏管理上的经验，更在管理制度上欠缺规范化。所以其行业的自律性管理现在还不足以维持和推动高危险性体育运动行业的规范、有序发展。为了加强高危险性体育项目经营活动的管理，保障消费者的合法权益和人身安全，促进体育产业健康发展，对高危险性体育项目设定行政许可迫在眉睫。

3. 高危性体育项目的有效管理必须依靠国家行政力量

到目前为止，我国一直没有统一高危性体育项目法律、法规和执法主体。我国有关体育的法律文件主要为1995年颁布的《中华人民共和国体育法》，但该法律并没有对高危险性体育项目做出规定。在《全民健身条例》颁布前，我国体育行政许可项目是依据地方性法规、政府规章进行管理的，如广东省人大常委会出台了《广东省高危险性体育项目经营活动管理规定》（地方性法规），无锡市人大常委会颁布了《无锡市体育经营活动管理条例》（地方性法规）。

《行政许可法》明确规定，只有国家法律、行政法规和地方性法规可以设定行政许可，政府规章无权设定行政许可，这就使许多依靠政府规章管理高危险性体育运动项目市场的省、市、区的高危险性体育运动项目管理机构失去执法的依据，管理力度大幅度下降，市场管理严重失控，混乱不堪的市场更加恶化，经营者的合法权益和广大消费者的生命安全难以保障。例如，我国登山管理就是依据国家体育总局发布的部门规章《国内登山管理办法》（2003年7月25日国家体育总局令第6号发布）进行的。

因此，在高危险性体育运动项目自律组织尚未成熟，而队伍的整顿建设迫在眉睫时，必须依靠国家的力量，对高危险性体育运动项目设定行政许可，从而形成统一标准，来保障高危险性体育项目的安全经营。

三、行政许可中有关经营高危险性体育项目所应具备的条件

安全是消费者进行服务消费过程中最基本的要求。高危险性体育项目是一种危险又极具挑战性的体育运动，在从事高危险性体育项目中，参与者生命所承受的风险远远大于其他运动项目，因此，若不合理地经营高危险性体育项目，在缺乏安全保障的同时也严重限制了参与者的积极性，不利于相关体育项目的发展。为了避免这种安全隐患，行政许可中必须严格明确涉及高危险性项目所具备的条件。主要应该包括以下几个方面：设施、人员、安全保障制度等。

1. 高危险性体育项目的特殊设施

高危险性体育项目的多样性和丰富性，要求有不同的自然或人工场地设施来适应这些项目。如滑雪项目要根据季节考察相应的地形，登山需要专门的登山装备。

据了解，到 2008 年年底，我国户外登山运动爱好者已达 5000 万人。随着户外运动越来越受欢迎，事故发生的频率也呈逐年上升趋势。为了登山安全，根据国家体育总局登山运动管理中心向全国体育用品标准化技术委员会上报登山及户外运动涉及人身安全的必需品的建议目录，由北京市劳动保护科学研究院协助制定了登山运动保护装备的系列标准。系列标准包括：登山动力绳、静力绳和扁带、头盔、锁具、安全带等，作为登山运动保护装备系列标准中的第一个标准，登山动力绳国家标准已于 2009 年 7 月 1 日颁布实施。

2010 年 2 月，《国家登山健身步道标准》由中国登山协会制定、由国家体育总局批准颁布并向全国推广。该标准详细规定了登山健身步道的路面建设标准、统一的标识系统、完善的安全保障体系，注重科学健身与环境保护，是国家权威的登山健身步道综合标准体系。

2012 年 5 月，由全国体育标准化技术委员会设施设备分技术委员会、中国质检出版社（中国标准出版社）、华体集团共同主编的《体育设施设备标准汇编》正式出版发行。该书系统的总结了我国体育设施设备标准制修订工作的基本经验，全面呈现体育设施设备标准体系内容，收录体育设施设备方面国家标准 17 项、行业标准 10 项，成为指导体育设施设备设计、建造、验收领域的规范性参考书。

2. 从事以及参与高危险性体育项目的人员所需具备的条件

（1）参与者所需具备的条件

随着越来越多的人加入高危险性体育项目的行列，由于其高风险性引发的安全事故也逐渐增多。首先，很多高危险性体育项目的参与者缺乏基本的安全知识

和自我保护意识。例如，在一些攀岩地经常可以看到有人带着完整的装备，但他们对如何使用这些装备却知之甚少，这无异于拿生命开玩笑。又如潜水，潜水运动涉及的基本知识广泛而较为复杂和全面。如果潜水者没有掌握潜水运动的常识和水下知识，如潜水的办法、装备以及潜水者在水中视觉和听觉的变化特征，就容易出现错误和危险，以及面临危险时做出错误的判断等。其次参与者自身缺乏某方面的能力或者身体健康程度不能负荷整个高危险性体育项目运动过程，也可能导致伤亡。近年来，在高危险性体育项目中，参与者猝死的例子屡见不鲜。有些是因为自身的心脏不能负荷如此高强度的体力活动，有的则是因为中暑、失温等。所以作为高危险性体育项目的参与者要求有良好的体力和心理素质应对多变恶劣的自然环境。[①]

目前，《西藏自治区登山条例》第 10 条对登山团队应当具备的条件做出了限制，其中就有登山人员的素质和技能方面的标准。《国内登山管理办法》第 5 条规定：团队所有成员须经二级以上医院身体检查合格，无障碍疾患。针对不同类型的高危险性体育项目，对参与者的要求是不同的，因此对参与者的管理是高危险性体育项目行政许可人员的重要组成部分。但是国家还没有统一的标准，所以，国家相关法规应该在高危险性体育项目行政许可中加以限定，明确参与者统一条件。

（2）从业人员必备的条件

由于参与高危险性体育项目的人群多数未经过专业运动的学习和训练，参与时存在较高的危险性，这就要求有具备专业知识和丰富经验的从业人员指导大众科学、正确、合理地进行体育运动。高危险性体育项目的危险性和技术复杂程度较高，对于从业人员的要求就更高，只有经过正规学习和培训的专业人员才具备指导资格，能够最大限度保障参与运动大众的安全。

目前，我国绝大多数地方法规都确立了高危险性体育经营的管理制度，包括制定从业标准和条件、对体育经营活动管理人员和专业技术人员进行培训、考核和资格认证等。但是，培训教材、培训内容、培训人员、考核标准等并不统一。

2011 年 2 月，国家体育总局发布《关于开展高危险性体育项目人员职业资格认证相关配套标准研究工作的通知》，通知提出"在总局高危险性体育项目监管工作领导小组下设置人员职业资格认证专题工作组，同时，设立专家小组和项目中心工作小组，整合各方力量，整体推进人员配套标准研制工作"。

---

① 2007 中国登山户外运动事故报告解读［EB/OL］. http：//sports. sina. com. cn/outdoor/2012－01－17/1215/45. shtml.

《关于开展高危险性体育项目人员职业资格认证相关配套标准研究工作的通知》还明确了配套标准研究工作涉及的运动项目中心及项目，即：冬季运动管理中心（滑雪、滑冰），射击、射箭运动管理中心（射击、射箭），水上运动管理中心（潜水），拳击跆拳道运动管理中心（跆拳道、拳击），武术运动管理中心（武术、散打），登山运动管理中心（攀岩、攀冰、户外、高山探险）。

《关于开展高危险性体育项目人员职业资格认证相关配套标准研究工作的通知》对高危险性项目人员职业资格考核、培训配套标准研究工作提出了任务要求。项目中心工作小组要按照规定的时间完成职业培训教材、大纲，教材要根据本项目从业人员实际工作岗位对技能和理论的要求，涵盖各级别应掌握的基础知识、专业技能内容，供申请职业资格考核的人员自学及参加培训使用。项目中心工作小组还要制定分级别理论考试试题库（卷库）、技能考核标准。同时，项目中心和人力资源中心要完成考评师和培训师的培养工作，并按照培训基地管理办法要求，在各省市选择具备条件、符合要求的培训机构承担具体培训任务。

3. 高危险性体育项目管理规章制度和安全保障措施

高危险性体育项目风险高，出了问题很难界定具体的责任在谁，因此保险公司都不愿意承保。国家应该针对不同的高危险性体育项目构建安全保障系统，并注意以下几个方面。

（1）宣传教育。宣传教育系统要充分利用电视、广播、报纸、网络等媒体，对发生的高危险性体育事故及其原因向社会公布，警示从事高危险性体育项目的单位与参与者吸取教训；介绍高危险性体育项目的安全常识，增强安全风险意识；告诫经营者配备合格的安全设施和人员。

（2）内部制度。设定内部准入制度，严格加强参与者的资格审核；对参与者进行安全意识以及安全措施和技能知识的培训。在活动前及时向参与者进行安全知识以及自我救护办法方面的讲座，让参与者在过程中保持沉着冷静，降低事故风险。

（3）安全救援系统。总结以往的救助经验，制定应急救援预案，加强救援预案演练工作，增强应对、处置突发事件和重大旅游安全事故的能力，最大限度地减少可能发生的事故及灾害的损失。

四、获得经营许可证后的监督与管理

行政许可机关在做出行政许可决定后，对被许可人从事的许可活动要进行检查监督。举个例子来说，某企业申请从事高危险性体育项目的经营许可证，行政许可机关经审查认为他具备从事的条件，因而给予许可；但是他在经营活动中不按照标准进行经营，如果不对他的经营活动是否符合国家法规条例进行检查监督，该行政许可的审查和批准就会完全失去意义。因此，行政许可后的检查监督是行政许可制度中不可或缺的组成部分。对于高危险性体育项目行政许可后的检查监督应该做到以下几点。

1. 明确检查监督主体

行政许可后的检查监督工作由谁来承担？"谁许可，谁监督"是公认的原则。由实施行政许可的机关，也就是县级以上地方人民政府体育主管部门来对经营者从事行政许可事项的活动实施有效监督。但是，应该注意监督检查不得妨碍被许可人的正常经营。

上级体育主管部门可以对下级体育主管部门实施行政许可的监督检查，及时纠正行政许可实施中的违法行为。

2. 正确的检查监督方式

《行政许可法》规定，对直接关系到公共安全、人生健康、生命财产安全的重要设备，应依法实施定期检查。其他事项可采取书面、抽样、自检等方式进行检查。

例如，攀岩设备的运营是否符合要求，是否能够确保安全，就必须进行现场检查，而不能只依据被许可人的书面材料。对高危险性体育项目不仅要定期检查，而且要实地检查，及时发现事故隐患并做出相应的处理。

第三节　体育经纪人概述

一、体育经纪人界定

1. 经纪人

《辞海》对经纪人的定义是："买卖双方介绍交易以获取佣金的中间商人"。《经济大辞典》："经纪人，中间商人，旧事称为掮客，以处于独立地位，作为买卖双方的媒介，促成交易以赚取佣金的中间商人"。美国市场学家特奥拉的《国际市场营销》对经纪人的定义："经纪人系指提供廉价、代理服务的各种中间人的总称，他们与客商之间无连续性关系"。①

2004年8月28日，国家工商行政管理总局修改后的《经纪人管理办法》第2条规定，"本办法所称经纪人，是指在经济活动中，以收取佣金为目的，为促成他人交易而从事居间、行纪或者代理等经纪业务的自然人、法人和其他经济组织"。

《经纪人管理办法》（2004）第20条规定："工商行政管理机关应当加强对农业经纪人、房地产经纪人、文化经纪人、体育经纪人及其他经纪人的监督管理。工商行政管理机关可会同经纪人自律组织开展经纪人及经纪执业人员的资质信用管理。"在这一条款中，明确提出了"体育经纪人"一词，确定了体育经纪人的法律地位。

2. 经纪人的性质

由上述相关概念可以看出，经纪人是买卖双方的中介人，为了促成他人之间的商品或其他交易，在委托方和合同他人订立合同时充当订约居间人，为委托方提供订立合同的信息、机会和条件，或者在隐名交易中代表委托方与合同方签订合同的经纪行为而获取佣金的依法设立的经纪组织和个人。其所从事的业务，可以是委托代理合同、行纪合同或居间合同，其主要作用有三个：一是为买卖双方提供中介服务；二是依据中介服务赚取佣金；三是其所提供的中介服务建立在充分尊重买卖双方的自主权的基础上。

3. 体育经纪人

体育经纪人是指凭借自身的信誉、各种市场信息、灵活的交易方式以及特殊的专业知识为体育市场交易主体服务，达到消除买卖双方交易的障碍，促进交易活动的实现，推动体育市场中各类资源有序流动的个人和经济组织。② 国家体育总局和国家工商行政管理总局共同拟定的《体育经纪人管理办法（草案）》中将体育经纪人定义为："依本办法（《经纪人管理办法》）取得合法资格、专门从事体育经纪活动的法人和其他经济组织"。

在市场经济和职业体育发达的条件下，体育经纪人的业务范围基本上可分为三类：一是运动员经纪；二是体育赛事经纪；三是体育组织经纪。运动员经纪是

---

① 林晓霞. 电影合同的理论与实务 [M]. 北京：中国电影出版社，2007.
② 靳英华. 体育经济学 [M]. 北京：高等教育出版社，2011.

体育经纪人最早的业务内容，随着体育竞赛市场的开放，运动员经纪的内容也逐渐丰富，形成了转会经纪、参赛经纪、无形资产商业开发经纪等形式。体育赛事经纪可分为：居间体育赛事、行纪体育赛事、代理体育赛事三种方式。居间体育赛事是指体育经纪人以自己的名义为体育组织和广告赞助商、电视台等机构提供合作机会或促成他们的合作，其活动形式主要是以提供信息、牵线搭桥为主；行纪体育赛事是指体育经纪人受体育组织委托，以体育经纪人的名义，与赞助商或电视台等机构进行谈判交易，并承担相应的法律责任；代理体育赛事是指体育经纪人受体育组织委托、以体育组织的名义与电视台、赞助广告商等机构进行交易，交易过程中出现的法律责任由体育组织直接承担。[①] 体育组织经纪是体育经纪人在体育组织的委托下对体育组织的各类资产，尤其是无形资产进行开发，使其效益最大化。

二、体育经纪人职业前景

1. 体育经纪人已成为一项职业

职业是指人们从事的作为自己主要生活来源的有报酬劳动。职业活动通常为社会提供所需要的特定的产品或服务。随着社会分工的日益细化和深化，现在许多职业已经不能直接提供相对独立的最终产品或服务，而只是提供中间产品和服务，体育经纪人就属于这种性质的职业——提供中介服务。我国 1999 年 5 月颁布了《中华人民共和国职业分类大典》，把国家社会职业归纳为 8 大类 1838 个职业。近年来，国家连续发布了 9 批新职业类别，使得职业总数达到了 1989 个。新职业主要集中在现代服务业、先进制造业等新兴社会经济领域。2006 年 4 月，"体育经纪人"作为一项新职业被劳动和社会保障部纳入第 6 批新职业。2008 年 5 月，《体育经纪人国家职业标准》（以下简称《标准》）正式颁发。

《标准》将体育经纪人分为三个等级：国家职业资格一级（最高级）、国家职业资格二级、国家职业资格三级。《标准》确定了体育经纪人的定义，明确了体育经纪人职业范围、工作内容和具体要求。《标准》的出台标志着体育经纪人将纳入国家职业资格证书体系进行规范管理。

以前各地体育经纪人培训都是按着各自的理解分别进行，培训的内容和要求也各不相同，证书的发放没有统一标准，培训机构和体育经纪人水平参差不齐，

---

① 谭建湘，马铁. 体育经纪导论［M］. 北京：高等教育出版社，2004.

《标准》的出台可以针对这些问题进行规范，为体育经纪人相关工作提供可量化的依据以及明确的标准，具有可操作性。

2. 我国体育经纪人职业概况

作为一项新职业的基本条件是具有相对稳定的从业人数。根据肖林鹏、丁涛、李豪杰等的调查结果显示，自1999年以来，全国各地经过培训且具有正式资格证书的体育经纪人已达4500余人，6年来年均产生750名经纪人（体育经纪人数量统计截止到2005年8月）。①

体育经纪人的分布区域以经济发达地区为主。目前，全国共有15个省（区、市）、3个计划单列市培训过体育经纪人。体育经纪人主要分布在北京、天津、上海、浙江、湖南、江苏、深圳、广东等市场经济较为发达、体育市场发展较好的省市。按体育经纪人数量的多少来排序，排在前5位的省市依次是北京、浙江、天津、上海、湖南，这5个省市的体育经纪人数量占到全国体育经纪人总数的一半以上（67.0%）。

体育经纪人的行业分布广泛。调查结果显示，我国体育经纪人的行业分布比较广泛，在各类企业（公关咨询公司、广告公司、私营企业、科技发展公司、文化娱乐公司等）、体育文化娱乐公司（体育俱乐部、体育文化传播公司、体育用品公司等）、体育经纪公司、体育院校、政府部门，以及传播业等均有分布。

体育经纪人以中青年男性为主。一种职业的从业人员年龄状况标志着该职业的基本特征。从我国体育经纪人的年龄概况来看，各地体育经纪人均以中青年为主。由于体育经纪活动需要精力体力充沛、对信息反应敏锐、勇于挑战竞争的从业人员介入，因而中青年这一群体无疑具有诸多先天优势。一支年轻的体育经纪人队伍还可为这一职业的稳步发展注入不竭动力。从我国体育经纪人的性别分布来看，各地男性体育经纪人占绝大多数。

体育经纪人的业务活动范围相对狭窄。体育经纪人作为一种沟通体育市场的中介，其活动范围要涉及运动员经纪、体育赛事经纪、体育组织经纪等多种层面。但目前我国体育经纪人的业务范围相对狭窄，主要涉及运动员日常事务代理、运动员转会，以及个别体育赛事的转播、广告经营，体育设施、器材销售代理等内容，而且体育经纪人对职业体育的介入要远大于对群众体育的介入。

体育经纪活动组织发展迅速。近年来，我国各地涌现出大量经营体育市场开

---

① 肖林鹏，丁涛等. 我国体育经纪人职业概况与前景研究［J］. 天津体育学院学报 2007 (1).

发的中介服务机构（事业、企业）和个人，如各种广告公司、公关公司、文化娱乐传播公司、推广公司、外贸公司、专业的体育经纪公司等。目前公司法人是我国现有体育经纪人的主要组织形式。个体体育经纪活动主要是开展运动员转会的经纪、代理业务，但运作尚不规范，多数只能起到"帮忙联系"的作用。

3. 我国体育经纪人职业前景展望

（1）体育经纪人职业将迎来更为有利的发展环境

体育经纪人职业的发展有赖于一定的环境因素，主要涉及经济社会及文化大环境以及民众体育消费需求状况的具体环境。我国经济社会的快速发展，刺激了民众体育消费需求内容与结构的丰富与提升，因而也拓展了体育市场的需求空间。为搭建起体育供给与需求的桥梁，体育经纪人职业得以出现并会得到很大发展。

（2）我国体育经纪人供给市场充足

从各地体育经纪人培训的情况看，中青年是体育经纪人队伍的中坚，而在校大中专学生已经成为体育经纪人的稳定培训对象。在校大学生出于对体育经纪活动的向往与兴趣，或为增加个人就业竞争力，往往成为体育经纪人培训中的踊跃参加者，有的地方甚至开设在校学生体育经纪人培训专场。因此，我国体育经纪人的供给市场有大量的高素质人力资源。

随着国内体育经纪人职业的进一步规范，体育经纪人的供给层次及结构将会发生变化，一批思维活跃、视野开阔、勇于创新、业务素质过硬的体育经纪人将会脱颖而出。大批熟悉体育经纪活动运作，了解体育国际产业规则及流程，具备国际交流沟通能力，善于开发体育产业商机的体育经纪人将会大展身手。

（3）体育经纪人的需求市场极具潜力

对于知名运动员来说，体育经纪人可以帮助他们在有限的运动生涯里，进行训练或赛事的安排与管理，利用其知名度获取最大的商业利益；对于体育组织来说，体育经纪人可以为比赛开发市场和寻求赞助，利用其特殊的无形资产获取相应的商业利益；对于赞助商或投资者来说，体育经纪人可以为他们选择和联系合适的赞助与投资项目，并最大限度地获得赞助后投资效益。

在未来的时间里，越来越多的运动员将会寻求体育经纪人的代理和服务；体育比赛会更加丰富多彩，有高水平的职业联赛，有各种半职业化的高水平比赛，还有大众体育比赛；体育组织和运动队将会注重提升自己的市场价值，努力进行市场开发，这些都需要体育经纪人的帮助，体育经纪人的需求市场极具潜力。

第四节 体育经纪人的法律地位

一、经纪人的法律属性

1. 英美法系国家经纪人的法律地位

英美法系代理法建立在同等论的基础上，并没有对经纪人、代理人和代销人及其行为作严格的区分，经纪人的法律地位是代理人，"代理人是一个抽象的或一般性的概念，用以描述和概括所有的受托人之托，为他人处理事务的受托人，或者用来概括所有代理关系的受托人"。[①]

英美法系与大陆法系代理及代理人的内涵和外延各不相同。在英美法系国家，对代理采用广义理解，其涉及范围比大陆法系广泛得多，不仅承认大陆法中的"直接代理"，也承认大陆法中的"间接代理"关系。"广义代理乃是多种法律制度的综合，所以其范围了无穷尽，自由世界的一切事物无不借此而推进，一个人雇佣他人为自己工作、出售商品、代表自己接受财产的转让，与他自己亲自进行这些行为具有同样的效力。"[②]

英美法系中的代理关系强调本人和代理人之间的委托或授权关系，只要代理人在授权范围内做了能够影响本人权利和义务的事情，不管这种事情的性质和范围，也不管以谁的名义做出的，都构成法律上的代理人，适用代理法的一般规则。普通法强调代理的核心是委托人与第三人的关系，并为了维护这样的确定性而付出了代价，就是委托人与代理人之间的内部关系受到漠视，未能取得充分发展。在英美法系中，有些经纪人是从特殊行业发展的，比如证券、期货、保险、信贷等行业的代理人都被称为经纪人，居间人、行纪人、拍卖人等都处于代理人的法律地位，具有同样的权利、义务，经纪人、代理人、中间人成为同义词。由于这些特殊行业及其配套的中间人制度大多是由英美国家所开创的，在这些行业

---

① 高富平，王连国. 委托合同·行纪合同·居间合同［M］. 北京：中国法制出版社，2000.
② 王利明. 民法新论（上）［M］. 北京：中国政法大学出版社，1998.

和交易方式移植到其他国家以后，对于这种称谓也自然被移植过去。因此，在广义代理概念的基础上，英美法系国家将经纪人定位于代理人无可非议，完全符合实际。

2. 大陆法系国家经纪人的法律地位

大陆法系代理法建立在区别论的基础上，严格区别委任（委托人与代理人的合同）与授权（代理人代表委托人与第三人缔约的权利），德国、日本、我国台湾地区的代理权指代理人以被代理人名义为法律行为，法律行为后果直接归属被代理人，系狭义代理的概念，学说上称之为直接代理。由此可知，间接代理非属民法上所称之代理。关于间接代理，民法仅于行纪设有特别规定，于其他情形，则依其内部法律关系处理之。可见，在大陆法系国家和地区，经纪人的法律地位是行纪人、居间人，而非代理人。[①]

二、体育经纪人法律地位的理论纷争

由于我国体育经纪市场发展不成熟，对体育经纪人这一新领域的理论研究深度不够，因此对其法律地位定位不清楚，许多模糊的认识难以转变，这就严重影响了体育经纪人的发展。明确体育经纪人的法律地位，有利于明确体育经纪人的权利义务，保护体育市场主体的利益，实现资本资源的最优化配置，维护体育经纪人市场的稳定发展。

1. 理论界对体育经纪人法律地位的不同看法

确定我国体育经纪人的法律地位同样要从其与体育市场主体的法律关系入手。关于体育经纪人与体育市场主体的关系，我国理论界说法不一。有观点认为，经纪商与体育市场主体之间的法律关系是委托代理关系，有观点认为是行纪法律关系或居间法律关系，还有观点认为是经纪法律关系。立法上，我国只是在由国家工商局颁布的《经纪人管理办法》中规定，经纪人是指在经济活动中，以收取佣金为目的，为促成他人交易而从事居间、行纪或者代理等经纪业务的公民、法人和其他经济组织。在这里该规章认为居间、行纪和代理都属于经纪的范畴。

（1）代理说

所谓代理，依照《民法通则》是指代理人以被代理人名义进行民事法律行

---

① 吴菲. 体育经纪人法律地位研究 [D]. 华侨大学，2007.

为，而将法律后果全部归属于被代理人，代理人必须是接受被代理人的委托，处理一定事务，并且代理人只能在委托事项范围内从事代理活动，否则行为无效，代理人的代理行为所产生的法律后果直接归属于被代理人。

体育经纪人帮助运动员处理某些事务时，体育经纪人代为意思表示，产生法律效果，并将法律后果直接归属于运动员本身，比如谈判签订工作合同、广告合同等，此即法律上的代理行为。目前这一观点是我国体育经纪界定中最普及的观点。

（2）居间说

持该观点者认为，体育经纪人接受运动员委托处理事务时，与第三人发生联系，除了从事直接发生效果的代理外，还可能是提供居间服务。① 所谓居间，即居间人（体育经纪人）同委托人（运动员）报告订立合同的机会或者提供订立合同的媒介服务。一个好的机会可能给运动员带来不可想象的利益。随着全球经济一体化，为运动员提供信息，促成合同订立的居间服务将成为体育经纪的一个重要方面。体育经纪人应依合同向运动员报告相关的参赛机会、转会机会、广告机会等，亦可以为运动员和对方当事人牵线搭桥，沟通意图，促成双方合同的签订。

（3）行纪说

目前对于体育经纪中是否存在行纪关系存在一定争议。所谓行纪，是指行纪人接受委托人委托，以自己的名义与第三人签订合同，由行纪人直接承担合同的权利义务，再通过其与委托人的内部关系转给委托人。部分学者认为，行纪行为只限于贸易活动，行纪事务以动产有价证券的买卖以及其他商业上具有交易性行为为限。但体育经纪内容具有特殊性，体育经纪活动与一般经纪活动也存有差异。体育经纪不能把运动员、教练员作为客体，即把人作为贸易活动的对象，而只能以他们的劳动和人身特性所蕴含的商业价值为内容进行市场开发，因此行纪不是体育经纪的实质。② 另有学者认为，区别代理和行纪的意义在于分清当事人及其责任，若将体育经纪人与体育市场主体的关系确定为委托代理，那么一旦出现纠纷或事故，权利、义务完全归于体育市场主体，与体育经纪人无关，体育经纪人不负任何责任，体育市场主体的利益必将无法得到及时合法的保护，此与我

---

① 赵豫. 体育经纪法律关系探析［J］. 体育文史，2000（4）.
② 陈元欣、王健. 体育经纪实质的法律探索［J］. 湖北体育科技，2002（4）.

国法律的相关规定及实务相谬。①

2. 体育经纪人法律地位的认定

（1）体育经纪人为运动员、教练员谈判签订劳务合同、签订形象代言广告合同等活动均为代理

所谓代理，是指代理人依据代理权，以被代理人名义与第三人实施民事法律行为，而后果由被代理人承担的行为。代理有广义和狭义之分，在体育经纪中应该是狭义代理，即显名代理。体育经纪产生的基础为委托合同，在体育经纪中的代理为委托代理。体育经纪人只有在得到委托人签发的授权委托书后，才有权以委托人的名义对外从事民事法律行为。委托人的事务大多是通过体育经纪人的代理行为完成的，委托代理是体育经纪的核心内容。

（2）在某些情况下，体育经纪也有居间的性质

根据我国《合同法》第 424 条的规定，居间是向委托人报告订立合同的机会或者提供订立合同的媒介服务，并从委托人处收取报酬的行为，包括报告居间和媒介居间。居间是体育经纪活动中的一种特殊行为，体育经纪人的主要业务是按照委托人的要求，为委托人与第三人订立合同提供机会和条件所进行的介绍、联络、沟通等活动。从形式上看，居间类似于体育经纪人与第三人发生民事法律关系的代理行为，其实则不然，体育经纪人为委托人报告订约机会或提供订约媒介的事务本身并不具有法律意义，而只是根据约定为委托人收集转会信息，提供签约媒介促成合同签订等服务。体育经纪人在提供服务过程中仅是委托人与第三人之间交易的中介人，既不是合同双方任何一方的代理人或当事人，也不直接参与合同的谈判签订，且体育经纪人的意思表示并不决定合同双方的权利义务。因此，体育经纪人未与第三人发生民事法律行为，二者之间只是一种事实行为，不存在权利义务关系。

（3）尽管体育经纪人活动的最终结果由体育市场主体承担，但体育经纪人接受体育市场主体委托，以其名义从事相关活动并直接承担相应责任，实属行纪行为

在行纪关系下，体育市场主体只能与体育经纪人发生法律关系，不涉及交易中的对方，从事相关经纪活动时的直接当事方是体育经纪人。若发生纠纷，体育市场主体无权直接向对方当事人求偿。此种法律关系之弊病在于，如果体育经纪人不行使求偿权，体育市场主体则会因不是市场主体，没有求偿权，导致无法及时保护自己的合法权益。

---

① 马宏俊、黄涛. 论我国体育经纪人的法律地位 [J]. 首都体育学院学报，2005 (1).

第五节 体育经纪人的权利和义务

体育经纪活动作为一项法律活动，必须符合权利与义务对等的原则。体育经纪人在经纪活动中享有一定权利的同时，就必须履行一定的义务。在市场经济的各项活动中，没有不需要履行义务的权利也没有不享受权利的义务。

一、体育经纪人的权利

法律上的权利是指法律赋予人实现其利益的一种力量。体育经纪人的权利是指体育经纪人开展正当的经纪业务的活动过程中，依照法律规定享有的，受国家法律保护的权能和利益。具体内容主要包括：

1. 依法获得佣金的权利

依据等价有偿的原则，经纪人有为自己的劳动或者按合同约定请求报酬的权利。体育经纪人促成他人的交易，便有权获得佣金报酬。佣金的标准可参照有关的法律规定或按双方协议或按本行业的惯例由双方当事人所订立的合同收取。例如，2009 年，李娜单飞不久，便选择了与 IMG（国际管理集团）签订经纪人合约。合约规定，IMG 为李娜提供整体营销等国际化服务，并给其一个保底收入的薪资合同。同时，IMG 也拥有与李娜共同分享其广告、代言等收入的权利。

2. 请求委托方支付成本费用的权利

体育经纪活动过程需要一定的开支，例如差旅费、电话费、咨询费等。委托方可与体育经纪人就这些费用的情况和经纪人的工作情况，在体育经纪合同中加以体现，完成委托的经纪业务后，有权依协议请示委托方支付这些费用。

3. 委托人有违约或欺诈行为时，请求终止服务的权利

体育经纪人有向委托人了解所委托事务真实情况的权利，若发现委托人隐瞒与经纪业务有关的重要事项、提供不真实信息或者要求提供违法服务或有欺诈行为时，可单方面终止经纪服务，并就由此产生的损失请求赔偿。体育经纪人若发现委托人已不具备履约能力时，也可以终止经纪活动。

4. 受国家法律保护权

具有经纪资格的从业人员，依法注册成为体育经纪人后，依据有关法规、规章，按注册登记时核准的经营范围开展的体育经纪活动，应当受到国家法律的保护，任何单位和个人不得非法干涉；体育经纪人有签订经纪合同的权利和依法享有经纪合同中双方约定的其他一些权利；当体育经纪人的权利和利益受到损失或其经纪活动受到阻碍时，体育经纪人有权请示国家对其合法权利和利益给予保护。

二、体育经纪人的义务

法律上的义务是指法律所规定的义务人应该按照权利人要求从事一定行为或不行为，以满足权利人的利益的法律手段。体育经纪人的义务是指体育经纪人在进行经纪业务过程中，按照有关法律和与委托人签订的经纪合同的规定应该履行的必须为或禁止为的责任。具体内容主要包括：

1. 依法经纪的义务

体育经纪人提供体育中介服务时，必须遵守国家有关的法律、法规和政策，遵守社会公德，不得损害社会公共利益。同时，体育经纪人的中介活动还必须在国家法律、法规许可的范围内进行，不得从事国家禁止的服务项目的经纪活动。在目前我国专门针对体育经纪人及其经纪活动的法规还很少、很不完善，经纪人应以现有的法律、法规为准则，如遵守民法、合同法等法律、法规及有关的体育规章制度、转会条例等，从事经纪或中介活动。

2. 忠实履行经纪合同的义务

经纪合同是经纪活动中的一种法律行为，它既是经纪人保护自身合法权益的武器，同时又是开展经纪活动的一种法律约束。当体育经纪人与当事人签订合同后就必须按合同中的所有条款严格执行，为委托利益考虑，选择对委托方最有利的条件，忠实履行合同所规定的一切义务，否则将承担一定的法律责任。

3. 公平中介的义务

体育经纪人在进行中介活动中，应当保持自己的中间人地位，这就要求体育经纪人在经纪活动中要公平对待当事人各方。对于任何一方提出的问题，都要如实介绍；对于任何一方提出的要求，都要如实转达；不能为了一方的利益而采用编造或隐瞒的手段，从而损害另一方的利益。如果有欺诈或有失公平的事情发生，委托人可依据相关法律拒绝支付体育经纪人的报酬，给委托人造成经济损失的，应当承担赔偿责任。

4. 保管样品及有关材料，保守机密的义务

体育经纪人在业务中对有关样品要妥善保管，不得遗失、损坏和调换。对原始凭证、业务记录、有关当事人的资料以及体育经纪合同要严格保存，并应当积极维护委托人的利益，为委托人保守秘密，履行事中及事后未经当事人许可不得泄露代理事务的内容的义务，更不得利用委托人的商业秘密谋取不正当利益。

5. 接受监督检查的义务

体育经纪人在经纪活动中要接受有关部门，如各级工商行政管理部门、各单项协会的有关部门、各级体育行政部门的监督检查，并如实提供检查所需要的文件、凭证、账簿以及其他资料。

6. 依法纳税的义务

体育经纪活动必须遵守国家有关法律，在经纪业务中所得的佣金必须依法缴纳有关税费。只有这样才能受到有关法律的保护，顺利进行体育经纪活动。依据我国税法规定，经纪人或经纪机构应缴纳的税种主要有营业税、所得税等。

7. 有关法律、法规规定的其他义务

体育经纪人不得隐瞒与经纪活动有关的重要事项，虚构订约机会、提供不实信息、夸大业绩的虚假宣传等手段促成交易；不得与他人恶意串通，或者以胁迫、贿赂等手段促成交易；不得利用执业便利，收取佣金以外的报酬；不得从事损害所在经纪组织利益的活动。

第六节　体育经纪人管理制度的构建

一、　我国体育经纪人的产生与发展

1. 体育经纪活动的萌芽时期

现代意义上的体育经纪人开始在我国出现是在 20 世纪 80 年代中期到 90 年代初。当时我国正处于改革开放初期，尚没有拥有执照的体育经纪人，体育经纪制度也未形成，但从事体育中介的活动和个人却已经开始出现。1985 年，当时著名足球国脚古广明在比赛中受伤，他的同乡广东商人陈剑荣代理了他受伤后的

治疗和训练安排，并在古广明伤愈后介绍他到德国曼海姆俱乐部踢球，陈剑荣可以说是我国较早将运动员介绍到国外俱乐部的个体"经纪人"。

随着我国社会主义市场经济体制的建立，商业化运作的体育竞赛市场开始形成。一些有眼光的商业界人士开始尝试联系外国有影响的球队和运动员到国内来比赛，开拓国内商业比赛市场。1988年，个体广告商温锦华成功地运作了依靠社会资金为主举办的八国男篮邀请赛，在国内体育界引起了很大反响。在这次成功的鼓舞下，他经过种种努力于1989年把巴西著名球队桑托斯队和红极一时的球星苏格拉底引进中国在中国的8个城市打了巡回商业比赛，在国人和媒体中都引起不小的轰动，温锦华也被认为是运用商业手段开创足球乃至体育经纪活动的最初尝试者。[①]

另一个具有历史意义的商业性经纪运作是1993年2月27日的中国北京首都体育馆举办的北京国际职业拳击赛。这次活动的操办者是当时年仅30岁的星华公司总裁李伟。为了这次赛事，星华公司共投资700万美元，从1991年起就开始运作，历时2年，期间一波三折。尽管最终举行了比赛，但最初邀请重量级世界职业拳王福尔曼前来北京比赛的计划却未能如愿。接下来的两年，李伟又在美国为此事与美国职业拳击经纪人威勒对簿公堂，并最终在美国的法庭上打赢了这场官司。与此同时，李伟还得到了IBF（国际拳击协会）颁发的职业拳击经纪人执照，成为中国第一个"拥有执照"的体育经纪人。

1994年，中国职业足球联赛的启动成为体育经纪人发展的新起点。各俱乐部需要众多的国外员转会加盟，体育经纪人开始活跃在中国职业足球联赛的台前幕后。在引进外国球员的同时中国的优秀球员也在体育经纪人的帮助下，走向了世界。如被推荐到英国水晶宫队踢球的国脚范志毅和孙继海，到德国法兰克福队的杨晨等。[②]

这一时期，从事体育经纪活动的大多是一些广告公司、公关公司、咨询公司或从事相关活动的个人，他们没有体育经纪人资格，只是把体育赛事作为广告宣传活动的辅助手段，经纪活动具有较大的随意性，因而体育经纪活动处于松散的不规范的发展状态，无论是组织形式、活动范围、经营方式都不成熟。

2. 体育经纪活动的规范发展时期

1995年10月，国家工商行政管理总局颁布了我国第一部规范经纪人活动

---

① 马铁. 新编体育经纪人 [M]. 北京：中国经济出版社，2007.

② 谭建湘，马铁. 体育经纪导论 [M]. 北京：高等教育出版社，2004.

的全国性行政规章——《经纪人管理办法》，对我国整个经纪业的从业资格认定、经纪组织、经纪活动和法律责任等方面做出了规定。一些省市随后也相继以人大条例或政府令的形式颁布了经纪人管理的地方性法规或规章，例如1997年9月《河北省经纪人管理暂行办法》以河北省人民政府第199号令的形式颁布。

随后，一批专业体育经纪公司相继出现，1997年10月原著名跳高运动员朱建华在上海成立了希望国际体育经纪有限责任公司，这是我国第一家经国家工商局注册的体育经纪公司。同年11月，广州成立了广东鸿天体育经纪有限公司，随后北京也成立了中体产业经纪公司。这些公司均以体育的各种经纪代理活动、体育市场推广和商业开发作为自己的主营业务，中国体育经纪业有了属于自己的市场主体组织。

1999年8月25日，北京市工商行政管理局和北京市体育运动委员会联合下发了《关于加强我市体育经纪人管理的通知》。该通知认为，随着改革开放的深入和社会主义市场经济的发展，经纪活动已开始进入体育领域。体育经纪人的出现，对于活跃体育市场并加速体育产业发展起到了十分积极的作用。通知对体育经纪人、体育经纪活动进行了界定，并确立了取得体育经纪人资格所应具备的条件等。

1999年10月，中国足协在经过多方论证和充分准备之后，在国家体育总局和国家工商行政部门的支持下，正式出台《中国足球协会足球经纪人管理办法》。在赋予体育经纪人的权利上，也基本上还只限于运动员的转会经纪。

为了进一步规范球员的身份管理、注册、转会等活动，足球协会、篮球协会还制定了有关球员转会经纪的管理办法，如《中国足球协会运动员身份及转会规定》、《中国足球协会注册工作管理暂行办法》、《篮球运动员涉外转会管理暂行办法》等。

1999年，北京、上海、广东等地先后开设了体育经纪人培训班，系统地介绍了体育经纪的专门知识和相关的课程，经过培训和考核，由体育行政管理部门和工商行政管理部门联合颁发《体育经纪人证书》，结束了我国体育经纪人无证经营的混乱状况，逐步提高了体育经纪从业人员的素质。

2000年1月，上海市体育局和上海市工商局联合颁布《上海市体育经纪人管理试行办法》。2000年12月15日上海市第十一届人民代表大会常务委员会第二十四次会议通过《上海市经纪人条例》，自2001年5月正式实施。2001年10月26日江苏省第九届人民代表大会常务委员会第二十六次会议通过《江苏省经纪人条例》。2001年2月，上海市经纪人执业协会成立。

2004 年 8 月，国家工商行政管理总局根据《行政许可法》的精神，对《经纪人管理办法》作出了相应的修改，这是我国体育经纪业立法最直接的法律依据。

2006 年 4 月 29 日，劳动和社会保障部公布了第六批国家新职业，体育经纪人榜上有名。2008 年 5 月，《体育经纪人国家职业标准》正式颁发。

我国目前的体育经纪人法规主要由部分项目体育经纪人管理办法（仅有足球和篮球两个项目），和一些省市制定的地方体育经纪人管理办法，尚无统一的全国性的体育经纪人管理法规出台，缺乏高层次的立法。省市体育经纪人的管理法规具有很大的局限性和地域性，制定和颁布全国统一的体育经纪人管理法规十分必要。

二、我国体育经纪人管理制度

1. 资格认证制度

体育经纪人资格是指被允许从业的经纪人应达到的基本标准。只有在取得经纪人资格后才被允许开展经纪业务，否则属于违法行为，要受到相应的制裁。

对经纪从业人员的培训、考核及经纪资格证书的核发工作，就是经纪资格认定工作。国家工商行政管理局在 2004 年修改的《经纪人管理办法》中作了原则性的规定，即经纪资格认定工作由县以上工商行政管理机关组织实施。体育经纪从业人员的资格认定一般包括申请、培训、考核、发证四个环节。

申请。申请的对象是从事或准备从事体育经纪职业的人员。如申请国家职业资格三级需具备以下条件之一者：（1）连续从事本职业工作 6 年以上。（2）具有大学体育类各专业专科及以上学历证书。（3）具有相关专业大学专科及以上学历证书。（4）具有其他专业大学专科及以上学历证书，连续从事本职业工作 1 年以上。（5）具有其他专业大学专科及以上学历证书，经本职业国家职业资格三级正规培训达规定标准学时数，并取得结业证书。

培训。在符合基本条件的情况下，即申请被认可之后，要参加体育主管部门和工商行政管理部门统一组织的体育经纪人知识和技能课程培训，内容包括职业道德、基础知识、体育经纪运作知识等。

考试。分为理论知识考试和专业能力考核，均采用闭卷或上机考试的方式，实行百分制，成绩皆达 60 分及以上者为合格。

发证。体育经纪资格证书的发证机关是体育主管部门和工商行政管理部门（或其授权的机构），证书由二者统一制定并核发。如从事某个运动项目的经纪活动，还需参加该专项运动协会组织的培训和考试，以获得该运动项目的经纪活动资格。

资格证书实行年度检验制度。无故不参加年审或年审不合格者，其体育经纪资格证书将自动失效。有的项目要求经纪人在资格考试合格后，交付一定的保证金。例如，中国足协要求申请"中国足球协会球员经纪人许可证"者，应在规定的时间内将 35 万元人民币的责任保证金汇入中国足协指定的银行账户。

2. 培训制度

体育经纪人必须具备较高的业务素质和能力，如识别能力、策划能力、沟通能力和整合能力等。许多体育组织和经纪人联合会在举行经纪资格考试前，要组织申请人进行相应的培训，使申请人初步具备从事经纪活动所需要的知识和技能。

目前，我国体育经纪人呈现出年轻化、高学历、多元化趋势，社会影响力日益扩大。但是，由于对这一特殊职业缺乏系统学习和实践，出现了体育经纪人"高学历、低素质"的奇怪现象。我国部分省市开始重视和加强对体育经纪人的培训，北京、上海、广东、湖北、湖南等省市都已举办了多次体育经纪人培训。体育经纪人的培训，既可依托于高等院校进行系统培训，也可通过社会培训力量进行培训。

3. 登记注册制度

（1）国际体育组织对体育经纪人的登记注册管理

随着体育商业化和国际化程度的深入，体育经纪人已意识到，只凭个人的力量不能全面掌握体育市场信息，不能有效保护自己及委托人的商业利益，必须进行联合，建立自己的行业协会，形成日益强大的经纪人联合体。体育经纪人联合会是一种相对较为松散、协会性质的自律组织，是由一些经纪人组成的联合体，有一定的自发性。联合会的基本职能是保护经纪人的切身利益，监督经纪人严格遵守职业道德准则，对经纪人进行职业再教育以提升其竞争力。田径、网球、拳击、高尔夫等项目的经纪人人数有限，通过经纪人自律性组织（经纪人联合体）比较容易进行集中管理。

目前，在欧洲最有影响力的经纪人联合体是国际田径经纪人联合会和国际网球经纪人联合会。国际田径经纪人联合会在组织上独立于国际田联。国际田径经纪人联合会制定了有关的管理条例并建立了制约监督机制，主要行使以下方面的管理职能：进行田径经纪人资格审定，负责确定经纪人的佣金标准，负责经纪人的行业规范，负责对违反有关规定的经纪人进行处罚，甚至有权将违规的经纪人从其组织中除名。

但是，足球、篮球等运动项目发展规模大，经纪人数量多。国际足联就设立了专门的经纪人管理部门，并制定了相应的管理条例，对全行业的经纪人进行宏观管理和指导。其主要职责是，制定本项目经纪人管理条例，包括对所属各国家协会的经纪人管理提出要求，并具有很强的约束力；负责国际间不同国家协会间运动员转会和比赛事务的经纪人的管理，包括明确经纪人、运动员和俱乐部各方的权利和义务，实施监督和裁决等。但国际足联不具体颁发经纪人执照，从事国际转会和比赛经纪事务的经纪人必须向各国家足协提出申请，由各国家足协决定所受理的申请是否合格，并对申请者进行面试。申请者经批准获得执照后，到国际足联注册以获得国际足联许可证。根据国际足联的规定，只有获得国际足联许可证的足球经纪人才有资格从事球员间的国际转会的经纪活动。国际足联还规定，申请球员经纪人许可证的个人在任何情况下不应在任何足球组织、俱乐部或此类相关机构中任职。

（2）我国体育经纪人的登记注册管理

根据我国目前的管理体制，体育经纪人由体育行政部门和工商部门共同管理、统一指导和统一立法。体育部门对体育经纪人的专业资格和能力进行监督，并且依照体育法律、法规对体育经纪人进行指导和管理，而工商部门主要是维护统一的经纪市场秩序，并且依照《经纪人管理办法》及有关法规，对体育经纪人进行规范和管理。

由于我国体育经纪人的人数有限，体育经纪人的地位还有待提高，体育经纪人协会在短时期内还很难成立。体育经纪人的管理主要是依靠政府体育组织和各运动项目协会。

4. 合同管理

经有关机构认定后，获得营业资格的经纪人就可由寻找客户开始，从事各种经纪活动了。由于体育经纪人的活动范围逐渐广泛，与运动员客户的联系日益紧密，双方在收费金额和方式、投资及税收建议提供等方面的争论越来越多，极易产生误解。为保障经纪人和运动员的合法权益，体育经纪人在代理运动员之前必须与之签订委托合同，将责、权、利以合同的形式确定下来，使双方权益受到有效的法律保障。如我国《经纪人管理办法》第16条规定，"经纪人承办经纪业务，除即时清结者外，应当根据业务性质与当事人签订居间、行纪、委托等合同，并载明主要事项。经纪人和委托人签订经纪合同，应当附有执行该项经纪业务的经纪执业人员的签名"。

为加大管理力度，美国各运动员工会采取了一些特殊措施，如全国篮球运动员工会要求经纪人使用标准的"经纪人/运动员"委托合同范本，全国棒球运动员工会则把每年呈交"运动员/经纪人委托合同"作为经纪人继续从业、保留资格的硬性规定。[①]

5. 佣金制度

体育经纪人所获得的佣金是委托人依照法律规定或者双方约定，因体育经纪业务而支付给体育经纪人的报酬。国家法律承认体育经纪人在体育经纪活动中收取佣金为合法行为，同时也保护体育经纪人收取佣金的权利。

由于体育经纪人所经纪的对象具有特殊性，如比赛、运动员、体育组织、俱乐部，其价值的估计远比普通商品困难得多，因而佣金标准的制定也更为复杂。因此，体育经纪佣金的限制和管理是必不可少的，但目前我国还没有出现体育经纪佣金方面的规章和管理规定。

在国外，一些体育经纪活动发展较早、较成熟的国家，体育经纪佣金已经形成了一定的标准。通常情况下，各类体育经纪活动的佣金比例为：（1）代理运动员与俱乐部或职业体育组织进行劳资谈判的佣金比例较低，通常为运动员收入的 $0.5\% \sim 5\%$。（2）负责运动员的财务管理一般收取总额的 5%。（3）比赛奖金提取 10%。（4）代理运动员与体育组织以外的自然人或法人进行运动员名字或形象的商业开发，包括广告、赞助和电视转播合同等，佣金比例较高，足球经纪人的佣金可达 $5\% \sim 15\%$，网球经纪人是 $10\% \sim 25\%$，田径经纪人是 $15\% \sim 30\%$。

不同的经纪业务采用不同的佣金标准，一方面有助于建立职业体育中较为稳定的劳资关系，保护运动员及职业体育组织的利益，另一方面能鼓励经纪人积极开发运动员的商业价值。近年来，在足球经纪人的实际操作中，越来越多的运动员与经纪人经过协商，根据获益情况，确定基本佣金和激励佣金两个不同标准，以调动经纪人进行商业操作的积极性。

随着我国体育经纪活动的逐步开展和繁荣，以及体育经纪人管理制度的日益完善，体育经纪佣金的限制和管理必然会越来越受到重视。合法的经纪人应严格按照国家规定的结算和支付方式进行佣金的收取，并依法照章纳税。

---

① 黄文卉. 美国体育经纪人制度之研究［J］. 体育科学 1999（2）.

第五章 体育赛事法律问题

第一节 体育赛事运行的法律依据

一、体育赛事的定义及其分类

1. 体育赛事定义

体育赛事，也可以称之为体育竞赛表演活动。它是以运动为内容，以竞赛为形式，以健身娱乐或营利为目的的体育活动，是社会文化的重要组成部分，它可以满足社会对体育文化的需求。体育赛事这一概念是随着我国体育产业化、市场化发展而出现的新概念。这里"竞赛表演"有以下两个方面的含义：一是指比赛具有观赏价值；二是指它可以以多种形式组织和实施。①

2. 我国体育赛事的分类

（1）按奥运会比赛项目为标准划分体育赛事

我国国家体育总局依据是否是奥运会项目来划分体育赛事，具体划分如下：

第一类为奥运会比赛项目中的重点项目，包括田径、游泳、跳水、体操、举重、射击、射箭、击剑、柔道、国际式摔跤、赛艇、足球、篮球、排球、乒乓球、羽毛球、速度滑冰、短跑道速度滑冰，共 18 项。

---

① 王美，王燕鸣，刘令姝. 体育赛事法律问题初探［J］. 体育文化导刊，2005（4）.

第二类为奥运会一般项目，包括花样游泳、水球、艺术体操、自行车、皮划艇、帆船、帆板、拳击、现代五项、马术、网球、手球、曲棍球、棒球、花样滑冰、冰球、冬季两项、高山滑雪、越野滑雪、跳台滑雪，共20项。

第三类为非奥运会项目，包括技巧、武术、划水、蹼泳、中国式摔跤、垒球、国际象棋、围棋、中国象棋、围棋、跳伞、航空模型、滑翔、航海模型、摩托艇、摩托车、无线电，共17项。

（2）按体育赛事涉及地域大小划分体育赛事

按照体育赛事涉及的地域大小来划分，又可以分为以下几类：第一类是在我国举办的国际性综合性运动会，包括奥运会、亚运会、跨国家地区运动会；第二类是国内运动会，如：全国运动会、省运动会、地区运动会、县运动会等。

（3）按项目数量多少划分体育赛事

按照体育赛事涉及的项目数量来划分，体育赛事又可以分为以下两种：一是国内举办的大型综合性运动会，包括全国运动会、农民运动会、工人运动会、省运动会、全国城市运动会、少数民族运动会、中学生运动会等；二是单一项目的体育赛事。

（4）按项目比赛赛制划分体育赛事

按照体育赛事赛制来划分，又可以分为以下几种：一是在我国举办的国际单项锦标赛、冠军赛，国际邀请赛，（分站）大奖赛，巡回赛；二是国内举办的全国锦标赛、冠军赛以及省各单项运动会等。

（5）按项目重要性划分体育赛事

根据国家体育总局的划分标准，我国体育赛事依据项目重要性又可以分为以下两大类：

第一类是正式竞赛，包括锦标赛（集体项目按规定的名次，单项按规定报名标准和名额组织的比赛，单项比赛计团体总分）、冠军赛（按规定报名标准组织的比赛，只计单项名次，不计团体总分）、联赛（只限于球类项目，按照名次分等级，实行升降级比赛）以及经过国家体育总局批准以其他名称组织的单项最高水平的比赛。

第二类是辅助竞赛，包括达标赛、分区赛（为参加更高一级的比赛而组织进行的选拔性质的比赛）、邀请赛（根据运动队伍的训练和技术发展需要，由承办单位邀请一些单位参加）、调赛（为了检验训练质量，提高技战术水平，由国家抽调部分单位、部分人员参加或组织的部分重点小项目的比赛）、协作区比赛

（以大区或形成传统的若干省市自治区为参加单位，共同协商确定并轮流承办的比赛）、杯赛（由厂矿企业等赞助经费，用厂名或产品名称等冠名的各种比赛）、通讯赛（按照全国统一的竞赛规程，由省、自治区、直辖市分别组织的比赛）、集训赛（采取边训练、边比赛的办法，练战结合，检查训练效果的比赛）。

（6）按项目比赛属性划分体育赛事

我国目前有不少大规模赛事，几乎都是政府部门组织承办的，例如，全国运动会、城市运动会、少数民族运动会、农民运动会、工人运动会、残疾人运动会等。随着我国由计划经济向市场经济的转变，体育赛事的运行和组织都会逐渐发生变化，体育赛事将渐渐走向市场化。

我国体育赛事商业化运营的主要方式是实行职业俱乐部联赛，将原来以政府资助的体工队专业队转变成独立核算的职业俱乐部，成为市场的主体。此外，体育总局对一般赛事，特别是市场化程度较低的项目实行招标承办制度，因此各省市的体工队以及市县级的业余队也是市场供给的主体之一。自从改革开放以来，计划经济体制向市场经济体制转变，在体育赛事的组织方面也进行了体制改革，大力推行竞赛的社会化、产业化，实现由单一的国家办和高度的集中管理向国家办与社会办相结合、集中管理与分散管理相结合转变，逐步形成适应社会主义市场经济、符合运动竞赛发展规律的体育赛事市场体系。另外，纯粹由社会承办的赛事也大量增加，例如商业赛事和公益性赛事等。[①]

二、体育赛事运行的法律依据

1. 政府部门的审批权

作为我国体育的基本法，《中华人民共和国体育法》对体育竞赛进行了比较全面但又较为原则的规范，从第 26 条到第 35 条，涉及参赛选拔与注册、竞赛分级分类管理、全国纪录审批、竞赛纠纷解决、赛风赛纪准则、体育标志保护等多方面内容。

《体育法》第 31 条规定，"国家对体育竞赛实行分级分类管理。全国综合性运动会由国务院体育行政部门管理或者由国务院体育行政部门会同有关组织管理。全国单项体育竞赛由该项运动的全国性协会负责管理。地方综合性运动会和

---

① 王美、王燕鸣、刘令姝. 体育赛事法律问题初探［J］. 体育文化导刊，2005（4）.

地方单项体育竞赛的管理办法由地方人民政府制定"。

2000 年 3 月国家体育总局 3 号令发布了《全国体育竞赛管理办法（试行）》，该部政府规章中对县以上体育行政部门批准的体育竞赛的类别与项目、竞赛计划、审批等级、督察管理等进行了规定。其中第 5 条规定，"举办体育竞赛实行审批登记制度。国务院体育行政部门负责审批在中华人民共和国境内举办的全国性和国际性体育竞赛；县级以上地方各级人民政府体育行政部门负责审批地方性体育竞赛。解放军、各行业和各院校举办的内部体育竞赛，可以依据本办法制定相应的审批登记制度"。

但是，由于政府部门的审批费用过高，有些群众性赛事勉强举办后不再续办，有些甚至放弃了举办计划，有些赛事组织者为了免去审批费的负担，不得不绕开体育主管部门的审批而私自办赛。业内人士表示，这样的比赛虽然办了起来，但本质上却是不合国家规定的"地下"赛事，而且，由于得不到相关部门的协助和保障措施，这样的赛事还往往潜伏安全隐患。[①]

2. 体育赛事举办权的取得

《奥林匹克宪章》规定了国际奥委会对奥林匹克运动会的专属权，并对奥运会主办城市进行遴选。1999 年，国际奥委会对奥运会申办与主办城市遴选方案进行了重大改革，申办竞争更加激烈。

原国家体委 1994 年发布的《全国综合性运动会申办办法（试行）》，明确规定"中华人民共和国运动会和中华人民共和国城市运动会是由国家体委主办，有关省、自治区、直辖市承办"。

2000 年 12 月，国务院办公厅向国家体育总局发出《关于取消全国运动会由北京、上海、广东轮流举办限制的函》，明确允许有条件的省、自治区、直辖市申请举办全运会，增加了申办权。从此，我国以全运会为代表的大型体育赛事的申办条件逐渐放宽，我国大型体育赛事的申办竞争程度不断加剧，进入了竞争申办时代。

随着我国越来越多大型体育赛事的成功举办，目前已形成了相对成熟的申办制度流程，主要包括四个阶段：（1）申请阶段。国家体育总局向各地寄发询问信，介绍运动会基本情况，了解申办意向；申办单位向国家体育总局递交书面申

---

① 群众体育苦涩多 为躲审批费只能"地下"办比赛 [EB/OL]. http：//sports. sohu. com/20061027/ n246043459. shtml.

请。（2）考核阶段。申办单位提交申办报告后，由国务院有关部门、国家体育总局有关部门及有关单位代表组成考察委员会，根据申办单位应具备的基本条件进行考察、审核、撰写、提交考察报告。（3）确定阶段。一定范围内，由申办单位介绍申办情况、宣读申办报告；由考察委员会公布考察情况，实行公平公正竞争；在充分民主协商基础上，由国家体育总局或相关协会综合研究，初步确定承办单位，上报国务院批准，公布承办单位。（4）协议签订阶段。承办单位确定后，该单位（本地人民政府）与国家体育总局签订正式协议，承担具有法律约束力的责任。①

2000 年《关于取消全国运动会由北京、上海、广东轮流举办限制的函》发布后，我国第一次采用申办形式推选第十届全运会的承办单位，得到了全国各省市的积极响应，辽宁、江苏、浙江、湖北、陕西 5 个省纷纷提出承办十运会的申请。经过 2001 年 6 月国家体育总局召开"全运会工作会议"的投票，江苏省获准为推选省份。2001 年 7 月，国务院办公厅对国家体育总局的请示予以复函，经国务院领导批准同意江苏省承办 2005 年第十届全国运动会。其后，国家体育总局与江苏省人民政府签订了委托承办协议。山东省承办第十一届全运会，也是在 2004 年国家体育总局发出"要约"后积极申办，由 2005 年 2 月《国务院办公厅关于同意山东省承办 2009 年第十一届全国运动会的复函》批准确认，并经国家体育总局和山东省政府签订委托承办协议后最终获得的。山东省还与赛区城市签订了委托承办协议书。②

3. 大型体育赛事相关风险的法律防范

2007 年 8 月，我国颁布了《突发事件应对法》，这也是我们预防、控制和应对体育赛事风险和突发事件必须遵守的基本法律依据。此前，为预防和减少突发公共事件及其损害，国务院于 2006 年初制定出台了《国家突发公共事件总体应急预案》，其中专门提出举办大型会展和文化体育等重大活动，主办单位应当制定应急预案的要求。

4. 体育赛事志愿者相关立法

体育赛事的举办涉及社会的各个方面，大到政治、经济、交通、运输、环保、旅游，小到语言、接待、礼仪。所涉及的每个领域都需要投入巨大的财力、

① 王群龙. 我国大型体育赛事申办制度分析 [J]. 体育文化导刊，2012 (8).
② 于善旭. 我国大型体育赛事运行的法律审视 [J]. 山东体育学院学报，2008 (12).

物力、人力。志愿者在体育赛事上进行服务早在 1898 年的第一届现代奥林匹克运动会就已经出现。而关于体育赛事志愿者的界定，直到 1992 年巴塞罗那奥运会，才以正式报告的形式首次予以明确。

相对于西方国家，我国的志愿者活动起步较晚，发展也相对比较缓慢。第一部关于志愿者的立法出台于 1999 年，即《广东省青年志愿者服务条例》。目前，我国北京、广州、江苏、浙江、山东、杭州、南京、成都等诸多省市均有志愿服务方面的地方性法规。各地方立法虽各具特色，但对志愿者的界定基本一致。如《北京市志愿服务促进条例》规定，"志愿者是指不以物质报酬为目的，利用自己的时间、技能等资源，自愿为社会和他人提供服务和帮助的人"；《江苏省志愿服务条例》规定，"志愿者是指在志愿服务组织登记，不以获得报酬为目的，以自身知识、技能、体能等，自愿帮助他人和服务社会的个人"。以上立法表明，自愿性、无偿性、公益性是志愿者的一般性质。

大型体育赛事赛会志愿者属于体育志愿者范畴，具有上述一般志愿者的共性，也有自身的特点。国外对体育志愿者的分类较细，如日本将体育志愿者分为两大类。一类为"运动会体育志愿者"，是指利用自己的时间不定期地为参加奥运会、亚运会之类的国际运动会和地区马拉松运动会等活动服务的志愿者。他们又分为经当时的培训即可的"非专业志愿者"和具有专业能力和资格的"专业志愿者"。"非专业志愿者"主要从事给大会供水、供食品、做向导、接待、登记、发通知、安排交通、运输及邮件等工作；"专业志愿者"主要从事裁判员、翻译、医疗救护及数据处理等工作。另一类为"社区体育志愿者"，是指利用日常生活时间定期为社区体育团体、体育少年团、棒球队等进行体育指导服务以及为体育俱乐部的管理提供帮助活动的志愿者。[①] 可见，本文所称的大型体育赛事赛会志愿者，其含义应该接近于日本体育志愿者分类中的"运动会体育志愿者"。

在我国，首个规范大型体育赛事赛会志愿者及其行为的规范性文件是 2007 年成都市通过的《成都市大型赛会志愿服务项目管理暂行办法》（以下简称《办法》）。该《办法》规定，"本办法所称的志愿者是指由志愿者组织招募并为大型赛会提供志愿服务的"自然人"。（该《办法》所称的大型赛会在体育理论界一般表述为大型体育赛事。）《办法》还规定，"大型赛会志愿服务志愿者包括前期志

---

① 曹荣芳，王佳，王跃. 中日体育志愿者现状及培养体系的比较研究［J］. 武汉体育学院学报，2009（7）.

愿者和会务志愿者。前期志愿者参与赛会组织管理工作，会务志愿者参与赛会期间的志愿服务工作"。在我国举行的大型体育赛事实践中，也多次提出赛会志愿者概念，典型的如 2005 年北京奥组委对外公开的正式工作文件《北京奥运会志愿者行动计划》，将奥运会赛会志愿者界定为"由北京奥组委直接或者委托招募，需要制作奥运会身份证件，奥运会期间承担相应岗位职责，在奥组委指定的时间和岗位工作，接受北京奥组委管理，义务为北京奥运会服务的人员"。

因此，大型体育赛事赛会志愿者具有服务内容的专门性（体育赛事期间在指定的岗位提供志愿服务）和服务方式的组织性（由志愿者组织或体育赛事组委会招募并受其管理）两个基本特征。这两个基本特征再加上自愿性、无偿性、公益性这三个志愿者的一般性质，构成大型体育赛事赛会志愿者的内涵。因此，我们给大型体育赛事赛会志愿者所下的定义是：由志愿者组织或大型体育赛事组委会招募并接受其管理，不以物质报酬为目的，利用自己的时间、技能、体能等资源，自愿在体育赛事期间承担相应岗位职责的人。

第二节　体育赛事合同与赛事保险

市场经济是契约经济，契约在体育赛事市场中处于基础地位。这种基础地位，在形式上表现为体育赛事运作的各个环节是由不同的合同串接而成；在内容上则表现为合同是赛事正常举行的保障书，赛事风险预防的防火墙。据统计，全国性的综合性体育比赛，签订的合同数以千计；而规模庞大的奥运会，签订的合同则达到了数万份。[①] 所以，合同已经成为赛事运作中的重要法律文件，发挥着制约、保障、风险防范等作用。

一、赛事合同的类型

在赛事运作中需要签订的合同主要有四类，即赛事承办合同、运动员参赛合

---

① 余宇，谭灿. 论体育赛事合同法律关系及其律师实务［J］. 体育科学，2007（11）.

同、商业开发合同和赛事保障合同。

1. 赛事承办合同

赛事承办合同是赛事承办方与主办方之间为明确举办赛事的权利义务而签订的合同，这是举办赛事需要签订的第一个合同。只有签订了这个合同，赛事承办方才具备赛事主体资格，才能进行赛事宣传与赛事市场开发。国际奥委会与北京市签订的北京 2008 年奥运会的举办城市合同就是最典型的承办合同。

2. 运动员参赛合同

运动员参赛合同是明确赛事组织者与参赛运动员权利义务的合同，其中，组委会保障比赛的权利义务、运动员的参赛和商业开发的权利义务是其中的重要条款。赛事组织者只有吸引优秀的运动员参与比赛，才能提升赛事品牌，获得观众的支持、商家的赞助和媒体的报道，所以，优秀运动员的参赛决定了赛事效益与规格，运动员参赛合同就是保障赛事组织者与参赛运动员双方利益最有效的约束。

3. 商业开发合同

一般而言，在赛事运作过程中，经常签订的赛事商业开发合同主要有体育赛事赞助合同、体育赛事特许经营合同、体育赛事电视转播合同、体育赛事门票销售合同、体育赛事经纪合同等。

赛事的举办需要大量的资金，进行市场开发是筹集资金的必要环节。赛事组织者根据赛事资源的特点策划商业开发计划，吸引不同的商家投资赛事。在体育赛事的市场开发中，赛事电视转播收入、赛事赞助收入、赛事特许经营收入、门票销售收入成为赛事商业开发的主要收入来源。

4. 赛事保障合同

为了保障赛事的正常进行，赛事组织者需要考虑赛事风险保障、人力资源保障、后勤保障、场地设施保障等一系列环节，需要与相关主体签订赛事保险合同、工作人员聘用合同、赛事后勤保障合同、场地设施租赁合同等。赛事保障合同因其内容不同，权利义务特点也完全不同，比如赛事保险合同强调赛事风险的防范，赛事的意外事故、赛事的推迟、取消，所有主体的人身安全等都成为保险的对象，这既是保障赛事正常举行的保证，也是和谐社会人文关怀理念的体现。而体育赛事场地设施租赁合同则更突出的是赛事广告与场地广告之间利益的处理，从而实现赛事举办方与场地所有者之间广告利益的共赢关系。

二、体育赛事中的风险

在各种体育赛事中，虽然组织方竭尽全力预防事故的发生，但是体育赛事存在各种不稳定因素，对于球员或者组织者，难免造成伤害，导致损失。如：2006年12月在第15届卡塔尔多哈亚运会上，韩国马术运动员金亨七在参加马术三日赛个人越野赛时坠马意外死亡，给多哈亚运会添上了一层阴影；2007年7月10日沈阳金德与青岛中能中超第13轮补赛中，金德几内亚外援班戈拉被踢伤右眼，眼球破裂，晶状体全部流出；2008年7月27日济南奥体中心被烧，造成约3000平方米的场馆损失；2003年5月3日国际足联执委会在瑞士总部做出决定：原定于在中国举行的2003年第四届女足世界杯，因"非典"疫情将易地美国举行，给中国造成了2亿人民币的损失。

而历届奥运会为了保证正常举行和避免损失，其保险费用开支呈不断上升的趋势，1992年巴塞罗那奥运会的总保险费开支为1800万美元，1996年亚特兰大奥运会总保险费开支为3000万美元，2004年雅典奥运保费开支近6000万美元。以上事实和案例都充分证实体育保险是大型体育赛事不可缺少的重要组成部分。

三、体育保险

体育保险最早发源于法国，早在1905年，de Saint－Servan体育俱乐部主席就已经创建了第一个运动员互助保险组织，其方法就是在每一个运动员的月工资或者是周工资中，扣除一定比例现金，作为每一个运动员的伤残补偿费用。

在20世纪二三十年代的意大利，赛车、拳击、自行车、足球赛场上发生的伤害事故层出不穷。在这种情况下，由CONI（意大利国家奥林匹克委员会）进行牵头，组织各个体育单项联合会和相应的专家，对各种比赛以及各种各样的体育伤害事故进行调查、评估、分出等级，并制定出相应的法律条款。按照法律条款由各个体育单项协会，在比赛利润中抽取一定比例税金作为保险费，交给体育联合会组建的"体育保险公司Sportass基金会"。由该公司从事体育保险的各项工作，该公司于1934年开始工作，并取得了非常出色的成绩。

1938年（昭和13年）日本颁布了《国民健康保险法》，通过立法的方式对参加各种体育运动的民众给予各种类型的体育保险。

可以看出，经济发达国家体育保险呈现几大特点：

第一，专业性。无论是在法国、意大利、美国还是日本都有专业的体育保险组织机构，同时还有体育保险的中介机构和相应的体育保险的经纪人，近些年又出现了专门为大型体育赛事提供服务的保险组织和再保险的组织机构，如：美国著名的 Sadler & company、慕尼黑体育再保险和瑞士体育再保险公司，以及达信公司，它们均成为国际体育保险业的佼佼者。

第二，法律性。无论是体育赛事、学校体育活动，还是大众体育健身都有专门的法律条款，保证这些活动的开展，那就是在开展这些活动之前必须上保险，否则不能开展和从事此类活动。

第三，普及性。从组织方到每个运动员，都详细了解体育保险的险种、理赔方法和保险范围，同时他们也深刻知道保险对自己人生的重要性。

第四，养老性。无论是职业体育俱乐部，还是运动员个人，他们都知道从利润和工资中拿出一定比例的钱，投保养老保险，在自己老了玩不了体育，又找不到合适的工作时，可以有养老保险金为自己支撑度日。

第五，快捷性。各个体育保险公司为了赢得市场和建立权威，对投保人不仅进行人性关怀，同时一旦投保人或投保组织发生意外损失时，根据保险合同，以最快速度进行理赔，如：桑兰在友好运动会中的 1000 万美元的理赔。

大型体育赛事面临着众多风险，如政治风险、经济风险、自然灾害风险、管理风险和人身意外伤害风险等。美国著名体育保险公司 Sadler & Company，针对美国一个赛季的职业棒球联赛开发出将近 20 多种体育保险品种，而针对大型体育赛事的保险品种更是繁琐与复杂，甚至达到 30 多种保险品种。这些繁琐的保险品种都是从基本保险领域演变和研发出来的，主要包括：体育赛事财产保险、体育赛事人身意外伤害保险、体育赛事公共责任险、体育赛事利润损失保险、体育赛事信用风险》等。①

四、大型国际体育赛事面临的保险领域

1. 体育赛事财产保险

体育财产保险是为了避免体育设施、体育场馆、体育器材等物品在遭受火

---

① 邱晓德. 大型国际体育赛事保险的重要性［J］. 中国保险，2010（10）.

灾、台风、泥石流等原因对以上体育设施造成的损害保险。体育财产保险和体育赛事、体育运动项目紧紧相连，并且是以在此基础上派生出来的与体育赛事有关的经济利益、物质财产和损害赔偿责任为保险标的的保险，体育财产保险包括动产、不动产、体育物质形态和体育非物质形态等各种物质、财富以及利益、责任等。根据国际体育赛事呈现科学化和规范化的发展趋势，体育财产保险已越来越成为国际各种体育赛事不可缺少的保险品种。

2. **体育赛事人身意外伤害保险**

体育人身意外伤害保险是为了避免运动员、志愿者、管理人员在遭受不可预知的外界动力情况下对人体造成的各种伤害保险。一般包括：体育人寿、体育伤残、体育医疗保险等。

（1）人寿保险

人寿保险是指运动员在体育赛事中遭受不可预知的意外伤害而直接引起的生命危险的保险。如多哈亚运会韩国马术运动员金亨七坠马意外死亡，由保险公司提供一定数额的经济赔偿。

（2）医疗和伤残保险

被保险人在训练或比赛场上遭受到人身意外伤害，由保险公司对医疗费和伤残等级进行经济赔付的一种保险契约。由于体育比赛训练的残酷性和竞争的激烈性，经常造成运动员身体不同部位的残疾。因此，这种保险品种对体育赛事非常重要。

3. **体育赛事公共责任险**

体育赛事公共责任险又称为第三者保险，是组织方为观众或参观者在观看比赛的过程中，遭受外界不可预知伤害的保险，这种保险主要特征是承保在参观体育比赛活动中，由于意外事件而造成第三者（观众）人身伤害或财产损失依法应由被保险人所承担的各种经济赔偿责任，如，体育场馆广告牌被风刮下、楼梯台阶把手不牢造成对观众的伤害等。

4. **体育赛事利润损失保险**

赛事经营损失风险是指由于意外事故、赛事中断造成部分或全部取消整个赛事，给赛事组委会带来巨大的经济亏损。体育赛事利润损失保险是承保由于政治动乱、经济危机、自然灾害等意外事故，被保险人（体育赛事组委会）在经营上和经济收入上遭受到重大的经济损失，由保险人根据保险条款和保险合同，进行一定的经济补偿。如 2012 年南非男足世界杯，国际足联为防止美国次贷危机引起的世界性金融风暴对本届世界杯可能造成经济损失，向保险公司投保了 6.5 亿美元保险，以保证南非世界杯赛事的经济利益。

5. 体育赛事信用风险

体育赛事信用风险是指在体育赛事交往中，权利人与义务人之间，由于一方的违约或犯罪而造成对方经济损失的风险。它的主要特征是以体育经济合同所确立的预期应得有形财产、资金或预期应得经济利益为保险标的的保险。如，在体育赛事赞助合同中，如果赞助方不能履行职责给付赞助资金，那么保险公司必须负责垫付资金和负责追讨资金的责任。也就是说，体育信用保险是为了被保险人（体育赛事组委会被赞助方）所面临的体育债务人不能履行职责给付赞助资金时，由保险公司提供信用保障的保险。

第三节　体育赛事市场开发

体育赛事的市场开发是伴随着体育赛事市场化的发展而发展起来的。体育赛事市场化就是组织者采用各种手段，对体育比赛的服务产品和无形资产进行营销活动，使体育赛事的观赏价值通过市场运作实现其商品价值的过程。主要包括冠名权、门票、赞助（广告）、电视转播权的转让、标志产品和指定产品的开发等。①

一、国际体育赛事商业化运作的引入

自 1896 年雅典举办第一届奥林匹克运动会起，至 1980 年莫斯科第 22 届奥运会止，国际奥委会一直拒绝商业运作的诱惑。举办奥运会所需的经费，多来源于举办国政府的财政资助以及民间无偿赞助。但随着奥运会规模的不断扩大，资金的需求也越来越庞大。到 1976 年的第 21 届奥运会，加拿大的蒙特利尔由于耗资巨大，负债 10 多亿美元，被称为 "蒙特利尔陷阱"。第 22 届莫斯科奥运会耗资更是高达几十亿美元，耗资巨大负债累累的奥运阴影笼罩在申办者心头，国际奥委会被迫开始了向现实主义艰难地转变。1980 年萨马兰奇当选国际奥委会主

---

① 周进强，吴寿章. 中国赛事活动市场化发展道路的回顾与展望 [J]. 体育文化导刊，2001 (6).

席后，对商业化的问题采取了较灵活、务实和开放的政策。

美国商界奇才尤伯罗斯对 1984 年奥运会商业运作的"私营模式"进行了大胆的尝试，在没有任何政府资助的情况下，创造了 2.25 亿美元的盈利，从而为奥运会开辟了一片崭新的天地。成功的商业化运作使以后几届奥运会都赚得盆满钵溢。1988 年汉城奥运会直接经济效益约 5 亿美元，1992 年巴塞罗那奥运会经济效益约 13 亿美元，1996 年亚特兰大奥运会经济效益高达 17 亿美元，2000 年悉尼奥运会经济效益约 26 亿美元，2004 年雅典奥运会给希腊留下一流的基础设施和体育场馆。奥运工程也激活了国民经济中的相关领域，使希腊当年实现了4.2％的经济增长率。[①]

美国的 NBA 也是体育赛事运作的典范。从 1946 年至今，美国职业篮球联盟（NBA）已经走过了 60 个年头。在这 60 年中，NBA 从一个连电视转播都没有的国内联赛，变成世界上最成功的体育联赛之一。直到 1953/1954 赛季，NBA 才实现了有偿电视转播。在这之后的 20 年里，虽然 NBC（美国全国广播公司）和ABC（美国广播公司）两家电视台一直转播 NBA 的比赛，但由于当时 NBA 的影响力还较小，并且还需要借助媒体在扩大自己的影响力，因此，当时两家电视台并未付给 NBA 任何费用。直到 1973/1974 赛季，美国哥伦比亚广播公司（CBS）以 2700 万美元买下 NBA 比赛 3 年播映权，使 NBA 首次实现大额度的有偿电视转播。到 1986/1987 赛季，转播费已经涨到 4 年 1.74 亿美元。1998/1999赛季到 2001/2002 赛季 NBA 转播权归 NBC 和特纳体育电视网所有，NBC 为此支付了 17.5 亿美元。2002 年 1 月，NBA 同 TNT、ABC、ESPN 公司续签了为期 6 年价值 46 亿美元的转播合同，几乎把所有 NBA 比赛都归入有线电视转播行列。NBA 跟 TNT 公司签署的有线电视合同，从 2002/2003 赛季至 2007/2008 赛季 6 年 22 亿美元；NBA 跟 ABC、ESPN 签订的网络电视合同，从 2002/2003 赛季至 2007/2008 赛季 6 年 24 亿美元，3 家共计 6 年 46 亿美元。电视转播收入占到 NBA 总收入的 55％。再加上 NBA 与各地方电视台的转播合同、NBA 其他赛事以及联赛的涉外电视转播权收益，整个 NBA 电视转播合同金额高达 50 亿美元。电视转播 NBA 球队带来的收入占其总收入的 30％～50％。

此外，NBA 几代经营者都深谙球星对于市场的重要价值。斯特恩上台时正

---

① 赵先卿，杨继星，马翠娥. 国际体育赛事商业化运作对我国的启示 [J]. 北京体育大学学报，2006（8）.

值湖人和凯尔特人争霸天下，两支球队各有一名巨星——"魔术师"约翰逊和"大鸟"伯德。斯特恩将这一黑一白两大传奇巨星作为联盟的形象推向市场，无数球迷因为喜欢球星从而喜欢上 NBA。20 世纪 90 年代"魔术师"和"大鸟"两人相继退役，正巧乔丹横空出世弥补了空缺，于是斯特恩以乔丹作为主打球星在全世界推广 NBA。这一策略再次收到奇效，乔丹迷人的笑容、经典的吐舌头动作和神话般的技术征服了全世界的球迷，甚至包括其他国家的篮球球员，使得 NBA 成为真正国际化的联赛。乔丹退役后，斯特恩又开始寻找新的代言人，奥尼尔、科比、艾弗森、加奈特、麦格雷迪、姚明等人，都是 NBA 新的人选。从 2002/2003 赛季姚明加盟火箭队，火箭队的价值一路飙升，从 2.55 亿美元直线上升到了 2005 年度的 4.22 亿美元。奥尼尔和詹姆斯的加盟，也都给各自所在的球队带来了类似的增长。超级巨星的影响不仅体现在主场球迷的上座率上，他们还会带动球队其他相关产品的销售。

二、中国体育赛事市场化发展的历程

社会主义市场经济体制的建立和体育赛事的商业化发展为中国体育赛事走向市场化提供了内部及外部的基本条件，在诸多关于体育赛事市场的研究中，大多数学者倾向于将中国体育赛事的市场化发展经历划分为两个阶段：

1.1980 年—1992 年中国体育赛事市场初级萌芽时期

改革开放初期，发展经济成为中国各级政府部门的主要任务，借助举办大型体育比赛之际，开展各种经济贸易活动，如商品交易会、投资洽谈会、产品展示会等，使体育比赛本身开始注入商业因素，体育赛事市场化开始萌芽。国家体委在制订"六五"计划时确立了体育工作社会化与体育投资多元化的改革目标，体育竞赛开始招标，并把比赛分为计划内与辅助性两大类，部分竞赛实行差额拨款、举办单位自筹、出售承办权等，为商业性运作提供了政策支持。1987 年第六届全运会，我国首次对综合性运动会进行了商业性操作的大规模实验，如会徽、吉祥物的出售，都收到了较高的经济效益，开创了我国举办大型体育比赛商业开发的先河。借此东风，1990 年北京亚运会更是利用其规模和影响，也成功地进行了市场运作，收到了良好的经济效益和社会效益。①

---

① 周进强，吴寿章. 中国赛事活动市场化发展道路的回顾与展望［J］. 体育文化导刊，2001（6）.

2. 职业体育赛事的形成和体育赛事市场化全面发展时期

1992 年，中国确立了建立社会主义市场经济体制的改革目标，体育产业化作为体育改革的一个重要内容逐渐得到政府和社会各界的认同。足球率先开始职业化改革，篮球、排球、乒乓球紧随其后，体育赛事市场化进入了一个全新的、趋于稳定的阶段。由中介组织和体育界以外的企业参与运作商业比赛也日益增多，其他各种比赛甚至业余比赛也都开始了市场化的发展道路。全国综合性运动会进行了系统的、颇具规模的开发，非奥运项目减少了国家的投入，被"逼"上了市场。

《国务院办公厅关于加快发展体育产业的指导意见》（国办发〔2010〕22 号）（以下简称《指导意见》）中指出，"下一阶段的重点任务是要努力开发体育竞赛和体育表演市场。积极引导规范各类体育竞赛和体育表演的市场化运作。借鉴吸收国内外体育赛事组织运作的有益经验，探索完善全国综合性运动会和单项赛事的市场开发和运作模式；支持地方根据当地自然人文资源特色举办体育竞赛活动，鼓励企业举办商业性体育比赛，积极引进国际知名的体育赛事，努力打造有影响、有特色的赛事品牌"。

为了进一步贯彻落实《指导意见》，充分发挥体育产业在调结构、促转型、惠民生等方面的积极作用，依据《国民经济和社会发展第十二个五年规划纲要》和《体育事业"十二五"规划》，国家体育总局制定并印发《体育产业"十二五"规划》。《体育产业"十二五"规划》（2011）中规定，"要加强对体育组织、体育赛事和活动的名称、标志、版权等无形资产的开发，依法保护知识产权。完善中国奥委会、中华全国体育总会、全国性单项体育协会等体育社团的市场开发模式，理顺和明确各相关主体在市场开发活动中的权利义务。强化知识产权对体育产业发展的导向作用，提升知识产权创造、运用、保护和管理水平，积极探索体育无形资产开发模式"。

三、国际奥委会、中国奥委会在奥运会市场开发中的地位及权利

1. 国际奥委会的创立

1894 年 6 月 23 日，呼吁在希腊恢复奥运会的法国教育家顾拜旦创立了国际奥委会（简称 IOC）。国际奥委会负责管理世界范围内奥林匹克运动的发展，并负责管理各届奥运会，其制定的《奥林匹克宪章》是国际奥林匹克运动中的宪法性文件。

《奥林匹克宪章》，亦称奥林匹克章程或规则，是国际奥委会为奥林匹克运动发展而制定的总章程。第一部章程的倡议和制定者是顾拜旦。

《奥林匹克宪章》第1条规定："在国际奥委会的最高权力之下，奥林匹克运动吸纳了同意遵守《奥林匹克宪章》的组织、运动员和其他当事人。"

根据《奥林匹克宪章》（2004）第15条的规定，国际奥委会是一个国际性、非政府、非营利、无限期的组织，以协会的形式存在，具有法人地位，并且根据2000年11月1日与瑞士联邦协会签订的协定而得到了后者的承认。

参加奥运会是自愿的，因此参加奥运会的国家和个人就要遵守国际奥委会制定的有关规则和条例，违反就要受到有关处罚。不过，国际奥委会自身并不能强迫国家来遵守其规定。《奥林匹克宪章》体现的是一种国际惯例，故在某种程度上具有习惯国家法的效果。因此，《奥林匹克宪章》的强制力也得到了有关国家和国家法的承认。

《奥林匹克宪章》（2004）第7条第一款规定："奥林匹克运动会是国际奥委会的专属财产，国际奥委会拥有其中有关的全部权利，特别是，而且不加限制地涉及该运动会的组织、开发、转播、录制、重放、复制、获取和散发的全部权利，不论以何种方式或以现存的或将来发展的何种手段或机制。"

产权是"一揽子的权利"，是由占有权、使用权、处分权、收益权四项基本权能组成的权利，其中某些权利可以是虚拟的。奥林匹克产权的载体包括奥林匹克五环标志、奥林匹克会旗、奥林匹克格言（更快、更高、更强）、奥林匹克会歌、奥林匹克识别称谓（包括但不限于"奥林匹克运动会"、"奥运会"等）、奥林匹克徽记、圣火和火炬、奥林匹克奖牌和纪念章以及与之有关的任何铸模之一或其组合，还有与奥运有关的数据库和统计数据等。这是奥运会赞助商获得排他性许可使用奥林匹克"一揽子权利"最根本的法律依据。

《奥林匹克宪章》第8条至第11条详细地规定了对奥林匹克产权的保护，并明确规定"国家奥委会必须采取措施，防止在使用奥林匹克产权时违反上述规则或其细则"。根据《奥林匹克宪章》，各国奥委会代表国际奥委会负责保护与奥林匹克有关的知识产权。

2. 2008 北京奥运会主办城市合同

《奥运会主办城市合同》是由国际奥委会（甲方）和北京市以及中国奥委会（乙方）签署的。《奥运会主办城市合同》实际上早在各城市提出申办奥运会的请求时，国际奥委会就已经发给申办城市。从合同的内容以及签订来看，申办者/

主办者对有关合同的条款/内容没有任何商谈的余地。

申办奥运会之前，作为乙方的中国奥委会与北京市签署了《联合市场开发协议》，协议中规定：鉴于国际奥委会管理奥林匹克运动，并且独家拥有奥运会的所有权利，候选城市北京市和中国奥委会决定签署联合市场开发协议，以便可以充分利用奥林匹克形象的价值进行市场开发并获得收益，以成功举办奥运会。其中，提到中国奥委会产权专指"由中国奥委会拥有或使用的中国奥委会会徽及其他知识产权，包括但不限于对中国奥委会或其奥林匹克代表团进行赞助或建立联系的要求授权"。此市场开发计划必须得到国际奥委会的批准才能有效。

根据《奥林匹克宪章》（2004）第7条第一款的规定，通过签署《奥运会主办城市合同》，奥运会组委会承认国际奥委会享有奥运会的全部权利，包括许可他人转播奥运会开闭幕式以及运动比赛的权利。

国际奥委会直接负责同所有电视转播商进行奥运会电视转播权合同的谈判。对于每届奥运会的电视转播权，国际奥委会通过竞标的方式，将电视转播权出售给参加竞标的电视组织。《奥运会主办城市合同》中第8条规定：国际奥委会将把相当于来自奥运会电视、广播和其他广播形式的协议净收入的49％给予或分配给奥运会组委会。

3. 中国奥委会的地位及中国奥委会章程

1981年4月，在国际奥委会洛桑会议上，中国重新进入国际奥委会大家庭。

《中国奥林匹克委员会章程》第2条规定：中国奥委会是以发展体育和推动奥林匹克运动为任务的全国群众性、非营利性体育组织，代表中国参与国际奥林匹克事务。在与国际奥委会和亚洲奥林匹克理事会及各国家地区奥委会的关系中，唯有中国奥委会有权代表全中国的奥林匹克运动。

《中国奥林匹克委员会章程》第7条关于中国奥委会的业务范围的第三款规定："中国奥委会全权代表中国组团参加地区性的、洲级的和世界性的综合体育赛事，包括冬、夏季奥运会，冬、夏季亚运会和东亚运动会等以及其他与奥林匹克运动有关的活动。在有关全国单项体育协会的合作下，选拔运动员组成中国奥林匹克代表团参加上述运动会，并为该团提供必要的费用和体育装备。"

尽管在中国奥委会公开的文件中找不到有关运动员或者运动队的市场开发条款，但是在有关单项体育协会的规则里可以找到类似的条款。例如，中国篮协在2006年9月颁布了《中国篮球协会注册运动员商业权利管理办法》，对包括奥运会参赛运动员在内的运动员的商业开发问题作了规定。主要内容包括：

（1）中国篮协在全球范围内对以任何形式出现的运动员球员特征享有管理权和使用权，并可授权他人使用且无须向运动员支付任何费用。未经中国篮协书面许可，运动员不得以任何形式使用或许可第三方使用运动员球员特征。

（2）中国篮协在开发销售三名（含）以上国家队或联赛运动员的特许球服及装备时，可开发销售或授权第三方开发销售某个运动员所穿着的含运动员姓名、号码等标识的国家队或联赛俱乐部球服等装备的原版复制品。中国篮协可在全球范围内自行开发销售或授权第三方开发销售含带运动员球员特征的杯子、徽章、海报、球星卡、邮票、电话卡、三角旗、玩偶、贴纸等国家队、联赛和俱乐部标志产品，并在相关产品上显示赞助商标识。中国篮协赞助商或授权单位不得在鞋类产品中使用运动员球员特征。

（3）中国篮协在全球范围内对运动员集体特征享有独家所有权、管理权和使用权，并可授权他人使用。使用范围包括但不限于公关、宣传、推广、市场开拓、包装、销售等。

（4）在个人赞助协议中，除非相关赞助商同时是国际奥委会、北京奥组委或中国奥委会的赞助商，不得出现任何与奥林匹克、奥运会、奥运代表队或奥运年有关的字样或图案。

由上可以看出，国家队篮球运动员商业活动的决定权大部分掌握在体育主管部门亦即中国篮协的手中，中国篮协长时间完全掌握运动员肖像权的做法是否合理确实值得商榷。事实上，国家队运动员的培养体制不同于计划经济时代，他们大都是职业运动员，其所属俱乐部的培养是不可或缺的。但篮协主管部门却垄断国家队运动员的商业开发尤其是形象使用权，使得某些运动员的商业开发根本无从开展，这对运动员来说是不公平的。

由以上规定可以看出，奥运会参赛运动员在签订赞助协议时首先要遵守的是国际奥委会的有关规则规定，其次是本国奥委会的章程以及自己所属的单项体育协会的规则。在相关规则发生冲突的情况下，效力由大到小依次是国际奥委会规则、国家奥委会以及单项体育协会的规定。

四、体育赛事市场开发权益的相关法律规定

1995 年 8 月 29 日第八届全国人民代表大会常务委员会第十五次会议通过的《体育法》第 35 条规定：在中国境内举办的重大体育竞赛，其名称、徽记、旗帜

及吉祥物等标志按照国家有关规定予以保护。但是，由于受到当时立法理念宜粗不宜细的影响，《体育法》并没有对相关制度进行设计并具体确立有关的权利，只是为以后法律法规的制定埋下了伏笔。

1996年7月13日国务院颁行的《特殊标志管理条例》在性质上属于行政法规，在全国范围内可以适用。该条例对特殊标志进行了界定，指"文化、体育、科学研究及其他社会公益活动所使用的，由文字、图形组成的名称及缩写、会徽、吉祥物等标志"。该条例还肯定了学术界讨论比较多的一种权利——商品化权，也是市场开发的基础。条例第13条规定："特殊标志所有人可以在与其公益活动相关的广告、纪念品及其他物品上使用该标志，并许可他人在国务院工商行政管理部门核准使用该标志的商品或者服务项目上使用。"

商品化是指对自然人的姓名、肖像、声音等人格要素、表演形象，社会组织（不含商事组织，下同）的名称、标志，作品或者其角色、标题，甚至重大社会事件等的潜在商业价值进行商业开发利用的行为。一定人物特别是公众人物、社会组织、作品或者作品角色、标题、社会事件等为社会公众所熟悉、喜爱，从而具有了对客户的吸引力，具备了促销的商业价值，成为一种特殊的无形财产。商品化的实质就是对非商品因素进行商业化利用或者对某些具有商品属性的精神产品进行二次商业利用。①

但是，《特殊标志管理条例》有其自身的局限性，也促使了后来《奥林匹克标志保护条例》的出台。《特殊标志管理条例》的局限性有：只适用于全国性和国家性活动的标志；限于"公益"活动标志；在"用于商业目的"时关键词语没有具体规定，导致可操作性较差；经国家工商局核准登记后的保护期只有短短的4年。

2001年10月19日国家体育总局发布的《国家体育总局关于运动项目管理中心工作规范化有关问题的通知》第6条第一款规定：（一）由中国奥委会统一组团参加的大型国际体育比赛，各运动项目管理中心、各全国性单项体育协会应当服从中国奥委会的整体商业开发计划，不得擅自使用"国家体育总局"、"中华全国体育总会"、"中国奥林匹克委员会"、"中国体育代表团"等名称和标志进行商业开发和广告宣传活动。也就是说，由中国奥委会统一组团参加的大型国际体育比赛的市场开发权由中国奥委会行使。

---

① 胡小红. 论商标法对商品化权的保护［J］. 中国工商管理研究，2011（4）.

根据国际奥委会的章程《奥林匹克宪章》的规定，2001年1月，北京奥申委在向国际奥委会提交的《申办报告》中，对保护奥林匹克标志做出了相应承诺。在《申办报告》的法律部分，明确承诺"中国立法机构和政府将根据实际需要有针对性地制定和颁布保护国际奥委会权益的法规"。

国家工商行政管理局也根据国务院的要求，代表中国政府专门就此做出了明确、具体的承诺："中国政府还将根据需要有针对性地专门为2008年奥运会以及奥林匹克标志制定有关法规。"

2001年7月13日，国际奥委会主席萨马兰奇先生在莫斯科宣布：北京成为2008年奥运会主办城市。当晚，北京市市长、北京奥申委主席刘淇，北京奥申委执行主席、中国奥委会主席、国家体育总局局长袁伟民与国际奥委会主席萨马兰奇签定了举办城市合同即《第29届奥林匹克运动会主办城市合同》，北京市承诺在不迟于2001年12月31日前确保国际奥委会产权的权益。

2001年11月1日，北京市颁布《北京市奥林匹克知识产权保护规定》，在性质上属于地方性法规。它包括三部分的内容：一是将履行在《奥林匹克宪章》中规定的所有规定；二是将履行中国国家体育总局、北京市政府与国际奥委会签署的合同中所有的规定；三是将履行在北京申办奥运会期间，领导及其他工作人员所做出的各种口头承诺。

由于侵权行为的多样性以及地域上的广泛性，需要国务院颁布全国性的保护法规。2001年11月7日，国家知识产权局、北京市人民政府联合行文，向国务院报送了制定全国性保护法规的请示。

2002年1月30日经国务院第54次常务会议审议通过《奥林匹克标志保护条例》，2月4日朱镕基总理签署，自2002年4月1日起施行。这部条例是针对奥运知识产权制定的专门的行政法规。该条例的颁布实施，为保护奥林匹克标志权利人和利害关系人的合法权益、打击不法侵权行为提供了最直接的法律依据，为第29届奥运会的成功举办起到保驾护航的作用。

《奥林匹克标志保护条例》对奥林匹克标志保护范围、奥标权利人的范围以及如何保护奥林匹克标志专有权作了详尽的规定，工商行政管理部门被确定为行政执法主体。

总体上，我国对奥林匹克知识产权的保护是在北京申奥成功后才开始纳入立法规划的，而且，我国对奥林匹克知识产权保护的有关法规是由国务院而不是全国人大制定的，从性质上来讲，其法律效力无疑得到了某种程度的削弱。应当对现有的有关立法如《体育法》《商标法》等进行修改，纳入奥林匹克标志保护的有关规定，使其能够发挥保护奥林匹克标志的作用。

五、体育赛事赞助商权利

体育赛事的市场化、商业化离不开体育赞助，离不开各级各类赞助商。赞助商投资于某一赛事，是为了突出企业品牌，提升企业知名度，通过媒体力量有效接触销售目标市场，增加产品销售量，达到企业的营销目标，实现赢利目的。

而就赛事而言，赞助商赞助体育赛事，除了赛事本身具有的魅力（如赛事的级别、项目的群众性、娱乐性，对企业的宣传效应等）外，还有一个很重要的因素就是赛事主办者对赞助商赛事商业权利的保护。

赛事商业权利是指体育赛事的拥有者围绕以竞赛为核心，为实现赛事的价值管理，挖掘、整理、包装赛事资源，赋予赞助商或与赞助商共同享有的一种与赛事相关的市场开发权利。①

一些体育赛事中曾出现非赞助商侵害赞助商权益的状况。在 2009 年香港东亚运动会、2010 年温哥华冬奥会和广州亚运会等赛事上，少数运动员在领奖时未穿着中国奥委会合作伙伴安踏提供的领奖装备。在广州亚运会上，中国羽毛球卫冕亚运会男团冠军，在颁奖典礼上中国男子羽毛球队穿着各种品牌的衣服，教练带头又做了一个"L"型手势。中国体操运动员在颁奖台上也做出同一种手势，且没有穿领奖服就登台领奖。虽然我们的运动员和教练员一再解释这跟商业行为无关，这个手势表达的意思是"爱"（love），是大家在赛前约定的胜利手势。但业内人士非常清楚，那个手势是中国羽毛球队和体操队赞助商李宁的标志。显然，李宁不是中国体育代表团的赞助商。毫无疑问，这种行为是一种典型的隐形营销行为。

隐形营销在法律上没有明确的界定，也无法通过法律手段进行制裁。但如果任凭隐形营销行为的泛滥，必将影响赞助队伍的稳定，导致赞助效益的下滑。做好隐形营销的预防和禁绝工作是赛事主办者做好赞助商服务的一项重要内容，也是保证市场开发健康、可持续发展的必要条件。

---

① 应华. 论体育赛事赞助的商业权利及其保护 [J]. 浙江体育科学，2003（8）.

1. 国际足联世界杯的赛事商业权利计划

国际上，大型体育赛事一般有着比较成熟和完整的赛事商业权利计划，最为经典的要数奥运会 TOP 计划。在此阐述的是国际足联世界杯的赛事商业权利计划。

国际足联世界杯的赞助商分为三个层次：合作伙伴（partner）、正式供应商（supplier）、授权商（licensee）。

合作伙伴享有最高层次的权益，数量为 15 家左右，每家在 4 年一个周期内投入约 4000 万美元左右，除提供资金支持和实物赞助外，还提供重要技术服务，拥有全球范围内使用世界杯标志和吉祥物的权利以及赛事广告、门票、秩序册、赛场派送和销售产品的权利。

正式供应商一般归世界杯主办国操作，数量为 6～8 家，他们会获得世界杯"正式供应商"的称号，也拥有使用世界杯标志和吉祥物的权利，但仅限于在主办国境内，同时还享有诸如赛场广告（但位置较差、广告板尺寸较小）以及参加经国际足联批准的大型活动和商业招待会的权利等。韩日世界杯的一个"正式供应商"投入为 1000 万～1800 万美元，原定在中国举办的 2003 女足世界杯的"正式供应商"的售价也在 100 万～150 万美元。

授权商是为使用世界杯标志和吉祥物而上交了权利金和保证金（各按生产和销售总额的 12％上交）的生产厂商，主要从事标志产品（如印有世界杯标志和吉祥物的纪念币、徽章、T 恤、帽子、钥匙链、眼镜等）的生产和销售。

国际足联制定了极为严格而准确的商业开发程序，以保护各个层次赞助商的赛事商业权利。在韩日世界杯期间，国际足联制定了 2002 年国际足联世界杯权利保护章程。连同这些章程，国际足联采取了一些首创行为以确保商业合作伙伴的利益得到保障，招募专家在全世界范围内建立权益保护机构，其中包括韩国和日本的 2002FIFA 世界杯反伪造协会（ACC），他们的目的是打击商品伪造和在产品、招牌、广告和促销活动中违法使用 FIFA 世界杯商标的商业行为。

正因为国际足联有着严格和规范的赞助商赛事商业权利保护计划和章程，一些国际知名的跨国公司钟情于与国际足联的合作，其合作伙伴群体也相对稳定，如阿迪达斯、百威啤酒、飞利浦、麦当劳、东芝、万事达等。①

---

① 应华. 论体育赛事赞助的商业权利及其保护［J］. 浙江体育科学, 2003（8）.

2. 赛事商业权利计划保护的内容

（1）最高层次赞助商的唯一性、排他性

一般而言，最高层次赞助商的数量不宜过多，例如奥运会为 30 家左右，世界杯为 15 家左右，这种最高层次赞助商的唯一性和排他性是指具有同业竞争的唯一性和排他性，可口可乐和富士胶卷是世界杯的赞助商，那么百事可乐和柯达胶卷就不可能成为世界杯的赞助商。

（2）赛事名称、标志、吉祥物等无形资产的开发、使用

赛事名称、标志、吉祥物等无形资产的开发、使用是赞助商赛事商业权利的重要组成部分，涉及面非常广，非常容易受到"营销侵犯"。那些没有为赛事提供赞助的营销侵犯者总会千方百计通过各种宣传活动违法使用赛事名称、标志、吉祥物，借此将自己与赛事相联系，混淆和误导消费者以为它们也是赛事的赞助商，从而侵占提供赞助的竞争者的市场空间，抵消那个竞争者的市场影响力，达到扩大自己市场份额的目的。

（3）竞赛场地范围内的商品销售区域（特许区）的商业权利保护

这个商品销售区域称作特许区，特许区的范围一般是指凭门票或有效证件能进入竞赛场地的区域。只有赞助商可以在特许区范围内派送或销售自己的产品，可以设置展台进行一些企业宣传活动。在这个特许区内，不得出现任何与赞助商产品相冲突的广告和带有企业标识或商标的产品。

（4）电视转播权的保护

体育赛事电视转播权一般归赛事主办者所有，媒体须购买转播权后才有权利进行转播和报道。没有购买转播权的单位只能播放由赛事主办者统一提供的新闻画面，不能到赛场采访和转播赛事。

3. 我国关于体育赛事赞助的法律规定

1989 年 6 月 12 日原国家体委发布的《关于国家体委各直属事业单位、单项体育协会通过广告、社会赞助所得的资金、物品管理暂行规定》指出，"在我国社会主义有计划商品经济条件下，通过举办体育广告和社会赞助活动筹集体育资金，有利于推动社会力量办体育，促进我国体育事业的发展，也有利于扩大赞助者的社会影响，有利于提高其商品的知名度，扩展销路，促进生产。所称的体育赞助，是指国内外社会团体、企业单位及知名人士自愿为办竞赛、办运动队或以奖励等形式给予的赞助"。1993 年颁布了《关于运动项目管理实施协会制的若干意见》规定："实体协会的基本任务和职责包括拓宽经费来源渠道，健全财务管

理制度。实体协会的经费来源主要是：国家拨款，会费，社会赞助和社会集资，与本项目业务有关的专利性收入，比赛收入，开展咨询、服务、培训等活动的收入，投资和开办经济实体，基金、彩票等收入。"

1995 年颁布的《体育法》第 42 条规定："国家鼓励企业事业组织和社会团体自筹资金发展体育事业，鼓励组织和个人对体育事业的捐赠和赞助。"第 35 条规定："在中国境内举办的重大体育竞赛，其名称、徽记、旗帜及吉祥物等标志按照国家有关规定予以保护。"从法律层面上确定了体育赞助的合法地位，鼓励组织和个人赞助体育事业，也为赞助方享有体育赞助权益回报奠定了法律基础。

同时，各地方也出台了一些地方性法规条例，比如黑龙江省出台的《黑龙江省体育经营活动管理条例》(1999 年颁布，2005 年修订)、太原市颁布的《太原市体育经营活动管理办法》(1996 年颁布，2005 年修订)。

六、体育赛事电视转播权

"电视转播"在 1989 年欧盟理事会通过的有关电视转播权买卖的指令中是这样界定的："电视转播(television broadcast)是指通过有线或无线，包括通过卫星首次播出电视节目，这些节目不管是编码还是解码的形式，都是以被公众接收为目的。它包括企业之间以向公众转播为目的的节目信息传输，但不包括应个人的要求提供某项信息或其他信息的通讯服务，如电子拷贝、电子数据银行和其他类似的服务。"体育赛事电视转播权是指体育组织或赛会主办单位举办体育比赛和体育表演时，许可他人进行电视现场直播、转播、录像并从中获取报酬的权利。

体育赛事电视转播作为一项权利的确立最早来自于国际奥委会，也经历了一个较为漫长的过程。1936 年柏林奥运会，首次运用电视技术对奥运会进行了转播。在 1948 年伦敦奥运会上，"奥运会组委会建立了电视转播付费的原则，BBC 广播公司同意支付大约 3000 美元的电视转播费，估计超过 50 万人观看了 64 小时的奥运会电视节目"。[①] 1958 年，《奥林匹克宪章》首次确立了电视转播权并确认了权利归属问题，其第 49 条规定："作为娱乐，现场直播奥运会比赛的权利须经国际奥委会承认，由奥运会组委会售出，所得利润按既定方案分配。电视或电影播放奥运会新闻时，节目引用奥运会有关内容每日不得超过 3 分钟，电视台或

---

① 邱招义. 奥林匹克营销 [M]. 北京：人民体育出版社，2005.

电影在 24 小时内可以在新闻节目中插播奥运会内容 3 段，每段 3 分钟，段与段之间至少相隔 4 小时。"

自确认电视转播权以后，国际奥委会电视转播权转让费用节节攀高，"据统计自 1980 年莫斯科奥运会以来，仅仅过了 24 年，奥运会的电视转播权费已经翻了近 15 倍。由 1980 年莫斯科奥运会的 1.01 亿美元、1984 年洛杉矶奥运会的 2.87 亿美元、1988 年汉城奥运会的 4.03 亿美元、1992 年巴塞罗那奥运会的 6.36 亿美元、1996 年亚特兰大奥运会的 9.35 亿美元和 2000 年悉尼的 13.33 亿美元，雅典奥运会的收入攀升到 14.98 亿美元"。[①] 2008 年北京奥运会的电视转播权收入更是高达 17 亿多美元。

可以说，电视转播权成为国际奥委会的主要收入来源，也是奥运会举办国的主要收入来源，甚至是最主要的收入来源。最新出版的《奥林匹克宪章》第 1 章第 11 条明确规定了国际奥委会对奥运会电视转播的权利，该款规定："奥林匹克运动会完全属于国际奥委会，国际奥委会拥有其中有关的全部权利，特别是（而且没有限制地）涉及该运动会的组织、开发、广播电视和复制的权利。"第 2 章第 28 条阐述了国际奥委会经费来源："它（指国际奥委会）从出让包括电视转播权在内的一些权利以及举办奥林匹克运动会来集资。"

我国出售体育赛事电视转播权是伴随着足球竞赛体制的市场化改革而诞生的。1994 年—1996 年中央电视台每年向中国足协提供 56 万元人民币赞助款，以广告时段予以支付，获得全国甲 A 足球联赛的转播权；1996 年 3 月 17 日，南京电视台出资 26 万元人民币，购得同年 4 月举行的四国女排邀请赛南京站比赛的转播权，成为国内地方台单独购买体育比赛转播权之先例；1998 年 5 月，四川省电视台以 58 万元人民币中标获得在成都举行的国际女子飞人挑战赛的国内独家电视转播权，这也是国内首次采用招标方式有偿转让体育比赛电视转播权；1999 年年初，中国足协将 1999 年全国足球甲 A 联赛电视转播权分别以每场 14.1 万元人民币、15 万元人民币、2 万美元的价格转让给中央电视台、中国教育台、香港卫星电视台，反映了我国国内体育比赛电视转播权有偿转让开始走上正轨。

除了国际奥委会对电视转播权进行制度规范以外，一些国际组织或国家也通过自己的立法或司法判例确立了本国的体育赛事电视转播权制度。欧盟最早在《欧洲共同体条约》确立了竞争法条款，对体育电视转播权的竞争行为确立基本规范；

---

① 程莹. 奥运电视转播权费节节攀高 [N]. 中华工商时报，2004.

《欧盟议会条约》第 9 条确立电视转播权的限制，即"有关跨国电视转播禁止合同双方通过对有关重大公共利益事件的独占转播损害公众的知情权"。《欧洲议会条约》第 3 条（a）款规定：每一成员国可以采取符合欧洲共同体条约的任何措施，以此保证符合本国法律电视转播权不会以独占方式转播成员国认为对社会有重要意义的社会事件，因为此种方式剥夺了成员国公众通过免费频道以现场转播或实况录像收看相关社会事件的利益。美国通过 1890 年的《谢尔曼法》、1976 年的《版权法》以及 1978 年的《业余体育法》对体育比赛电视转播权行使过程中的垄断行为等进行保护，而且通过一系列的案例确立了美国体育赛事电视转播权制度。意大利在 1999 年颁布了第 78 号法令对体育赛事电视转播权进行规范。

我国体育赛事电视转播权近些年来才逐步开展，关于体育赛事电视转播权的规范制度尚未建立。2000 年年初，国家广播电影电视总局下发了《关于加强体育比赛电视报道和转播管理工作的通知》，该通知规定，奥运会、亚运会、世界杯足球赛、全运会、城运会和少数民族运动会在我国境内的电视转播权统一由中央电视台负责谈判和购买，其他体育比赛的电视转播权，各电视台应本着公平、合理的原则购买或转让。2000 年 3 月 31 日，国家体育总局下发的《关于电视转播权管理有关问题的通知》中明确指出，体育比赛的电视转播权属于比赛主办单位。为保障我国体育事业的发展，促进我国体育产业化、市场化的进程，我们认为应借鉴国际上的通行做法，对我国体育赛事电视转播权制度应尽快立法。①

七、体育冠名权

体育冠名权可以定义为：在体育领域内的特定主体将其所拥有的体育赛事、运动队（包含球队）、体育设施等具有社会认知性的所属物的命名权予以转让，从而给转让双方带来直接经济利益或商业机会的权利。

体育冠名权是一般冠名现象在体育领域的延伸，它可以追溯到 19 世纪 70 年代的美国，但直到一个多世纪以后我国本土才迎来第一例体育冠名权交易，即 1980 年 10 月举办的"万宝路广州网球精英大赛"，这也是我国第一次举办大型网球国际比赛。进入 20 世纪 90 年代，随着我国体育体制改革的发展，体育冠名权开始在我国男子足球甲 A 联赛中兴盛起来，并逐渐从足球项目扩展到篮排乒

---

① 汪全胜，戚俊娣. 体育赛事电视转播权转让的法律关系考察［J］. 武汉体育学院学报，2011（7）.

羽围象等其他项目，冠名载体也从球队延伸到体育赛事、体育场馆和体育节目。

1. 体育冠名权的性质

从权利的作用来看体育冠名权是一种无形资产；从权利产生的来源看体育冠名权是一种名称权；从权利产生的过程看体育冠名权是一种商品化权；从权利的实质来看体育冠名权是一种无形财产权。

2. 体育冠名权的法律特征

体育冠名权除具备一般无形资产的无形性、独占性、高效性、资源性、可转让性、依附性等基本特征外，还具有极易被忽略性、价值不稳定性、存在的终生性、收益的直接性、市场的依赖性、交易的平等性等其特有的特征。

3. 体育冠名权的法律构成

（1）体育冠名权的形式

在实践中，体育冠名权主要以两类形式冠名：

第一，"命名的权利"的冠名权，主要是体育运动队和体育设施两种，即包括冠名名称＋运动队名称和冠名名称＋设施名称。如上海"申花足球队"、北京"现代足球队"、南京"步步高电器体育馆"等。

第二，在前面冠以名称的权利的冠名权，主要表现在体育赛事方面，其形式是：冠名名称＋赛事名称。如 2004 年"西门子移动中超联赛"。"中超联赛"本来就已经是一个完整的赛事名称了，如 2005 年的中超联赛就没有冠以别的名称，就直接叫"中超联赛"。2004 年，由于西门子移动公司购买了"中超联赛"的冠名权，所以，在"中超联赛"前面冠上了"西门子移动"，故全称叫"西门子移动中超联赛"。

（2）体育冠名权的内容

体育冠名权的内容包括两个层次：一是冠名自身包含的权利，英语中便是命名的权利（naming rights）本身；二是伴随冠名而附带的相关权利，即为冠名商提供的其他相关服务产品。这便是体育冠名权权利的二维性。体育冠名权内容的这种二维性其实是冠名权历史发展演变的结果。

（3）体育冠名权的具体内容

根据体育冠名权买卖双方签订的合同，冠名商所获冠名权的内容可包括如下方面：

第一，体育冠名名称的抉择权，及所冠名称在相关新闻发布会、新闻宣传和报道中被自然曝光的权利；在特定场所、设施、位置、相关活动以及宣传资料、秩序册、门票、纪念品、礼品上设置或出现冠名名称及冠名企业标识，并在相关宣传报道中被自然曝光的权利。

第二，使用体育组织或团体徽记、名称或运动员肖像进行广告、企业形象设计、企业产品包装设计，及其他市场营销活动的权利。

第三，享有特定产品及服务类别的排他性权利，如"×××指定唯一专用产品"。

第四，享有体育赛事开展期间电视广告、场内广告、户外广告的优先购买权。

第五，享有体育赛事开展期间组织的相关文化活动及火炬接力等主题活动广告的优先购买权。

第六，被识别、鸣谢、礼遇及被授予相关荣誉称号的权利。

第七，排斥隐性不良市场行为，并受到法律保护的权利。

第八，双方商定的其他权利。

（4）体育冠名权的范围

目前市场上主要有如下几类体育冠名权：第一，体育赛事冠名权。第二，体育运动队（球队）冠名权。第三，体育设施包括体育场、馆、训练基地、训练中心等冠名权。此外，还有体育电视频道、节目冠名权；网站、报刊、杂志等的体育栏目冠名权等。

4. 我国体育冠名权开发过程中存在的问题

（1）体育冠名权开发尚未真正进入市场经济轨道

具体表现为：开发冠名权的主体法律地位不明确、行政干预现象严重。由于改革的不彻底，导致竞争环境恶劣，市场秩序混乱。而最有悖于改革精神的是各行业的全国协会组织，如足协，它既是协会组织，又是政府机关（俗称"二政府"）；既是市场开发主体，又行使行政管理权；既制定游戏规则，又参与游戏竞争。这与市场经济的发展方向严重地背道而驰。从大量冠名权交易的案例来看，很多体育冠名权交易都打上了行政干预的烙印。有的城市为了出政绩、打造所谓的"城市名片"，就违背市场规律动用行政资源，或以牺牲国有资产利益为代价。

从寻求冠名招商过程来看，还存在如下情况：一是权利意识不够。不懂得冠名权是自己固有的权利，不懂得开发冠名权、获得经济回报是应有之意、应得之利。二是市场意识不够。面对市场信心不足、腰杆不直，把冠名招商当成拉赞助，好像完全是"求人"的事，不知道冠名权交易是一种权利义务对等的商业行为；同时不懂得设计包装自己的冠名产品，更不善于向企业推销自己。从体育冠名权总体发展情况看，还存在发展不均衡、不稳定的情况。有些地方、有的行业已经尝到了开发冠名权的甜头，从而形成了"冠名经济"热；但是更多的地方、更多的行业的冠名权却根本未得到重视和开发。

（2）职业联赛水平较低，相应冠名权价值也不高

我国职业俱乐部联赛由于历史较短、竞技水平还比较低、管理还有许多漏洞，所以，相应的冠名权价格还比较低。一是赛事竞技水平较低；二是赛事的组织和管理水平低；三是赛程安排不合理，赛季过短，赛事过少，对冠名投资商缺少吸引力；四是无视广大球迷的情绪，动辄罢赛、暴力充斥，让许多球迷永远地离开了球场，离开了电视的国内体育频道；五是媒体环境不佳，没有取得媒体的支持和配合。

（3）违约现象严重，影响了体育冠名权的健康发展

有些冠名权开发主体特权思想严重，法律意识淡薄，把合同当儿戏，肆意破坏约定条款，拒不履行合同义务，对冠名商权益极不尊重，严重地刺伤了冠名商的心，严重影响了体育冠名权的健康发展。此外，大量隐性广告也在损害冠名商的权益。2001年4月，安徽丰原集团公司投资上千万购得的中国男篮队冠名权——"中国丰原国家男子篮球队"，合同刚签不到两个月时间，便因国家体育总局某领导"反对给国家队冠企业名"而被要求以"变通"的方法更改冠名内容，丰原集团对此表示强烈不满。在足球甲A联赛2002赛季前六轮的比赛中，由于没有电视转播，致使冠名商百事可乐公司损失上百万元，然而足协却拒绝了百事可乐的补偿要求，最后忍无可忍的百事可乐退出联赛。

（4）缺乏专业中介代理，体育冠名权开发操作不规范

体育冠名权交易是一件专业性很强的业务，但我国还没有专业能力较强的体育中介代理机构，体育冠名权的开发还处于较低级阶段。体育冠名权开发操作不规范，复杂交易简单化进行，专业操作一般处理。

（5）变换名称太快，冠名效果不明显

短期行为严重，频繁更换冠名。这种现象对于冠名合作双方来说都是极为不利的。美国四大职业联盟平均冠名合作期限是19年。而中国足球职业联赛前的"十冠王"辽宁队在职业化改革的10年间居然更换过11个不同的名称。这种短期的冠名，对于企业营销的效果是极其微弱的。这对于中国新兴的，开始走向市场、走向世界的企业的发展是极为不利的。

（6）关于体育冠名权的法律还是空白

到目前为止，我国法律中关于体育冠名权的法律还是空白。体育冠名权还未被法律确认为一种法定权利。体育冠名权开发、投资均处于没有明确法律保护的状态。

5. 我国体育冠名权保护的相关立法

（1）《体育法》的保护

在我国最重要的体育法规《中华人民共和国体育法》中尚没有关于体育冠名权的规定，与体育无形资产相关的只有第 34 条，该条明确规定："在中国境内举办的重大体育竞赛，其名称、徽记、旗帜及吉祥物等标志按照国家有关规定予以保护。"

（2）《合同法》等其他法律的保护

目前，体育冠名权转让一般通过签订合同来进行。因此，体育冠名权交易属于《合同法》调节的范畴。或者说，体育冠名权也受《合同法》保护。在法律对体育冠名权还没有明确规定的情况下，合同是维护各方利益、防止可能产生纠纷的有效方法。转让者与受让者之间通过订立严密的合同来明确规定双方的权利和义务，不仅可以限制和预防可能出现的各种纠纷，而且一旦发生权利纠纷，还可以为法院审理提供有力的证据。同时合同条款的约定可以使双方的权利义务明确，便于侵权后的责任追索。我国《合同法》对合同当事人的权利和义务有很具体的规定，它是均衡和保护各方利益最常用的手段。

此外体育冠名权还受《中华人民共和国民法》、《中华人民共和国民事诉讼法》、《中华人民共和国仲裁法》以及由国务院颁布的《地名管理实施条例》等的保护和调节。

（3）其他法规及政策的保护

1995 年，《体育法》颁布实施后，国家体育总局先后下发了《关于加强体育市场管理的通知》、《关于进一步加强体育经营活动管理的通知》、《体育产业发展纲要》、《体育经营管理办法》等法规和规章。此外，还有一些地方性法规。这都对体育冠名权的开发与保护发挥了一定的作用。

6. 我国体育冠名权法律保护现状分析

我国《体育法》没有关于体育无形资产的任何概念，更没有关于体育冠名权的任何规定。这是我国体育冠名权得不到应有保护的根本原因。

就整个体育产业的立法来讲，也仍然远远不能适应当前的形势需要。我国实施体育改革以来，体育产业已经得到迅速发展。但是，规范体育产业发展的配套立法却比较滞后，还停留在主要依靠行政手段进行管理的阶段。在国务院法制局出版的《中华人民共和国法律、法规汇编》中，涉及体育产业方面的法律、法规寥寥无几。关于体育产业发展方面的法律规范还只是一些部门规章，更多的是国家体育总局的文件、通知之类，这些虽然也是法律规范，但常常与工商、税务等部门的执法脱节，缺乏必要的权威性。对于正在蓬勃发展的体育职业联赛的产权界定也无明确规定，使得体育企业（主要是职业俱乐部）无法做到"责、权、利"统一，严重地影响着体育产业发展。

体育冠名权是一项重要的体育无形资产，要使其更好地为发展我国体育产业服务，为我国社会主义市场经济建设服务，就必须尽快制定相关法律，将其纳入法制化轨道。在依法理顺权、责、利关系之基础上，对其依法开发、依法利用、依法保护。当然，对于体育冠名权赖以依存的体育产业的立法也必须相应地予以加强。

7. 关于体育冠名权法律保护的建议与思考

（1）修改《体育法》，从根本上为体育冠名权发展提供保障

一是明确提出体育产业概念，明确规定国家支持和保护体育产业的发展；二是明确提出体育冠名权概念，规定相关保护措施，从而确立体育冠名权的法律地位，为体育冠名权的开发与利用提供法律保障。

（2）制定体育冠名权相关法规，使《体育法》中的条款具体化确保体育冠名权健康发展

应当制定保护体育冠名权的相关法规，把《体育法》的基本原则变成可以操作、便于施行的具体规范，实现对体育冠名权的法律覆盖和全方位调整。其内容可包括：明确主体地位，界定产权关系；明确体育冠名权的概念、性质、地位等；统一冠名权交易的相关程序。

（3）制定相关政策，鼓励和扶持体育冠名权的开发与发展

国家通过制定相关政策，包括投资政策、财税政策等，培育体育冠名权市场，为体育冠名权的顺利发展提供具体的政策支持。一是制定税收优惠政策，依法维护投资人的权益，鼓励企业进行体育冠名权投资，允许冠名费作为生产经营性开支，列入企业成本。对体育冠名收入实行免税等优惠政策，为冠名企业和体育的合作创造有利条件。二是制定相关政策，扶持、培育体育中介市场。三是制定相关政策，充分发挥媒体正面报道、烘托气氛以及舆论监督的功能，引导体育与媒体的充分合作，达到双赢。四是加大改革力度，完善职业俱乐部制度，使俱乐部彻底商业化，从而建立符合社会主义市场经济体制的俱乐部经营模式，完成职业体育由行政管理向法制调整的转变，促进我国职业体育健康发展，促进体育冠名权等体育无形资产产业的发展。[①]

---

① 武光前. 体育冠名权的法理透析［D］. 湖南师范大学硕士论文，2008.

此外，要建立全方位、立体化的监督体系和监督机制。体育行政部门是体育法规实施的执法监督部门，必须做到执法必严，违法必究，保障体育法规的顺利实施。鼓励、提倡广大人民群众和社会舆论的监督，以保证各项执法活动符合社会主义法制的要求，保障体育冠名权的健康发展。

第四节　我国奥运会运动员奖励制度

随着 2008 年北京夏季奥运会的胜利召开，我国竞技体育运动进入前所未有的鼎盛时期；而孙杨、叶诗文等人在 2012 伦敦奥运会上"零"的突破，则标志着我国在由"体育大国"向"体育强国"转变的道路上迈出了坚实的一步。不同项目的运动员获得奥运奖牌之后，国家体育总局、地方政府、企业都给予了不同程度的奖励，奖励的形式有奖金，有车子、房子等其他福利，运动员多年付出的汗水得到了回报。但是，这一奖励现象也引起了人们的关注与讨论。

有专家表示，地方政府和社会上对运动员的奖励，前者不提倡，后者应给予鼓励。然而，"不提倡"并没有让地方政府退缩，相反，某些地方政府出手越来越阔绰。2012 伦敦奥运会之前，云南省体育局就宣布，一旦该省选手获得金牌，省政府将重奖 100 万元，银牌、铜牌则分别奖赏 50 万元、30 万元。陕西省给出的数额是金牌 60 万元、银牌 30 万元。谬赏滥赏，也让公众产生"过度奖励"的质疑。给优秀运动员的奖励关乎公共利益。作为纳税人，人们有权对政府颁发奥运奖金等加以监督。

2012 年 7 月，网上出现传言，伦敦奥运会的获奖选手将会获得国家体育总局 50 万奖金的奖励。对此，国家体育总局新闻发言人于 2012 年 7 月 14 日表示："国家体育总局没有专门针对伦敦奥运会获奖运动员给予奖金奖励的计划和办法"。这一说法引起人们的争议。

长期以来，我国体育领域实行的举国体制，也就是集中全国人力、物力、财力攻坚，争取在奥运会等国际大赛上夺取更多奖牌。那么，对获奖运动员的奖励可以说是"制度框架下的有序激励"。① 假若没有专门的奖励方案，获奖运动员奖金从何而来？对优秀运动员的奖励应建立在一个公允透明的奖励标准上，"密室化操作"，抑或过度奖励，都会影响政策的公信力，损害民众信任。

一、奥运会运动员奖励概念及分类

1. 概念

奥运会运动员奖励是指为实现竞技体育的发展目标，对为取得奥运会优异成绩作出突出贡献的集体和个人付出的超额劳动，给予精神或物质形式的承认的一种激励导向手段。

2. 奥运会运动员奖励制度

奥运会运动员奖励制度是我国体育制度的重要构成部分，是国家对在奥运会中作出贡献的组织和个人给予奖励进行管理的有关法律、法规、政策等的总称。其实质就是竞技体育奖励制度，其目标是建立有利于竞技体育持续发展和实现奥运战略需要的人才培养和使用的激励机制。

3. 精神奖励和物质奖励

精神奖励，又称符号型奖励，是一种高层次的激励方式。一般是指授予荣誉称号等具有一定象征意义的符号，或对人的行为方式等予以认可、赞赏等作为奖励手段，旨在满足人的精神需要。

物质奖励，又称功利型奖励，是指以一定的奖金或者其他实物形式作为奖励手段，满足奖励对象的物质利益需要。物质奖励是对成绩水平予以承认的一种相对定量的反映，是尊重人才的物质体现。

精神奖励和物质奖励既有联系又有区别，因为奖励本身就具有精神和物质的双重含意。从奖励价值角度来看，绝大多数精神奖励都有"含金量"，精神奖励的等级越高，它所具有的"含金量"越大。因为运动员、教练员获得精神奖励时，必然会引起他们的地位和待遇的良性转变，荣誉地位必然变为其他更直接地用于进一步取得其他资源的条件。例如获得资源的优先配置权等。精神奖励的力度越大其奖励效果越好，但物质奖励的效果并非总是如此，过大的物质奖励有时会产生不利

---

① 奥运获奖，应有明晰的奖励标准［EB/OL］. http://news.sina.com.cn/o/2012 - 07 - 16/053924780490.shtml.

的影响。改革开放以前，我国竞技体育奖励是以精神奖励为主，物质奖励为辅；改革开放以后有所变化，既重视精神奖励，同时又不断加大物质奖励的力度。

二、我国历届奥运会运动员的奖励情况

1. 前奥运会时期我国对运动员的奖励状况

新中国成立后很长时间内，我国并没有参加奥运会，因此无从谈起对奥运会运动员颁发的奖金，但是通过借鉴同时期内我国对国内优秀运动员的奖励标准，依旧可以从整体上看出运动员获得奖金的数额的变化情况。

1957 年，我国对国内各级运动会各种竞赛项目每名团体奖的最高价值规定为：全国运动会 80 元，省、自治区、直辖市运动会 30 元，省辖市运动会 15 元，县运动会 5 元。同时规定了各级运动会各种运动项目的个人奖励办法：全国运动会上前三名运动员其成绩高于一级运动员成绩标准者，除奖给奖章、奖状外，还可奖价值 10～20 元的奖品；各省、自治区、中央直辖市运动会上前三名运动员其成绩达到一级运动员标准者，除奖给奖章、奖状外，还可奖价值不得超过 8 元的其他奖品；省辖市运动会可奖奖章、奖状和其他适当奖品，但每名奖品的平均价值不得超过 1 元；县运动会可奖适当奖品，但每名奖品的平均价值不得超过 5 角。1963 年，我国还建立了对优秀运动员的补贴制度，制度共分 4 级，补贴标准依次为每月 25 元、15 元、10 元和 5 元。[①]

2. 奥运会时期国家对运动员的奖励状况

（1）1984 年洛杉矶奥运会

"文化大革命"结束后，我国参加的第一届奥运会是 1984 年的洛杉矶奥运会，这届奥运会中国体育代表团实现了在奥运会上金牌"零"的突破，且总成绩名列前茅，在全国引起巨大轰动。为此，国家对奥运健儿进行了特殊的奖励。国家体委、劳动人事部、财政部颁发了《参加第 23 届奥运会运动员、教练员奖励办法》。办法确定的运动员物质奖励基数为：获得金牌的运动员奖励 4000～8000 元，获得银牌的运动员奖励 2000～4000 元，获得铜牌的运动员奖励 1000～4000 元。

（2）1988 年汉城奥运会

1987 年我国颁布了《运动员、教练员奖励暂行办法》，其中指出自 1984 年

---

① 卢志成. 我国奥运会运动员奖励制度实施研究 ［J］. 成都体育学院学报，1998（4）.

以来，因我国职工平均工资水平逐年增加，奥运冠军的奖励金额自然随之相应增加，调整的最低限度必须保证奥运冠军奖励的金额与当年职工平均工资之比（即奖励的人均工资相对强度）不低于以前的水平。其中还对教练员、陪练员以及其他训练工作保障人员的奖励金额进行了明确规定，可见我国正在逐渐完善奥运会奖励制度。在汉城奥运会上，国家体委给予金牌选手奖金 1.5 万元。但是，中国选手一共只夺得 28 枚奖牌（5 金、11 银、12 铜），5 枚金牌仅位列金牌榜的 11 位。

（3）1992 年巴塞罗那奥运会

1992 年巴塞罗那奥运会，随着我国经济的迅速发展，颁发给奥运会运动员的奖金额度也大幅度提高，对于在这届奥运会上获得冠军的运动员，可一次性获得突出贡献津贴 5000 元，另外还可以获得 50000～80000 元的奖励；获得银牌的奖励则提高到 25000～50000 元，铜牌则是 20000～30000 元，获得第四名至第八名的运动员依次奖励 2000～10000 元不等。最终中国健儿们创造了多个优秀的成绩，夺取 54 枚奖牌（16 金、22 银、16 铜），以 16 枚金牌重回金牌榜第四位。这届奥运会国家体委的奥运奖牌奖金额也首次突破百万元人民币大关。

（4）1996 年亚特兰大奥运会

从 1992 年至 1996 年 4 年间，由于全国工资变化不大，因此对在亚特兰大奥运会上表现突出的运动员的奖励没有发生太多变化。国家体委保持 1992 年奥运会奖励标准，中国选手夺得 50 枚奖牌（16 金、22 银、12 铜），金牌数也与上届奥运会持平，继续在金牌榜名列第四位。

（5）2000 年悉尼奥运会

1998 年，原"中华人民共和国国家体育运动委员会"改组为"国家体育总局"，改组之后的 2000 年悉尼奥运会，国家体育总局为冠、亚、季军分别开出 15 万、8 万、5 万元的奖励标准。中国运动员在悉尼奥运会共夺得 59 枚奖牌（28 金、16 银、15 铜），28 枚金牌让中国首次跃居金牌榜第三位，仅次于美、俄两个体育强国，国家体育总局为此支出的金牌奖金支出也从 4 年前的 100 万元飙升至 420 万元。

（6）2004 年雅典奥运会

2004 年雅典奥运会，国家体育总局制订的奖励标准再次提高为：冠军 20 万元、亚军 12 万元、季军 8 万元。在这一届奥运会上，中国代表团共夺取 63 枚奖牌（32 金、17 银、14 铜），一举超越俄罗斯，跃升至金牌榜第二位，仅次于美国的 35

枚金牌。2004 年国家直接拨款的奥运专项奖金总额最终达到 3133 万元人民币。[①]

（7）2008 年北京奥运会

2008 年北京奥运会，国家体育总局将每一块奖牌的奖金都做了大幅度的提升，其中金牌达到 35 万元、银牌 21 万元、铜牌 14 万元。经国务院批准，财政部门对第 29 届奥运会组委会、国际奥委会、中国奥委会以及有关奥运会参与者实行税收优惠政策，其中参赛运动员因奥运会比赛获得的奖金和其他奖赏收入可免征个人所得税。在双重奖励的影响下，中国代表团在本土夺得 100 枚奖牌（51 金、21 银、28 铜），51 枚金牌超越美国的 36 枚，首次在奥运金牌榜上位列第一名。

（8）2012 年伦敦奥运会

2012 年伦敦奥运会，为了鼓励运动员保持北京奥运会的水准，彰显我国在后奥运时代取得的骄人成绩，国家体育总局再次提高奖金额度，冠军奖金达到了 50 万元人民币。除了冠军外，亚军和季军的奖金也有一定涨幅。所有项目排名前八的运动员，都将享受到奖励。[②] 在这届奥运会上，中国代表团共夺得 88 枚奖牌（38 金、27 银、23 铜），列金牌榜第二位。

另外，国家在给予运动员物质奖励的同时，也给予了精神奖励。国家体育总局授予在 2012 年伦敦夏季奥运会上获得金牌、创造世界纪录的 49 名运动员体育运动荣誉奖章，授予获得银、铜牌的 54 名运动员体育运动一级奖章。

中华全国总工会授予在 2012 伦敦夏季奥运会上获得团体金牌的中国男子体操队、中国女子重剑队、中国男子乒乓球队、中国女子乒乓球队 "全国五一劳动奖" 奖状，授予易思玲等 32 名获得金牌的运动员 "全国五一劳动奖" 奖章。

共青团中央、全国青联授予在 2012 伦敦夏季奥运会上获得团体金牌的中国男子体操队、中国女子重剑队、中国男子乒乓球队、中国女子乒乓球队 4 个青年集体 "中国青年五四奖章集体" 称号，授予易思玲等 28 名运动员 "中国青年五四奖" 奖章。

全国妇联授予首次获得奥运金牌的易思玲等 14 名女运动员 "全国三八红旗手" 荣誉称号，授予获得奥运金牌的中国女子重剑队、中国女子乒乓球队 "全国三八红旗手集体" 荣誉称号。

[①] 胡利军，付晓春. 奥运会奖励分析 [J]. 山东体育学院学报，2006（2）.

[②] 中国奥运奖牌奖励概览 [EB/OL]. http：//sports. 163. com/12/0820/18/89CE42MS00051 CAQ. html.

3. 各地方政府、社会团体及企业对运动员的奖励情况

（1）地方奖励政策差异明显，奖励力度整体高于国家奖励

地方奖励指省、市、县级政府或地方社会团体对籍贯在本地区的优秀运动员代表国家在奥运会上获得奖励名次、创纪录或有其他突出贡献所颁发的各种奖励。

由于在奥运会上获得奖励名次的运动员有极大的社会效应，同时奥运会成绩可纳入全国运动会计分体系，这就使得各地方对奥运奖励也极为重视。各省、自治区、直辖市以及基层政府、体育局也对奥运会取得成绩的运动员和其他训练管理有功人员进行奖励。

地方政府是奖励的实施主体，虽然国家对地方性奖励没有明文规定，但地方的奖金或物质奖励一般都不低于国家奖励，有的地方甚至几倍于国家奖励。以雅典奥运会的省市奖励情况为例，最高的云南省对于获得金牌运动员的奖金为150万元，最低的辽宁、河北等省为30万元，也明显高于国家奖励的20万元。上海市根据运动员获得的奖牌数来进行奖励，获得一枚金牌奖50万元，两枚金牌奖120万元，三枚金牌奖180万元。河北省的奖励机制相对较为完善，不仅考虑到运动员，还将教练员也纳入奖励范围，只要运动员获得奥运会参赛资格，就有2万元的奖金；获得奖牌，将获3万元到30万元不等的奖励；教练员的奖励金额和运动员一致。在北京奥运会时，陕西运动员秦凯和郭文珺获得金牌，省政府的奖励达100万元。山东省的奖金也为100万元。江西省除了维持雅典时50万的奖金不变外，再加上一套价值50万元的住房等。由此可见，根据地方的经济情况及对体育的重视程度不同，其对运动员的奖励金额也各不相同。

（2）社会奖励多种多样，多重奖励且数额巨大

过去我国对于奥运会取得优异成绩运动员的奖励主要是国家奖励，社会奖励占极少部分。近些年社会奖励作为国家职能部门以外的企业单位或个人所给予受奖人的一种奖励，是并存于政府奖励的一种奖励现象，是对我国现行竞技体育奖励制度的有效补充。

随着市场经济的发展和体育社会化程度的加深，一些知名企业逐渐认识到体育在宣传、广告方面的重要作用，企业通过优秀运动员良好的公众形象和社会影响力达到宣传自己品牌的目的。大量企业出巨资奖励在奥运会上获得优异成绩的运动员，不仅通过运动员的形象提高群众的亲和度，增加企业和产品的知名度，而且通过赞助、奖励等形式容易摆脱人们对企业传统唯利是图的形象，树立良好的公众形象，这些都是企业对奥运会获得奖牌运动员进行奖励的重要动机。目前

一些较为固定的社会奖励包括：霍英东体育基金奖牌奖、曾宪梓体育基金金牌奖、美的中国游泳运动奖励基金等。

霍英东体育基金奖牌奖。1984 年 10 月，香港富豪霍英东博士宣布捐赠一亿港元设立"霍英东体育基金"，霍英东体育基金对每届奥运会（夏季奥运会和冬季奥运会）获得奖牌的中国运动员进行奖励，其中金牌得主获一枚重 1 千克的金牌和 8 万美元，银牌得主获重 250 克的金牌和 4 万美元，铜牌得主获重 150 克的金牌和 2 万美元。"霍英东体育基金"作为奖励的金牌有时也用等重的黄金或者黄金市价折价的现金代替。

曾宪梓体育基金金牌奖。2008 年 9 月，北京奥运会申办委员会顾问，香港金利来集团有限公司董事局主席曾宪梓博士捐赠 1 亿港元与国家体育总局联合设立曾宪梓体育基金会，并设立奥运金牌奖金，对在第 29 届、第 30 届、第 31 届和第 32 届奥运会上获得金牌的中国内地运动员进行奖励，每届的奖金为 2500 万港元左右。

美的中国游泳运动奖励基金。2009 年 11 月 26 日，美的与国家体育总局游泳运动管理中心开启了"美的中国游泳运动奖励基金"活动，美的集团品牌管理部总监董小华宣布将每年投入 100 万元人民币用于持续性奖励为中国游泳运动作出突出贡献的个人及团队。此次设立奖励基金是国内首个以企业牵头的运动奖励基金，同时也是目前游泳运动中数额最高的奖励。

1992 年巴塞罗那奥运会以后，社会各界，尤其是企业和个人对奥运冠军的奖励剧增。大量的个人、企业和社团成为体育奖励的实施主体，极大地突破了此前少数企业、个人介入体育奖励的状况，他们对获得奥运会金牌的运动员和教练员给予奖金、奖品和特殊优惠待遇。在近几届奥运会后，越来越多的国内知名企业都加入奖励奥运冠军的行列，除了给予现金奖励外，还赠送价值百万元的住房和高档汽车，而且大量的企业决定用奥运冠军做自己的形象代言人或者请他们拍广告等，运动员由此而带来的商业收入更为可观。由此可见，随着社会经济和体育事业的发展，社会奖励呈现出多样化特点，并且已经成为对奥运优秀运动员的重要奖励部分。

三、我国奥运会运动员奖励制度的沿革

我国给予优秀运动员的精神和物质奖励最早可以追溯到新中国成立初期。当

时，新中国刚刚成立，百废待兴，国人急需要寻找一个突破口来向世界证明昔日的东亚病夫已经发生质的变化，中国已经成为富有朝气的新国家。在这种情况下，党中央和中央政府选定竞技体育作为突破口，力图通过体育来展现新中国的面貌。因此，为了激励优秀运动员奋勇拼搏、为国争光，我国在 1955 年颁布了《国务院关于批准各项运动全国最高纪录审查及奖励制度的通知》，规定了给创全国最高纪录的运动员颁发奖章和奖状；紧接着，又在 1957 年颁布了《国家体委关于各级运动会给奖办法的暂行规定》，对各级运动会的奖励办法、奖品作了较详细规定。

1963 年，国家体委、劳动部、财政部本着思想政治工作和物质鼓励相结合的原则，联合颁发了《优秀运动员运动技术补贴试行办法》，这是第一次明确提出要给予优秀运动员一定的生活补贴，是对我国运动员奖励制度的有力补充。但是随着"文化大革命"在全国范围内的开展，《优秀运动员运动技术补贴试行办法》被认为是物质奖励，在 1965 年被停止执行。运动员的奖励制度被严重破坏，各项工作都无法顺利进行下去。[①]

"文化大革命"结束后，1978 年 12 月恢复实行了《优秀运动员运动技术补贴试行办法》，紧接着在 1979 年 4 月国家出台了《国家体委、国家劳动局关于实行体育津贴的通知》，对曾经创造过世界纪录、获得过世界冠军和达到世界锦标赛前三名（田径、游泳前六名）水平的运动员给予一定津贴。

进入 20 世纪 80 年代后，随着改革开放的开展，中国重返奥林匹克大家庭竞技体育在社会主义现代化建设中的作用更加突出，成为社会主义现代化建设的必要组成部分，因此为了进一步促进竞技体育事业的发展，国家体委于 1981 年 12 月颁发了《关于表彰和奖励优秀运动员、教练员的通知》。在这个文件中，除规定继续对运动员执行运动技术补贴外，还颁发荣誉性奖章，同时加大了物质奖励力度。

为了使奖励制度更规范、更完善，1982 年 11 月国家体委、财政部、劳动人事部联合颁发了《优秀运动员教练员奖励试行办法》和《优秀运动员奖励试行办法实施细则》的通知，对优秀运动员的奖励条件、奖励等级及奖励内容作了新规定。

1984 年洛杉矶奥运会是改革开放后我国参加的第一届奥运会，国家体委、

---

① 卢志成. 我国奥运会运动员奖励制度实施研究［J］. 成都体育学院学报，2008（4）.

劳动人事部、财政部联合颁发了《参加第 23 届奥运会运动员、教练员奖励办法》(1984)，这是我国第一次为奖励奥运会运动员而颁布的奖励制度，从此我国对奥运会运动员的奖励逐渐规范起来。[①]

1987 年，国家体委、人事部和财政部又联合颁发了《运动员、教练员奖励暂行办法》。在该奖励办法中，根据比赛的等级将奖励分为 5 类，突出了对奥运会项目、重点项目、优势项目的奖励和在奥运会、世界锦标赛等重大比赛中取得优异成绩运动员的奖励，同时奖励力度也较 20 世纪 80 年代初有大幅度提高。

在 20 世纪 80 年代，我国集中出台了多个文件来规范对优秀运动员的奖励措施，这些文件当然涵盖了奥运会的范围。除上述两个文件外，出台的文件还有：1981 年《关于运动员参加国际比赛奖金、奖品的处理试行办法》，1985 年《关于运动员在国际比赛中获得国外奖金、奖品的处理规定》，1988 年《关于参加国际大奖赛的单位提成办法》和 1989 年《关于国家直属各企事业单位、单项体育协会通过体育广告、社会赞助所得奖金、奖品暂行规定》等。[②]

进入 20 世纪 90 年代后，我国经济实力大幅增强，地方和社会也参与到对奥运会运动员的奖励中来，为了规范奖励，避免地方和社会参与所带来的负面影响，国家体委于 1992 年 3 月颁布了《关于国家直属各企事业单位、单项体育协会通过体育广告、社会赞助所得奖金、物品管理暂行规定》。

1995 年颁布实施的《中华人民共和国体育法》第一章第 8 条规定："国家对体育事业中作出贡献的组织和个人，给予奖励。"这种奖励包括精神奖励和物质奖励。

1996 年亚特兰大奥运会前夕，国家体委、人事部再次颁发了全新的《运动员教练员奖励实施办法》，同时还颁发了《社会捐赠（赞助）运动员、教练员奖金管理暂行办法》。《社会捐赠（赞助）运动员、教练员奖金、奖励品管理暂行办法》规定：捐赠（赞助）给参加亚洲及亚洲以上综合性运动会运动员、教练员及有功人员的奖金、奖品，由中国奥委会设立的专门小组接收。捐赠（赞助）的奖金按不低于 70％奖励运动员、教练员及其他有功人员，其余部分留作单项体育协会发展基金。

时至今日，我国对奥运会运动员奖励的实行总体仍是按照 1996 年颁布的奖

---

① 郭惠平，卢志成. 我国优秀运动员奖励政策的实施研究［J］. 武汉体育学院学报，2007 (2).

② 卢志成. 中国优秀运动员奖励制度的沿革及实施现状［J］. 嘉应学院学报，2005 (6).

励制度进行的，只是随着社会的发展对某些细节作一些改动。

四、我国现行奥运会运动员奖励制度所存在的问题

1. 奖励主体模糊，层次不清

由于现行制度只规定了国家一级奖励主体对运动员的奖励办法，而地方各级的奖励办法则由地方政府自行制订实施，上报国家体育总局备案即可，这便使得从国家到地方的各级奖励缺乏必要的系统设计和内在关联。奖励主体地位不明，各项奖励层次不清，实施工作呈现出无序随意的状态。一旦运动员在奥运会上夺得金牌，国家奖、省市奖、县镇奖、党政机关奖、社会团体奖、企业奖、个人奖便会多头并进、纷至沓来。由此也引发了一些弊端：一是奖出多门耗费国家和社会的大量资财；二是各施各法造成不当攀比和恶性竞争；三是对于积极参与奥运奖励的企业无法从制度上明确其作为奖励主体的地位并辅以相应的鼓励措施回报，以便更广泛地调动社团、企业长期参与奖励的积极性，以拓宽奖励资金的来源渠道和节约国家财政支出。

2. 奖励资金来源渠道不宽

我国奥运奖励资金的来源主要有三种：一是中央与地方财政拨款；二是企业的赞助，运动队（员）以广告或冠名权形式回报企业；三是民间的无偿捐赠。由于我国体育管理实行"举国体制"，多数运动项目和运动员的市场化程度不高，因此财政拨款一直且在今后较长时期仍然是政府奖金的主要来源。而企业的赞助、奖励多属随机行为。除霍英东与曾宪梓两位香港富豪每届奥运会后都慷慨解囊外，更多企业图的是"借鸡（机）生蛋"，在奥运会期间向奥运选手许以重奖，借机造势宣传自己，但真正兑现的并不多。韩春利等人对我国现行奥运争光计划激励机制存在的问题调查研究显示，激励资金缺乏、资金发放不及时，分列各类问题的第一位和第四位。[①]

3. 精神奖励对象较窄

奖励就其内容而言，可分为物质奖励与精神奖励。有效的激励机制应当是充分考虑激励对象的客观需要，使物质激励和精神激励有机结合。但近年来，受市场经济注重物质利益驱动的影响，奥运奖励制度实施过程中出现物质奖励盛行，

---

① 韩春利，孙晋海，曹莉等. 我国奥运争光计划激励机制研究［J］. 天津体育学院学报，2004（5）.

精神奖励不足，甚至被忽视的弊病。

通过近几届奥运会情况的对比分析发现，无论是国家级奖励还是地方奖励，对非冠军选手的精神奖励明显不足。按照现行奖励政策，国家对奥运会选手的物质奖励分为 8 级，除冠军选手外，第二名至第八名选手均获相应奖金，但是国家级的精神奖励却只针对金牌选手，其他名次基本没有相应的精神奖励。各级地方政府的奖励办法也大体上与此相同。而企业、个人等民间奖励目前仅有物质奖励，并无精神奖励。调查发现，这种以直接的、刺激性强的"有形物"作为奖励目标的做法，极易造成奖励对象，尤其是青少年运动员的错觉，即把奖励简单与"奖多少钱"画等号，诱发物欲和拜金主义。①

4. 奖励的时效性短

我国现行政策的奖励一般采取一次性发放形式，较少考虑激励的时效性和连续性。由于研究滞后，有关部门至今仍缺乏终生性奖项的实施办法和政策规定，导致奖励对象产生"心理惰性"，从而降低了奖励的持久激励水平。近几届奥运会后一些功成名就的运动员"见好就收"，这在一定程度上说明时效性短的奖励，难以帮助奖励对象有效克服心理惰性。比如庄泳 20 岁退役，唐灵生 25 岁离开举坛，王军霞 23 岁急流勇退，龚智超 24 岁挂拍等。虽然过早退役者都有着诸多可以理解的缘由，但在付出超人的牺牲和取得超人的成绩之后，却不能获得终生性的持久回报，这不能不说是重要而直接的影响因素之一。显然，过多的运动员早退役现象产生对我国竞技体育的可持续发展是极其不利的。而国外一些优秀运动员却能长年地保持高水平的竞技状态，这不能不引起我们的深思。如在 5 届奥运会上连续卫冕的英国人雷德克里夫；在 7 届奥运会都有奖牌进账，素有"冠军奶奶"之称的德国人菲舍尔等。

五、对我国现行奥运会运动员奖励制度的建议

1. 加强制度建设

当前我国优秀运动员奖励制度建设与创新的首要任务，是从中国的实际出发，依据现行体育管理体制的特点，系统设计和科学构建奖励制度体系，使奖励制度的各要素、奖励资金来源、奖励力度、奖励主体、奖励内容、奖励对象、奖

---

① 易剑东、李海燕. 当代我国体育奖励体系的形成与发展 [J]. 山东体育学院学报，1996 (4).

励依据与奖励方式及其相互关系相对稳定而动态发展，以适应社会经济和竞技体育的发展要求。

2. 建立奖励基金

为了长期吸引企业捐赠、赞助、奖励运动员，拓宽奖励资金来源渠道，解决部分奖励资金筹集困难的问题，国家对此除了出台相关管理办法外，更要有相应的优惠政策鼓励与回报企业，并最终通过这一方式使奖励资金来源多元化，把社会捐赠、赞助及奖励给运动员的所有财物由国家统一接收、管理，进而设立体育奖励基金，最终依靠社会力量来奖励优秀运动员，节省国家资财。这一点国外的经验可以借鉴，如德国奥运会金牌奖励由体育援助基金会奖励，意大利奥委会从体育彩票收入中专门设立奥运选手奖励。

3. 将奖励纳入社会保障体系

为了建立优秀运动员激励的长效机制，可以考虑与运动员的社会保障体系并轨连接。一是根据各运动项目的特性、运动员的技术级别及贡献差异，建立多层次、多类别的薪金补贴制度，把当前利益与长远利益有机结合；二是完善优秀运动员保险制度，可将相关险种作为奖励内容，如奖励伤残保险、医疗保险、失业保险、养老保险等，关心和保护运动员的切身利益；三是把奖励同优秀运动员的退役就业安置挂钩，比如继续执行奖励职业培训、入学机会的做法等。

4. 加强思想教育引导

基于当前奖励制度偏重物质奖励及由此带来的一些负面效应，在对优秀运动员进行奖励的同时，加强思想政治工作就显得尤为重要。通过思想教育提高运动员的精神境界，把满足人的精神需要作为调动人的积极性的一种奖励方式。通过思想教育端正运动员的训练动机，防止有奖则灵、无奖不行的错误倾向。通过思想教育明确运动员的劳动贡献，使运动员进一步懂得并处理好满足需要与承担义务之间的辩证关系。

（本节材料由 2009 级公共事业管理专业吴珂、向相逾、陈西子、张志鑫同学搜集整理。）

第六章　体育彩票法律问题

　　目前在世界范围内博彩业主要包括彩票、赛马、赌场三个层面的内容。博彩是一种博得各种中奖机会的游戏活动，而彩票只是进行博彩活动所需要借助众多工具中的一种，两者之间是包含和被包含的关系。体育博彩与体育彩票之间的关系亦然，体育博彩业是以体育项目为载体，并以此发行彩票进行博彩的行业，体育彩票业是体育博彩业的主体行业。虽然目前中国大陆经政府批准的、合法的博彩种类只有彩票一种，但我们不能因此简单地认为体育彩票等同于体育博彩。①

第一节　我国体育彩票立法历程

一、体育彩票的概念和性质

1. 体育彩票的概念

　　《彩票管理条例》第 2 条规定："本条例所称彩票，是指国家为筹集社会公益资金，促进社会公益事业的发展而特许发行、依法销售，自然人自愿购买，并按照特定规则获得中奖机会的凭证。"这是我国目前最具权威性的立法上的彩票概念。

　　在我国彩票业中，有福利彩票和体育彩票两种彩票类型，两类彩票的发行、组织销售的主体不同。国务院民政部门、体育行政部门按照各自的职责分别负责

---

① 武珏. 我国体育彩票业发展中的法律问题及对策研究［D］. 中国政法大学硕士学位论文，2010.

全国的福利彩票、体育彩票管理工作。其依法下设的福利彩票发行机构、体育彩票发行机构，分别负责全国的福利彩票、体育彩票发行和组织销售机构。

对于体育彩票的概念，学界没有统一认识。立法上对体育彩票的概念进行过界定的主要有：(1) 国家体育总局于 1994 年颁布实施的《1994—1995 年度体育彩票发行管理办法》，该办法规定的体育彩票是指：以筹集国际和全国性大型体育运动会举办资金等名义发行的、印有号码、图形或文字的、供人们自愿购买并能够证明购买人拥有按照特定规则获取奖励权利的书面凭证，无论其具体称谓和是否标明票面价格，均视为体育彩票。(2) 国家体育总局、财政部、中国人民银行于 1998 年联合制定的《体育彩票发行与销售管理暂行办法》中对体育彩票的界定："为筹集体育事业发展资金发行的，印有号码、图形或文字，供人们自愿购买并按照特定规则取得中奖权利的凭证。"

分析上述概念可以得出：除了发行、销售主体不同之外，体育彩票区别于福利彩票的特点有：(1) 发行目的特殊：国家以发展体育事业为目的发行体育彩票；(2) 筹集资金分配不同：从目的特殊直接决定了筹集资金的用途不同，即通过发行体育彩票筹集到的公益金一般主要用于发展体育及其他相关事业。

参照《彩票管理条例》中彩票的概念，本文将体育彩票定义为：体育彩票是国家以发展体育事业为目的而发行的，供自然人自愿购买并依特定规则获得中奖机会的凭证，其所筹集的资金主要用于支持体育及相关公益事业。所谓特定规则，是指具体彩票游戏品种的游戏规则以及条例关于开奖、兑奖的相关规范。

2. 体育彩票的性质

(1) 公益性

国家发行彩票的首要目的是为了筹集资金发展社会公共事业，而筹资功能也正是彩票最主要的功能。国家利用彩票强大的社会集资功能，将筹集到的资金用于社会公益事业，以弥补国家发展公益事业资金的不足。公益性是彩票的根本属性。

彩票所具有的公益性使得彩票与赌博划清了界限。正如有学者所言："两者主要表现在介入游戏的主要资金所有权的转移方向不同，彩票在通过满足人们改变个人现状的主观愿望的同时，也通过筹措社会公益金而直接提高了社会整体利益，而这些是赌博所不具备的。"[①] 此外，赌博在返奖率、中奖率、开奖频率等方面都远高于彩票，容易加剧人们的投机心理，诱发道德风险。总之，国家发行

---

① 赵豫. 我国体育彩票法律制度探析 [J]. 体育学刊，2003 (3).

彩票，集社会闲散资金发展公益事业，而赌博中的财富全部落在赌徒手中，对社会有害无益。

体育彩票发行初期宣传的是"取之于民，用之于民"，这决定了体育彩票本身具有公益性的特点。我们最早认识的公益性是由体育彩票特性和自身本质所决定的。政府把发行体育彩票作为扩大财源、发展体育事业的经济手段，发行的目的是为了实施全民健身计划。彩票资金再分配包括公益金、发行管理费和奖金（购票人中奖）。按现行政策，体育彩票公益金占销售额的 35%，其中每年上缴中央比例达到 18%～20%，留在体育彩票销售省的约为 15%～17%。国家把每年发行体育彩票所得公益金的 60% 用于全民健身，为全国众多城市推广健身提供财力。这说明体育彩票的发展在很大程度上补充了体育事业发展中的经费不足。体彩中心公布数据显示：截至 2008 年年底，仅国家体育总局利用本级体彩公益金就建设了全民健身路径 8727 个、雪炭工程 258 个、全民健身活动中心 132 个、全民健身活动基地 22 个、优秀体育公园 12 个，为全民健身事业的顺利开展发挥了重要作用。另外，体彩公益金积极参与体育之外的社会公益行动。2008 年即开型体育彩票公益金中央集中部分筹集了 6.8 亿元支持汶川地震灾区灾后重建。

（2）垄断性

彩票业的发行由国家垄断，彩票背后强大的政府信誉构成了彩票筹资功能的支柱，由政府保证彩票的公正有效以及中奖者的兑奖得以实现。我们通常将由国家发行的合法的彩票叫做"公共彩票"（简称为"公彩"），"公彩"除了国家发行的意思之外，公平、公正亦是其中之意。而作为"公彩"的对立面"私彩"，即由私人或非国家特许机构组织为自身经济利益而发行的，这本身为国家所禁止，不具有合法性。私彩实质上就是非法赌博活动。体育彩票自身所具有的公益性和公信力，与竞技体育赌博存在本质区别，这也是大多数国家选择允许发行体育彩票而禁止赌博的重要原因。[①]

二、我国体育彩票立法历程

1. 我国体育彩票发展历程

旧中国的体育彩票是随着西式赛马产生的，当时也称为"马票"，主要在上海、天津、武汉等大城市进行。马票的种类分"摇彩"、"位置"、"连位"等。新

---

① 沈明学. 体育彩票之立法研究 [D]. 重庆大学硕士论文，2006（4）.

中国成立后，赛马被停止，彩票在中国沉寂了半个世纪之久。

新中国体育彩票起步自 1984 年，其特点是以解放思想、更新观念为突破口，以市场经济发展为依托，以骨干队伍和管理体制的建设为两翼，迅速腾飞。由于彩票事业自身的特点和政府的高度重视，我国体育彩票一直保持着持续发展的态势，大致经历了以下三个阶段：①

第一阶段：1984 年—1994 年，是发行体育彩票的探索阶段

这个阶段，没有专门的机构管理体育彩票。国务院授权中国人民银行监管，实行"年度审批，额度管理"。各省市体育部门牵头组织发行，发行的数额较小，发行的收益用于发展地方体育事业。发行的品种单一，只有传统型彩票和即开型彩票。发行方式采用分散发售与规模发售两种方式。

第二阶段：1994 年—2000 年，是体育彩票重大变革阶段

1994 年，体育奖券被正式更名为中国体育彩票，由国家统一发行。其特点是全国的体育彩票实行"三统一"，即由国家体委"统一印制、统一发行、统一管理"，发行收益仍然用于各级体育部门发展体育事业。全国统一发行后，国家体委成立了体育彩票管理中心。中心成立后，出台和下发了很多规定、办法，对彩票市场起到了规范的作用。

第三阶段：2000 年以后，中国体育彩票进入了快速发展期

随着体育彩票发行量的急剧增长和其社会影响的日益扩大，国务院对彩票工作提出了"加强监管、整顿机构、改进工作，降低发行费用，适度扩大发行，提高筹资比例，新增加的资金收入要用于补充社会保障基金"的明确要求。

2. 对我国体育彩票立法发展历程的概括

从我国"1984 年北京国际马拉松赛"发行体育奖券（也就是体育彩票的最初雏形），到 1994 年国家批准正式发行体育彩票再到目前为止，20 余年来中共中央办公厅、国务院、财政部、国家税务总局、国家体育总局、中国人民银行等六个部门分别颁布了一系列规章制度对我国体育彩票市场进行管理，以实现逐步走上法制化道路的目标。我们可以将体育彩票的立法归纳概括为以下三个阶段：

第一个阶段：体育彩票相关法规制定的孕育阶段

1984 年—1993 年，共颁布了 3 条有关奖券、彩票的法规。主要针对的是奖券的规范化发行和加强福利彩票的市场化管理。1985 年 3 月 4 日国务院发布的

---

① 马金凤. 中国体育彩票的发展与改革分析 [J]. 湖北体育科技，2003 (3).

《关于制止滥发各种奖券的通知》主要目的是制止工商企业滥发彩票、奖券、礼品券的现象，因其奖品质量低劣在社会上已经造成了不良影响；《国务院关于加强彩票市场管理的通知》（1991 年 12 月 9 日由国务院发布）、《关于进一步加强彩票市场管理的通知》（1993 年 5 月 5 日由国务院发布）这两条法规都主要是针对彩票的市场管理。虽然其间所进行的任何体育奖券销售都是筹集重大体育赛事的资金，为举办政府、单位减轻经济负担，但根本性问题是：当时我们国家还没有正式批准发行体育彩票，对于我们的体育彩票的相关内容、规定根本就还没有具体地涉及，并且以上的都还仅仅是一些通知。对于发行体育彩票我国还处于探索阶段，所以说对体育彩票的法律、法规这一个新鲜事物的制定至多是"孕育"了。

第二个阶段：体育彩票相关法律法规制定的探索学习阶段

1994 年—1998 年这 5 年间，总共颁布了 11 条法律法规，主要是对体育彩票基本情况、发行、市场、税收、财务、审计、奖品组织、个人所得税、体育彩票公益金管理等方面进行详细的介绍和规定，且大量规章制度的制定还吸纳了国外体育彩票发行管理处于前列的国家的先进经验。1994 年 3 月，国务院发出了《国务院办公厅关于体育彩票等问题的复函》，这一管理法规的发出标志着我国在全国范围内发行体育彩票的开始，这也标志着我国即将告别各工商企业各自为政的体育奖券发行状况，同时也是我国体育彩票发行史上的重大转折点，实行了国家体委对体育彩票的统一发行、统一印制及销售额度的统一分配，各省、自治区、直辖市及计划单列市体委具体负责当地体育彩票的销售管理。但就总体而言，虽然我们开始发行体育彩票了，也相应地颁布了一系列规章制度，但是我们仍然还处于摸着石头过河的体育彩票法律法规的探索阶段。

第三个阶段：有中国特色的社会主义体育彩票法律法规的制定阶段

2000 年 12 月，财政部下发了《关于同意国家体育总局发行足球彩票的批复》，批准 2001 年试点发行足球彩票；2002 年 11 月，为打击以"六合彩"、赌球等形式进行的赌博活动，财政部、公安部、工商总局、民政部、体育总局五部门联合发出《关于坚决打击赌博活动、大力整顿彩票市场秩序的通知》。

2003 年 6 月，国家体育总局下发的《关于下发 2003 年体育彩票公益金用于实施全民健身计划使用原则及分配比例的通知》中，强调了要将体育彩票所得的公益金用于捐建体育场地设施和体育健身器材、群众体育组织建设、资助开展群众健身活动和举办综合性运动会、开展全民健身宣传工作、检查体育彩票公益金援建项目实施情况、制定群众体育管理法规等工作。

2009 年 4 月 22 日经国务院第 58 次常务会议通过，《彩票管理条例》颁布实施。《彩票管理条例》对加强彩票管理，规范彩票市场发展，维护彩票市场秩序，促进社会公益事业发展，具有十分重要的意义。

首先，《彩票管理条例》是一部行政法规。从法律层级上讲，它是我国最高行政机关——国务院颁布的，它的法律地位低于全国人大及常委会颁布的法律，但高于行政规章和地方性法规等。所以，原有行政规章和地方性法规、规章等和该条例相抵触的，都得服从该条例。

其次，它是一部管理色彩浓厚的行政法规。我国自 1987 年开始发行彩票，彩票的发行对社会公益事业的发展发挥了促进作用。但是，随着彩票发行规模的不断扩大和彩票发行品种的不断增加，尤其是在"西安宝马案"、"河北邯郸盗窃金库案"、"北京七星彩弃奖案"等在媒体上相继曝光后，社会上要求用法律手段管理彩票市场的呼声越来越高，所以，该条例应运而生。从条例的名称上看，也反映出条例具有浓重的管理这一特点。

再次，它是新中国历史上第一部系统规范彩票管理工作的行政法规。1991 年国务院曾发布《关于加强彩票市场管理的通知》，但是，它不像该条例这样系统规范了彩票的管理体制、运作原则、发行销售、开奖兑奖、安全管理、风险防范、资金监管以及法律责任等内容。可以说该条例的颁布是中国彩票发展史上的一个里程碑，填补了中国彩票立法的空白，为彩票事业的健康发展夯实了制度基础，并将对中国的社会公益事业产生积极而深远的影响。

最后，它使射幸合同法律关系得以确立。彩票法律关系是在彩票机构和彩票购买者之间建立起的一种射幸合同关系，其特点是具有"以小博大"的输赢概率。《民法通则》和《合同法》没有规定射幸合同，因此赌债等射幸契约关系不受民事基本法律的保护。该条例第一次确立了射幸合同法律关系的合法性，但仅限于彩票法律关系。[①]

为贯彻落实《彩票管理条例》，经国务院批准，财政部、民政部、国家体育总局联合发布了《彩票管理条例实施细则》，自 2012 年 3 月 1 日起施行。《彩票管理条例实施细则》以《彩票管理条例》为依据，对《彩票管理条例》相关术语、条款作了进一步解释、细化和补充。

《彩票管理条例》对财政部门、民政部门、体育行政部门以及彩票发行机构、

---

① 彩票管理条例解读　中奖彩民隐私权如何保护？http://news.xinhuanet.com/legal/2009－06/19/content_11566187.htm

彩票销售机构的职责作了原则规定：财政部门负责彩票监督管理工作，民政部门、体育行政部门分别负责福利彩票、体育彩票管理工作，彩票发行机构负责全国的彩票发行和组织销售工作，彩票销售机构负责本行政区域的彩票销售工作。

按照《彩票管理条例》规定的职责分工，在进一步归纳梳理有关部门"三定规定"的基础上，结合彩票管理和发展实际情况，《彩票管理条例实施细则》对财政部门、民政部门、体育行政部门以及彩票发行机构、彩票销售机构的职责作了详细规定。

《彩票管理条例实施细则》首次对于"非法彩票"有了明确界定，除了人们传统意义上的"未经授权的彩票"属于非法彩票以外，在《彩票管理条例实施细则》第7条界定的4类非法彩票中还包括"未经彩票发行机构、彩票销售机构委托，擅自销售的福利彩票、体育彩票"。这样就意味着，通过电话、互联网等尚未合法化的渠道销售的彩票也属于非法彩票的范围。

《彩票管理条例实施细则》还明确规定，彩票发行机构、彩票销售机构、彩票代销者及其工作人员不得违背彩票中奖者意愿，不得以任何理由和方式要求中奖者捐赠中奖奖金。

为了规范和加强彩票公益金筹集、分配和使用管理，健全彩票公益金监督机制，提高资金使用效益，根据《彩票管理条例》和《彩票管理条例实施细则》的有关规定，财政部对2007年发布的《彩票公益金管理办法》进行了一系列修订。较之于2007年的文件，修订后的《彩票公益金管理办法》更为细化，包括总则、收缴管理、分配和使用、宣传公告、监督检查共5个章节，分为27条。

修订后的《彩票公益金管理办法》中，对"收支两条线"进行了调整。根据规定，彩票公益金被专项用于社会福利、体育等社会公益事业，按照政府性基金管理办法纳入预算，实行"收支两条线"管理，专款专用。换言之，彩票发行销售部门只有筹集彩票公益金的义务，不具备分配彩票公益金的权利。

本次修订将部分彩票公益金用于补充社保基金的规定在《彩票公益金管理办法》中单列成条。其中，在第11条规定：中央财政安排用于补充全国社会保障基金的彩票公益金，由财政部每年根据国务院批准的彩票公益金分配政策核定预算支出指标，并按照有关规定拨付全国社会保障基金理事会。

在中央与地方公益金的配比方面，原文件中规定，各省、自治区、直辖市彩票机构分别上缴给中央财政和省级财政的彩票公益金，按照中央与地方50∶50的比例分配。新的条文中将"50∶50"修订为"根据国务院批准的彩票公益金分配政策和财政部批准的提取比例"。这一调整，使得中央与地方50∶50的彩票公益金配比关系被打破。

第二节　体育彩票中的法律关系

法律关系是法学的基本范畴，体育彩票法律关系包括体育彩票主体、体育彩票客体和体育彩票内容。其中体育彩票主体是：体育彩票发行方、销售方和购买者。发行方是国家体育总局下属的体育彩票管理中心；销售方主要是地方各级体育彩票管理中心，此外还包括由省级体育彩票管理中心委托的体彩代销商；购买者主要指购买体育彩票的自然人。实践中，"国家体育总局下设的体育彩票管理中心（负责发行和组织销售）——地方各级体彩管理中心（负责组织销售或自行销售）——省级体彩管理中心委托代销商（负责销售）——彩民（购买彩票）"。

体育彩票法律关系的客体主要表现在物（例如体育彩票票证、中奖奖金）和行为（与体育彩票有关的各种服务）上。

法律关系的内容主要指各主体之间的权利义务关系。体育彩票法律关系是一种多重的法律关系。其内容主要是指在发行、销售、开奖兑奖等不同阶段中相应法律关系主体之间的权利义务关系。

一、体育彩票票面上的双方法律关系

1. 买卖合同关系

国家体育总局下属的体育彩票管理中心与彩民之间形成的是民法上的买卖合同。在这个合同中，彩民享有的权利主要是公平交易权。民事法律关系以平等自愿为原则，不得强买强卖。彩票购买者有权要求并监督彩票的发行方遵循公开、公正、公平的原则进行相关活动。体育彩票发行方所享有的主要义务即保证彩票购买者的权利得以实现，具体包括按照约定时间、地点、方式发行彩票；保证彩票开奖即产生中奖号码的过程做到公开、公平、公正。

2. 该合同属格式合同

根据合同法基本理论：格式合同的使用者一般在经济上或法律上处于较强势的地位，该当事人为与不特定多数人进行交易而预先拟定重复使用的合同或条

163

款。缔结合同的对方当事人对于格式合同或条款只能表示全部接受或不接受，而无任何协商余地。国家体育总局彩票管理中心根据授权具有体育彩票行业垄断发行的权力，相比广大彩民而言具有法律上的强势地位。

作为体育彩票的唯一发行机构，彩票管理中心不可能与每一个购买彩票的自然人协商游戏规则，只能提前拟定并报财政部审核批准。彩民只要购买彩票，就视为全部接受游戏规则，没有协商余地，这些包括兑奖期限在内的游戏规则随后也就变成了彩票购买者与发行方之间彩票合同的主要内容。因此，彩票背面的"购票需知"是格式条款。彩票合同的定性也应当是合同法上的格式合同。

二、体育彩票运行中的三方法律关系

由于体育彩票票面上仅体现彩票的发行方，彩票销售方的法律地位无形中被忽略，但在彩票的实际运行中，销售是必不可少的环节。彩票的销售方将体育彩票的发行方和购买者紧密联系起来，其作用十分重要。笔者在此简要说明体育彩票销售方与发行方、购买者之间的关系，以期读者对体育彩票的法律关系有一个完整的认识。

1. 体育彩票发行方与销售方之间的关系

首先，体育彩票的发行方和销售方，即国家体育总局彩票管理中心与地方各级体育彩票管理中心之间，是一种行政委托关系。行政委托是行政主体在其职权范围内，将某项职权委托给其他机关、社会组织或个人行使的法律行为。[①]

国家体育总局彩票管理中心由于自身人力、物力有限，一般将具体销售彩票的工作委托给地方体育彩票管理中心负责。根据行政法学理论，在行政委托中，受委托组织的职权来自于行政主体，其职权必须以委托的行政主体的名义行使而不能独立行使，受委托组织的行为后果归于委托的行为主体。体育彩票销售方接受发行方的委托，负责体育彩票的销售和管理工作而无权发行体育彩票。体育彩票的发行方——国家体育总局体育彩票管理中心作为委托方将承担彩票合同最终的义务和责任。

其次，地方各级体育彩票管理中心除了可以自行销售体育彩票之外，省级体育彩票管理中心还可以将销售彩票的权利委托给具备一定资质的代销商。在这里省级体育彩票管理中心和代销商之间同样存在行政委托关系。彩票代销合同从本

---

① 张树义. 行政法学 [M]. 北京：北京大学出版社，2005.

质上将属于行政合同。实践中由国家体育总局制定《体育彩票代销合同范本》，在体育彩票代销合同中，地方各级体育彩票管理中心则按照该合同范本与彩票代销商之间签订代销合同。彩票的代销商与彩票的其他销售方一样，也不是独立的彩票法律关系当事人，其仅仅是以体育彩票发行方、销售方的名义履行销售职能。承销商通过销售彩票来获取手续费和佣金，对外产生的权利义务仍然由彩票的发行方——国家体育总局彩票管理中心来承担。

2. 体育彩票销售方与购买者之间的关系

体育彩票的销售方与体育彩票购买者之间是典型的平等主体间的买卖合同关系。在销售过程中，体育彩票销售方宣传彩票构成要约邀请，彩票购买者支付价款购买彩票构成要约，销售方将彩票给彩票购买者构成承诺，销售阶段的彩票合同至此成立。和大多数买卖合同相同，作为买方的体育彩票的购买者所享有的权利主要有选择权、公平交易权等；彩票销售方的义务则主要是为彩票购买者提供相应的服务，如对体育彩票中奖情况的公布、对游戏规则的说明等。

综上所述，体育彩票是国家为筹集资金发展体育事业的有效方式，体育彩票所具有的公益性和公信力使它与竞技体育赌博存在本质区别。明确体育彩票业中的各种法律关系，尤其是彩民在这些法律关系中所享有的权利，是研究现存体育彩票业法律问题的前提和基础。①

第三节　典型案例分析

一、西安宝马体育彩票案

2004 年 3 月 24 日，西安各大媒体同时刊发了本月 23 日在体彩摸奖中刘亮中"宝马"的消息。但是正当刘家准备领取"宝马"时，体彩工作人员说刘亮所持的彩票是假的。刘亮爬上 6 米多高的体彩广告牌铁架，对体彩中心的说法提出质

---

① 武珏. 我国体育彩票业发展中的法律问题及对策研究 [D]. 中国政法大学硕士学位论文，2010.

疑。随着公安机关的介入，浙江籍个体体彩承包商杨永明勾结社会闲散人员骗领宝马轿车的事实逐渐浮出水面，造成震惊全国的"西安即开型彩票销售欺诈案"。此次体彩发售的承包商杨永明供认，在彩票销售中，每次抽奖，他都会把装有宝马车大奖的信封拿出来。彩民上台摸奖的时候，只有他的同伙才能够抽到宝马车。而在刘亮参加的那次抽奖中，杨永明在调包时拿错了信封，这才让刘亮幸运地抽到宝马车。经过西安警方的努力侦破，涉嫌诈骗的体彩发行商杨永明及同伙孙承贵、岳斌、王长利、刘晓莉和制作假彩票冒领大奖者刘先奎、黄四清等犯罪嫌疑人相继落网，主要犯罪事实已查清，体彩造假案真相大白。2004 年 12 月，西安市中级人民法院作出一审判决，体彩承销商杨永明犯诈骗罪、行贿罪被判处有期徒刑 19 年，伙同杨永明实施诈骗的孙承贵犯诈骗罪、盗窃罪被判处 17 年，王长利、岳斌、刘晓莉、白勤生等人分别被判处有期徒刑一年半至三年。[①]

　　西安宝马体彩案的发生，对全国年收入已超过 500 亿元的彩票业（体彩和福彩）的创伤及其负面影响之大，是前所未有的。该案件将我国即开型彩票发行、销售、管理、监督公证等诸方面的问题几乎全部暴露出来。该案虽已结案，主要涉案人员也已受到法律制裁，但掩卷而思，围绕该案的一些相关问题还有值得研究和探讨的地方。

　　1. 西安宝马体彩案中的彩票发行承销合同是否有效

　　陕西省体彩中心于 2003 年聘用杨永明为省体彩中心即开发行部的业务主管，2004 年陕西省和西安市体彩中心分别于 2 月 17 日、3 月 18 日与杨永明签订了《中国体育彩票即开规模型销售承销合同》，承销合同即承包销售合同。合同显示：体彩中心旱涝保收获得 1% 的彩票发行费；杨永明则自负盈亏承担其中的一切经济风险，获得 11% 的发行费。因此，杨永明又多了一个承包商的身份，这种双重身份为杨永明违法犯罪提供了有利的条件。

　　我国《合同法》第 52 条规定："有下列情形之一的，合同无效：（1）一方以欺诈、胁迫的手段订立合同，损害国家利益；（2）恶意串通，损害国家、集体或者第三人利益；（3）以合法形式掩盖非法目的；（4）损害社会公共利益；（5）违反法律、行政法规强制性规定。"

　　杨永明以承包买断，掌握了彩票销售、兑奖的全过程，利用被委托人的身份和省、市体彩中心违规授予他的权力，在彩票销售过程中，勾结他人，采用欺骗

---

① 李加奎. 从西安宝马案看体育彩票的法律思考 [J]. 体育科技文献通报，2008（10）.

手段，冒领大奖，严重损害了国家利益和广大彩民的利益。根据《合同法》第52条第（1）项，就可以判定该承销合同无效。由于公安机关已查明杨永明向省、市体彩中心部分官员、工作人员等人行贿和这些官员、工作人员等受贿的犯罪事实，这就证实，省、市体彩中心已不仅仅是违规操作、用人失察的问题，而是明知杨永明不具备承接任何一项彩票发行任务的法人资质条件，明知按规定不能将彩票发行与销售等重要环节承包给私人，但却与杨永明另有交易，通过相互行贿、受贿，恶意串通，故意违反规定，签订该承销合同，蓄意损害国家利益和广大彩民的利益。根据《合同法》第52条第（2）项的规定，该承销合同即应归于无效。

因此，陕西省、西安市体彩中心违反规定与杨永明签订的承销合同，根据我国《合同法》的规定，属于无效合同。2004年7月12日，陕西省政府查处"3·25宝马体育彩票案"，领导小组组织第二次补抽大奖，不仅仅是为了取信并抚慰彩民，也是以事实宣布省市体彩中心与杨永明的承销合同无效，由政府承担省市体彩中心发行和销售彩票的过错责任而采取的补救措施，以保证彩民的经济利益不受损失。[①]

2. 宝马彩票案的后果

西安"宝马彩票案"揭露出我国公证业与彩票管理体制中存在的危机和缺陷，人们对公证机构和公证员的公正性产生了质疑，国家公信力遭到极大破坏。

为了恢复国家公信力，整顿和规范公证活动，国家一方面严厉查处了"宝马彩票"，追究了有关人员的法律责任，对受害人的权益给予了充分有效的补偿。另一方面，国家在更为根本的制度和体制方面进行了改革完善。2004年5月29日，司法部颁布《开奖公证细则（试行）》，进一步明确公证人员的现场监督职责，维护开奖活动秩序和社会公众利益。同年12月25日，我国第一部《公证法（草案）》正式提请全国人大常委会审议。可以说，公证活动的整饬，相关法律法规的陆续出台，都是"宝马彩票案"的后续效应。[②]

二、国家体育总局挪用体育彩票公益金案

2004年时任国家审计署审计长的李金华在向全国人大常委会作年度审计工

---

① 郁俊、邹钧人. 西安宝马体育彩票案相关法律问题分析与思考［J］. 天津体育学院学报，2005 (4).

② 冉井富. 2004年法治大事记 http：//www. iolaw. org. cn/showNews. asp？id＝16285.

作报告时指出：国家体育总局下属体育彩票管理中心向其投资设立的中体彩科技发展有限公司和中体彩印务技术公司（分别负责体育彩票的发行和印刷）支付体育彩票发行的费用超过实际需要，在扣除全部成本费用后，两公司获利高达5.58亿元。135.75亿元彩票公益金在收缴中央财政后"直接拨付相关部门安排使用"，而没有纳入中央财政预算。2006年国家体育总局因擅自挪用2787万元彩票公益金炒股而被国家审计署查处。国家体育总局体育彩票管理中心集体育彩票的发行、销售、资金使用、监管于一身，将体育彩票的大部分收益收入囊中。

1. 垄断性的发行体制存在诸多问题

目前我国体育彩票的发行体制采取的是国务院审批、财政部监管、国家体育总局管理、国家体育总局下属的体育彩票管理中心具体发行的方式。

根据1998年国家体育总局颁布的《体育彩票发行和销售管理暂行办法》规定，国家体育总局是全国体育彩票的管理机构，负责体育彩票市场的统一管理工作。体育彩票管理中心根据国家体育总局的授权，具体承担体育彩票的统一发行、印刷、编制并实施发行和销售额度计划、制定技术规则与管理制度等工作[①]。

根据2009年《彩票管理条例》第6条的规定："国务院民政部门、体育行政部门依法设立的福利彩票发行机构、体育彩票发行机构分别负责全国的福利彩票、体育彩票发行和组织销售机构。省、自治区、直辖市人民政府民政部门、体育行政部门依法设立的福利彩票销售机构、体育彩票销售机构，分别负责本行政区域的福利彩票、体育彩票销售工作。"进一步明确了彩票的发行权在中央，地方彩票机构无权发行彩票，其主要承担彩票的销售职责，充分体现了我国彩票发行权由中央政府垄断。具体而言，中国体育彩票由国家体育总局体育彩票管理中心垄断发行。

在彩票发行上，除了涉及发行彩票的体制外，还涉及彩票的具体品种问题。由于彩票具体品种的发行关涉彩票市场的稳定，国家对此采取了审慎的态度。根据《彩票管理条例》的第7条至第12条的规定，彩票发行机构申请开设、停止体育彩票的具体品种或者申请变更彩票品种审批事项的，应当依法定程序报财政部批准。财政部根据彩票市场健康发展的需要，按照合理规划彩票市场和彩票品种结构、严格控制彩票风险的原则，对彩票发行机构的申请进行审查。此外，经批准开设、停止彩票品种或者变更彩票品种审批事项的，属于彩票发行机构法定

---

① 朱玲等.体育博彩论［M］.成都：四川科学技术出版社，2008：40.

的信息公开的范畴。因维护社会公共利益需要，在紧急情况下，财政部还可采取必要措施，决定变更彩票品种的审批事项或者停止彩票品种。①

我国体育彩票的发行由国家体育彩票管理中心所垄断，垄断意味着没有竞争，缺少优胜劣汰的机制，发行主体创新体育彩票种类、提高彩票竞争力的动力明显不足。由于我国彩票市场上两大类彩票在内涵上没有实质性区别，体育彩票只是体育部门发行销售的彩票，没有与福利彩票相区别的品牌特色。体育彩票的种类过于单一，体育内涵不充分，没有充分利用体育项目作为载体，这在很大程度上减少了体育彩票业的吸引力，影响了我国体育彩票业市场规模的进一步拓展。

体现体育彩票特色的足球彩票发展面临困境。足球彩票是我国目前体育彩票发行部门发行的仅有的真正意义上的体育彩票。它是以足球比赛为彩票游戏媒介，由购票者预测比赛结果，并以实际比赛结果为彩票兑奖依据的一种体育彩票。我国足球彩票的竞猜对象主要为意大利甲级联赛和英格兰超级联赛等比赛。足球彩票较其他彩票而言，对彩民的足球知识，特别是对意甲和英超的了解程度要求较高。对于足球运动涉猎不深的人，国外的球队强弱及比赛胜负对他们缺少吸引力，这使得足球彩票让部分彩民望而却步，因为一个不知道这些球队强弱的人完全靠猜测得到奖金几率甚微，因此他们情愿把钱买足球彩票之外的其他彩票一试运气。我国体育彩票仅仅存在的这一特色玩法也没能突显出体育的魅力，唯一的优势收效却不显著。

2."政企不分"的销售体制

我国现行彩票销售是国家体育总局体育彩票管理中心负责全国范围内的体育彩票组织销售工作，各省、自治区、直辖市的人民政府体育行政部门依法设立体育彩票销售机构负责本行政区域的体育彩票的销售和管理工作。

具体而言，省级体彩销售中心负责组织本省销售额度的申请、分配以及对各级承销单位的销售管理；地市级体育行政部门设立相关部门主要负责协调本地区体育彩票的销售管理、销售方案的监督执行。区县级体育行政部门设立专兼职管理干部，将体育彩票的销售管理列入市场管理部门职能。彩票销售实行属地管理，取得体育彩票销售权的地区不得跨地区销售彩票。与我国目前现有的垄断性

---

① 马宏俊、武珏．中国体育彩票法律规制的起源、现状和趋势［A］//2009年体育法国际学术大会论文集：313-314.

的发行机制相对应，我国体育彩票销售体制依然以政府为主导。《彩票管理条例》第 15 条规定："彩票发行机构、彩票销售机构可以委托单位、个人代理销售彩票。彩票发行机构、彩票销售机构应当与接受委托的彩票代销者签订彩票代销合同。福利彩票、体育彩票的代销合同示范文本分别由国务院民政部门、体育行政部门制定。彩票代销者不得委托他人代销彩票。"立法上首先明确规定了对彩票仅可代为销售，即禁止对体育彩票的销售进行包销，由体育彩票的发行方——国家体育总局体育彩票管理中心来承担销售彩票的所有后果。

这种销售体制存在的问题主要有以下几点：

（1）委托代销合同中，代销商的资格与委托方享有的权利均不明确

省级体彩销售中心可以将销售彩票的权利委托给符合一定条件的代销商，但 2009 年颁布的《彩票管理条例》并没有对代销商的资格做出明确具体的规定。根据 2003 年财政部发布实施的《即开型彩票发行与销售管理暂行规定》第 15 条之规定，被委托单位需具备以下条件：具有民事行为能力的法人；没有违反国家法律法规的不良记录；具有一定经济实力、知名度和良好的社会声誉。不难看出，法律对于彩票代销者的资质规定是很空泛的。立法上对现实生活中数以万计的彩票投注站这一重要的彩票市场参与主体的资质缺少统一规定。

（2）彩票宣传功利性较强

《彩票管理条例》第 18 条明确规定："彩票发行机构、彩票销售机构、彩票代销者不得有下列行为：进行虚假性、误导性宣传；以诋毁同业者等手段进行不正当竞争；向未成年人销售彩票；以赊销或者信用方式销售彩票。"从目前体育彩票销售市场上看，彩票代销商在体育彩票的销售过程中，较少会做出上述几种违反法律的行为。但彩票代销商会因为过分追求经济效益的最大化，做出"头等奖的奖金是数百万"、"本投注点售出的彩票共出几个大奖"等诸如此类功利性较强的宣传性标语，对公益性的宣传内容十分有限。由于体育彩票本身所具有的博彩性，如果彩票宣传角度不正确，很容易诱发人们的投机和赌博心理，从而偏离国家发行体育彩票的本意。

（3）销售人员素质不高，业务能力有限

彩票业的发展给社会提供了大量的就业岗位，缓解了社会压力。但另一方面，我国彩票销售队伍大多由文化水平较低的下岗工人组成，他们大多没有体育和彩票方面的专业知识，业务能力有限。销售是体育彩票产业中的重要一环，优秀的彩票营销人才在我国十分匮乏，这种情况不利于我国体育彩票业的发展。

3. "运动员与裁判员一体"的监管体制

通过发行彩票获得资金以用于发展体育事业是国家发行体育彩票的根本目的。彩票资金包括彩票奖金、彩票发行费和彩票公益金。彩票公益金就是彩票销售总额减去返还给中奖者的彩票奖金和彩票发行部门的发行费用所剩下的资金。体育彩票公益金具体指经国务院批准,从体育彩票销售额中按规定比例提取的专项用于发展体育事业的资金。

(1) 体育彩票资金的分配体制及问题

现有立法对彩票资金的比例没有做具体规定,只是原则性地指明,"彩票资金构成比例由国务院决定,彩票品种中彩票资金的具体构成比例,由财政部按照国务院的决定确定"。彩票的返奖率和彩票单注奖金的最高限额关系着国家对广大彩民购买彩票的引导,返奖率和单注奖金过高,容易诱发投机心理,反之则打击彩民的购彩热情;彩票发行费用的高低在一定程度上反映出国家发行彩票的成本,体现了国家用彩票进行融资的运行效率。公益金的额度,是对政府部门发行彩票兴办公共事业的要求。

从过去的立法中寻求彩票奖金的分配依据:1999年的《体育彩票财务暂行规定》规定,公益金在体育彩票总额中的比例不得低于30%。公益金按预算外资金管理办法纳入财政专户,实行收支两条线管理。奖金在体育彩票销售总额中的比例不得低于50%。发行成本费在体育彩票资金总额中的比例不得高于20%。其中国家体育总局提取一定比例的印制发行费,用于体育彩票的印制、运输和发行费用等,其余由地方分级提留使用。

2001年《国务院关于进一步规范彩票管理的通知》第5条规定:"从2001年1月1日起,彩票发行资金构成比例调整为:返奖比例不得低于50%,发行费用比例不得高于15%,彩票公益金比例不得低于35%。今后随彩票发行规模的扩大和品种增加,进一步适当调整彩票发行资金构成比例,降低发行费用,增加彩票公益金。"根据该法律条文规定,目前我国彩票所得资金中大约50%用于返奖,35%提取公益金,15%为发行费用。我国彩票的发行费用由原先的不高于20%变成了15%,发行费用较先前降低。但与其他彩票业较发达国家7%~8%的发行费用相比较,我国彩票业的发行费仍过高,仍存在降低发行成本的空间。

(2) 体育彩票公益金的流向及问题

用于社会公益事业发展的公益金如何提取、分配和使用,是公益金管理中的关键。我国的彩票是以公益事业为导向,这主要以其收益所承载的目的定位的。

在公益金的使用上，我国的体育彩票和福利彩票所筹集的资金也主要是用于发展体育事业和福利事业。

我国体育彩票公益金的使用：根据1998年《体育彩票公益金管理暂行办法》之规定，主要用于落实《全民健身计划纲要》和《奥运争光计划纲要》以下范围的开支：资助开展全民健身活动；弥补大型体育运动会比赛经费不足；修整和增建体育设施；体育扶贫工程专项支出。这条规定指明了发行体育彩票所得的公益资金的分配方向，体育彩票筹资功能的指向性非常鲜明，这也成为全民健身活动和大型体育赛事使用体育彩票公益金的法律依据。

但是在实际的资金运用上，各级体育行政部门或专门管理机构，按照程序向同级财政部门申请公益金支出计划时，有一些项目到底是全民健身还是奥运争光计划，没有具体的界定标准。而且在很长一段时间里，我国体育事业的发展一直呈现"重竞技、轻素质"的现象，这体现在彩票公益金的使用方向上也存在偏差。体育公益金主要投向了竞技体育领域，而对于与广大人民群众密切相关的全民健身方面的投入较少。各部门出于对自身利益的考虑，对全民健身的资金没有固定的预算比例，也没有具体规定，随着国民经济的增长或体育彩票公益金的总数的增加而增长。有些公益金监管部门在编制预算时编制内容不够细化、完整，预算执行存在随意性。①

（3）体育彩票的监管及问题

按照国务院2001年发布的《关于进一步规范彩票管理的通知》规定，财政部负责监督彩票的发行和销售活动；会同民政部和国家体育总局研究制定彩票资金使用的政策，监督彩票资金的解缴、分配和使用。

目前我国彩票业监管体制是：国务院（负责审批）——财政部（负责监管）——国家体育总局下设的体育彩票管理中心（负责发行、组织销售以及对公益金的管理和使用）。由此可知，中央财政部是法定的监管机关。由于财政部与民政部、国家体育总局之间是平级单位，作为全面监督彩票运行的监督机关，财政部自身又缺乏一个庞大的监督机构，监督实效非常有限。

实践中，财政部对彩票业的监管具体由财政部综合司的彩票管理处负责，与国家体育总局体育彩票管理中心这个正司级的被监督者相比较，彩票处的监管职

---

① 黄怀权. 论全民健身活动中管理和使用体育彩票公益金存在的问题与对策［A］. 载于于晓光. 体育法制与体育强国建设［M］. 沈阳：辽宁教育出版社，2009.

权明显分量不足，效果可想而知。财政部在制定彩票相关的政策规章时，需要体育彩票管理中心的配合才能得到贯彻实施。体育彩票管理中心有权制定与体育彩票发行和销售有关的政策，"既当运动员又当裁判员"。在地方，各省级的财务部门甚至连专门对体育彩票进行监管的机构都未设立，很难落实监管职责。

目前国家体育总局是体育彩票公益金管理的行政职能部门，负责对全国公益金的管理和监督检查；地方各级体育行政部门是本地区公益金管理的行政职能部门，负责对本地区公益金管理和监督检查。虽然立法上一再强调彩票公益金不得用于平衡预算，发行费用结余不得用于补充民政、体育部门的行政经费。但是目前我国体育彩票和福利彩票资金的使用公开性、透明度仍然不够；挪用资金、贪污腐败的案件屡有发生，滥用彩票公益金的现象十分严重。

国家发行彩票以其强大的政府信誉为后盾，一旦彩票的公益金管理出现问题，将严重损害政府信用，使政府形象在人民群众的心中大打折扣。彩民对政府失去信任，进而对政府所倡导发展的彩票业失去信任，这对彩票业的发展是致命的。体育彩票公益金管理得好，将钱用到提高全民体育素质的刀刃上，就会推动我国体育事业的发展。反之，如果公益金的管理出现问题，违背体育彩票发行"取之于民、用之于民"的根本宗旨，那么体育彩票业也就失去了存在的根基。体育彩票资金管理中的监管环节不可缺失，只有严格、规范的监管存在方能使体彩业良性、快速地发展。

三、安徽汪亮解案

2007 年安徽籍民工汪亮解因返乡错过了国家体育彩票管理中心在彩票上设定的 28 天的领奖时限，他所中得的北京市七星彩 500 万元大奖成为弃奖。汪亮解要求北京市体彩中心支付兑奖，体彩中心以超过兑奖期限为由拒绝。汪亮解向法院提交诉状，理由是这个规定属于格式条款，不公平不合理，且该期限没有以适当的方式通知彩民，应当不具有约束力，要求确认体彩中心作出的 28 天兑奖期限无效。北京市第一中级人民法院审理认为，"本彩票以当期开奖次日起 28 日为兑奖期，逾期不再予以兑奖"这一条款已经明确印在了彩票上，据此，驳回了汪亮解的诉讼请求。该案在当时广受社会关注。[1]

---

[1] 错过 500 万大奖者一审败诉后期待二审 [EB/OL]. http://news.sina.com.cn/s/2008-11-14/.

1. 彩票兑奖期限

对于体育彩票发行销售机构而言，彩票购买者无疑处于弱势地位。《彩票管理条例》的出台，在一定程度上使彩民的权利有了制度保障。条例第 1 条规定："为了加强彩票管理，规范彩票市场发展，维护彩票市场秩序，保护彩票参与者的合法权益，促进社会公益事业发展，制定本条例。"开宗明义地说明制定意图在于保障广大彩票参与者的权利。第 25 条规定："彩票中奖者应当自开奖之日起 60 个自然日内，持中奖彩票到指定的地点兑奖，彩票品种的规则规定需要出示身份证件的，还应当出示本人的身份证件。逾期未兑奖的视为弃奖。禁止使用伪造、变造的彩票兑奖。"将兑奖日期由原先的 30 日延长至 60 日，是 2009 年《彩票管理条例》中最大的亮点之一，体现了保护彩票参与者合法权益的立法宗旨。但巨额奖金被弃事件在条例实施后仍屡屡发生。实践证明，立法上规定的 60 日的兑奖期限，仍然不能充分保障彩民权利。

对于兑奖日期，美国马萨诸塞州法第 32 条规定：如果中奖彩票的奖金没有被认领，从开彩中奖之日算起，由总监为中奖者保留一年奖金。如果在一年中无人认领，则该笔奖金按照分配彩票收入的方式予以分配。在美国加州的《彩票法令》中则规定，产生奖金的抽奖之后或者博彩结束之后 180 天之内，博彩者都有权领奖。为了能够兼顾保障彩民利益和监督其及时行使兑奖权利，参照美国立法，笔者认为，我国法律对于兑奖期限的规定还可以适当延长：从目前的 60 日延长至半年或者一年。

此外，相对于巨额大奖，彩票小奖的弃奖情况更为普遍。现实生活中，弃奖金额较大时往往会引起社会各界的广泛关注。事实上，弃奖的奖金并非只有那些受到万众瞩目的大奖，生活中发生的更多情况是较为零散的小金额弃奖，这些奖金看似不大，但积少成多，如果将全国销售站点的弃奖金额统计起来，是一笔非常可观的金额，而这笔巨额款项极易淡出公众的视野，值得警惕。①

2. 彩民权利

在彩业中，彩民除了民法上的权利，诸如收益权（中奖者获得的所中奖金所有权的权利）、隐私保密权（主要由中奖者享有）等之外，作为行政相对人，彩民还应当享有参政权（参与彩票业管理规则制定的整个过程）、知情权和监督权（由于彩票具有公益性，作为资金的实际赠予主体，对销售收入的分配以及公

---

① 去年全年全国体彩弃奖或超 3 亿堪称历史之最. http：//finance．QQ．com.

益金的划拨与使用有知悉以及监督的权利）等行政法上的权利。

（1）权利类型

安全权

安全权是指彩民在购买彩票时享有的人身和财产不受侵害的权利。在一些大规模销售即开型彩票、彩民人数众多拥挤的公共场所，销售机构必须格外注意公共场所安全，做好消防、保安等各项安全细节工作，确保广大彩民的人身和财产安全。

《即开型彩票发行与销售管理暂行规定》第 12 条明确要求集中销售即开型彩票的销售场所应具备开放程度高、进出道路畅通等条件，销售现场搭建的临时建筑必须牢固、安全。

知情权

知情权指彩民在购买彩票之时、之前和之后享有的，了解其所购买的彩票所代表的利益和风险的相关情况的权利。

具体而言，彩民有权向彩票发行机构、销售机构、中介机构乃至彩票市场监管机构查阅和自费复制有关彩票游戏规则、发行方式、销售方式、具体实施方案、彩票开奖、彩票兑奖和彩票颁奖等相关信息，被查询人都应自觉尊重彩民的知情权；无理拒绝彩民合法要求的，彩民有权向人民法院提起知情权之诉。为尊重彩民知情权，必须强化发行机构或销售机构的信息披露义务。

公民知情权的满足有赖于政府信息公开制度的实施，政府信息公开是公民知情权得以实现的要求。2008 年正式施行《中华人民共和国政府信息公开条例》在很大程度上保障了公民知情权与参与权，对提高政府透明度，促进依法行政产生了深远的影响。保障公民的知情权和建构政府信息公开制度是个系统工程，需要建设配套的法律法规制度体系，有了有效的法律支撑，政府信息公开制度将使政府的施政透明得到加强，我国公民的知情权也将得到全面而充分的保护。

监督权

监督权是彩民对于彩票发行和销售的全过程予以监督的权利。彩民行使监督权的手段多种多样，既包括撰写批评文章，对彩票市场主体行使质询权，也包括现场参与摇奖、兑奖等彩票活动。彩民行使监督权以行使知情权为前提。彩民行使监督权时要注意掌握和保全必要证据，避免名誉侵权。这既是自我保护的需要，也是尊重他人名誉权的需要。

隐私权

隐私权是彩民享有的禁止他人未经本人同意擅自公开或窥探自己的私人信

息、私人活动和私人空间的权利。隐私权的核心内容是对自己的隐私依照自己的意志进行支配。隐私权的客体即隐私一般包括三大类型：私人信息、私人活动、私人空间。

实践中，有些彩民在中奖后愿意保持低调，不愿过分张扬。对于这些彩民而言，中奖金额、姓名都是隐私权的客体。彩民有权决定是否公开自己的获奖隐私，在多大程度上公开自己的隐私。其他任何单位和个人包括国家机关都有义务尊重中奖彩民的隐私权。禁止任何单位和个人未经获奖彩民同意，擅自公开披露其隐私或转售中奖彩民隐私信息以逐利。

（2）中奖彩民隐私权与公众知情权的协调

2009年10月8日，河南安阳福利彩票产生了3.6亿元彩票大奖，但彩票中奖人的身份却迟迟没有公布。由此，也引发了公众对获奖人的推测。

纵观整个事件过程，人们从最初得知这个消息时的震惊，到羡慕，再到质疑、争论，最终都归结为个人隐私权和公众知情权的"战争"，而"战争"的发起人正是渴望获得知情权的中国公众。此事件的原因，有人们对彩票公正性的质疑，当然，媒体也起到了推波助澜的作用。这一案例也引发了我们的思考：如何平衡中奖彩民的隐私权、公众的知情权之间的冲突？

在获得3.6亿元巨额奖金后，中奖人没有选择立即去兑奖，而是选择先躲避一下媒体炒作再说，这种行为也是不得已而为之的。那么，个体的这种行为是否构成了对公众知情权的妨碍呢？或者说，中奖人的身份是否受到隐私权的保护呢？从隐私权的定义可以看出，隐私权的保护主要基于是否与公共利益有关。如果与公共利益无关，那么个体自然可以享有保护私生活的权利。反之，个体则对公众具有告知的义务。[①] 那么，在3.6亿元彩票案中，中奖人是否有将个人信息告知公众的义务呢？

彩民中奖实属个人行为，就其社会影响来看，确实是与公众生活无关的一件事。毕竟，买彩票是个人行为，中奖也是个人的收益。而能够构成与公众生活有关的部分即为该名彩民在中奖后是否全部上缴个人所得税。如果上缴了个人所得税，那么，彩民中奖的行为就确实是与公众无关了。公众对彩民身份的过分打探，只能是对个体隐私权的侵犯。我国曾有个别彩民中奖后，引发家庭纠纷、亲属纠纷，甚至招致杀身之祸，这都提醒新中奖彩民要引以为戒。我国2009年

---

① 王军，赵晨轩. 彩民隐私权、公众知情权和媒体监督权的冲突与平衡 [J]. 青年记者，2010 (6).

7月1日实施的《彩票管理条例》规定："彩票发行机构、彩票销售机构、彩票代销者以及其他因职务或者业务便利知悉彩票中奖者个人信息的人员，应当对彩票中奖者个人信息予以保密。"也是从法律层面上对获奖人的隐私进行了规定，所以，中奖人不公布个人信息，不去领奖有其自身的合理性。但是，为什么公众对中奖人公布个人身份的呼声这么高呢？

巨奖已经产生，彩票中奖人却神龙见首不见尾，更加重了公众对中奖公正性的怀疑。再加上近几年来频频传出的彩票舞弊案，更加剧了网民对大奖产生过程公正性的怀疑。此前，彩票奖已曝出弊案，如西安的宝马案、深圳福彩中心被木马攻击事件，使得彩票业的公信力大打折扣。因此，与其说是公众对获奖公民有强烈的知情愿望，毋宁说是公众对彩票事业公正性所持的审慎态度。那么，3.6亿元彩票奖金的产生是否又是一次彩票承销商的恶意操作行为呢？公众的怀疑有一定道理。

其实，公众对中奖人身份的关注只是一个表象，其最终还是对彩票公信力的怀疑。公众所要求的知情，更多的是对彩票大奖产生的公正性的关注，而不仅仅是想知道中奖人身份的八卦心理。媒体与公众也正是对中奖人的个人信息到底是不是属于公共利益存在很大的争论。认为彩票中奖人身份应该公布的人认为：公众对彩票发行的情况有知情权和监督权。发行彩票是政府行为，因此，政府在发行彩票过程中形成的信息都是应该公开的政府信息——这既是"透明政府"建设的要求，也是《政府信息公开条例》的规定。持这种观点的人认为，有人总拿"个人隐私"来为不公开彩票中奖者身份辩护，其实，是否公开彩票中奖者的身份与个人隐私完全没有关系，因为彩民中奖并不是"个人"的事儿，而是"公共"的事儿。因为政府发行彩票具有社会性，个人购买彩票就是参与社会公共活动。奖金不管多少，都是从政府的彩票发行机构的账户上流出的，从根本上讲这些钱是所有彩民"凑"起来的，中奖者拿走这些钱怎么能说是"个人"的事呢？又怎么能拿"隐私"来拒绝公众的监督呢？但笔者认为：公众只是对中奖彩民是否上缴个人所得税、上缴的数额等与公共利益相关的事项享有知情权，中奖彩民的个人隐私应该受到保护。

3. 彩票合同定性

如前所述，体育彩票法律关系包括票面上的双方法律关系和运行中的三方法律关系。国家体育总局体育彩票管理中心作为发行方，它分别与体育彩票销售方和购买者订立的合同都属于彩票合同的范畴。要定性彩票合同必须明确：彩票合同的双方当事人是发行方与购买者，还是发行方与销售方。

国家体育总局体育彩票管理中心根据授权，负责全国体育彩票的发行工作，具有垄断发行体育彩票的法律地位，在履行体育彩票发行职责的过程中，享有一定范围内的公权力。它以自己的名义发行彩票、独立承担责任，因此具有行政主体资格。

发行方具有行政主体资格，但是不能据此将与发行方有合同关系的都定性为行政合同。行政主体为公共利益需要行使行政管理事务而与行政相对人签订的合同，属于行政合同，即行政合同的内容必须是行政管理的公共事务。如果订立合同双方都是平等地位的自然人、法人、其他组织，或者合同一方虽然是行政主体，但合同的内容不涉及行政管理事务，则应属于民事合同。

在发行方和购买者这一格式合同中，订立合同的双方当事人一方是国家体育总局体育彩票管理中心，另一方是彩票购买者。体育彩票管理中心虽然是行政主体，但它在彩民购买彩票的过程中并没有行使行政管理职权；彩民购买彩票是希望获得彩票票面上显示的中奖金额，反映的是自然人的财产权利（这种权利在中奖前只是一种期待权）。双方签订的合同属于民事合同。

在实际运行中，与发行方直接发生法律关系的是销售方。发行方与销售方，以及前两者与彩票代销商之间存在委托销售的关系。国家体育总局体育彩票管理中心具有行政主体资格，地方各级体彩管理中心在体育彩票销售管理中类似于国家体育总局体育彩票管理中心的"代理人"，负责管理本行政区域内的体育彩票销售管理工作。这里的委托带有行政管理性质，因此不是民法上的委托代理关系，而是行政法意义上的行政委托。双方签订的合同属于行政合同。

第七章　学校体育安全法律法规

2012 年 3 月，全国政协委员、北京体育大学校长杨桦在政协大会发言时表示，近几年全国政协教科文卫体委员会进行的多次调研，以及教育部等六部委连续 25 年的"全国学生体质与健康调研"结果显示，中国青少年体质一些重要指标呈下降趋势，令人担忧，增强青少年体质刻不容缓。杨桦提出，中国青少年肥胖率日趋增长。目前，中国城乡学生的肥胖率超过了世界卫生组织公布的 10%"安全临界点"。但是，耐力、爆发力、肺活量等指标却呈现出持续下降的趋势。近年来，诸如"初中男生做不了一个引体向上"、"大学生军训频频晕倒"的报道更是屡见报端。青少年体质下滑，绝非个别情况，而变成一个具有普遍性的社会问题。

青少年体质下降的原因是多方面的，主要问题是：片面追求分数和升学率形成的应试教育现状，必然以牺牲青少年体质为代价。为此，杨桦提出三项建议：（1）在现行升学考试制度下，进一步加大体育课的比重，把体育作为"中考"、"高考"的必考科目，并与语文、数学、外语等必考科目同分值。（2）进一步加强保障青少年体质的系统规划和法制建设。如制定"青少年健康促进十年计划"，作为国家层面的中长期计划持之以恒地推进落实。（3）落实好各级政府对学校体育工作的保障措施。对青少年体质健康水平持续下降地区实行行政问责。与此同时，推动公共体育场馆和运动设施免费、优先向学生开放。

但是，排除"片面追求分数和升学率形成的应试教育"以外，学校体育安全问题也是学校开展体育活动"慎之又慎"的原因之一。学生体育活动中发生的猝死、受伤、致残等各种意外伤害事故不仅给学生本人及其家庭带来了不幸和痛苦，同时也给教育行政部门、学校和体育教师造成教学管理上的困惑和不安，无法按照教学大纲正常开展体育教学活动，严重影响了学校体育工作的健康发展。

第一节 学校体育安全立法

一、学校体育安全及影响学校体育安全的因素

1. 学校体育安全

根据《学校体育工作条例》（1990 年）第 2 条的规定，"学校体育工作是指普通中小学校、农业中学、职业中学、中等专业学校、普通高等学校的体育课教学、课外体育活动、课余体育训练和体育竞赛"。

安全就是不发生导致死亡、职业病或设备财产损失的状态。[①] 虽然目前对于"安全"的定义还未能达成最终的统一认识，但基本上来说各位学者都认同以下两种状态是安全的：第一，人们在生活和生产过程中，生命得到保证、身体免于伤害的状态，也就是不发生事故的状态。第二，对于某些导致发生上述损失的状态，如果它的概率是比较低或者在可接受范围内的，也可以认为是安全的，或者说就是打破安全状态的风险事件发生概率比较小的时候，也是安全的。

因此，我们认为，学校体育最基本的安全就是保证学生的生命权和健康权，把那些会给学生的健康和生命造成损失的风险事件发生的概率控制在一个比较低的水平。

2. 影响学校体育安全的因素

黄晓灵、黄菁等对重庆 18 所中小学体育安全事故的现状调研后发现，运动安全事故的发生率呈逐年上升趋势。在各种学校体育伤害活动类型中，体育课堂教学最易发生安全事故，其次是课外体育活动和学校组织的体育比赛，运动代表队训练中的安全事故相对较少。初中生运动安全事故发生最多，高中其次，小学最少。学校体育安全事故发生的地点与体育课项目数量成正比，田径场、篮球场、足球场上发生运动安全事故较多。学校体育运动损伤的类型有骨折、扭伤、出血、脱臼、擦伤、休克等多种。[②]

---

① 汪元辉，安全系统工程［M］. 天津：天津大学出版社，1999.

② 黄晓灵，黄菁，叶春等. 学校体育安全事故的现状及成因［J］. 北京体育大学学报，2011（4）.

　　蒋荣在盐城市中小学体育安全教育调查与分析中提出，当前中小学学校领导、体育教师、学生和家长对安全教育问题还未引起足够的重视，还没有从学校整体教育、家庭教育、社会教育以及法律教育的高度，充分认识体育活动中实施安全教育的重要性。部分学校领导和教师缺乏对学生的责任感、对体育运动中预防运动伤害事故不重视、安全意识不强；相当数量的中小学学生缺乏运动卫生保健方面的常识，自我保护能力差；农村中小学校体育场地条件差等，都是学校体育活动中发生安全责任事故、直接造成社会不良影响的主要因素。[1]

二、我国现行学校体育安全法律法规

　　1990 年 3 月，国家教委、国家体委发布《学校体育工作条例》。《学校体育工作条例》从行政法规的角度进一步确立了学校体育的重要性，而且使学校体育工作纳入法制化管理的轨道。其中，第 4 条规定，"学校体育工作应当坚持普及与提高相结合、体育锻炼与安全卫生相结合的原则，积极开展多种形式的强身健体活动"。第 21 条规定，"学校应当制定体育场地、器材、设备的管理维修制度，并由专人负责管理。任何单位或者个人不得侵占、破坏学校体育场地或者破坏体育器材、设备"。另外，在其第八章奖励与处罚中规定，"对违反本条例，侵占、破坏学校体育场地、器材、设备的单位或者个人，由当地人民政府或者教育行政部门令其限期清退和修复场地、赔偿或者修复器材、设备"。

　　针对学校体育中的安全事故问题，原国家教委办公厅于 1995 年 2 月专门发出了《关于加强学校体育活动中安全教育和安全管理工作的通知》，要求在开展各类学校体育活动的过程中，采取有力措施，加强安全教育和管理，杜绝各种事故隐患，对出现的问题要追究有关人员的责任。

　　为具体解决好包括体育事故在内的学校安全事故问题，上海市较早进行了专门的地方性法规的研究制定工作，并于 2001 年 7 月正式发布了《上海市中小学校学生伤害事故处理条例》。

　　为积极预防、妥善处理在校学生伤害事故，保护学生、学校的合法权益，2002 年 8 月，教育部颁布《学生伤害事故处理办法》，对学生伤害事故责任、处理程序、损害的赔偿以及责任者的处理等方面做出了规定，成为全国性处理学校体育安全事故的直接依据，为规范学校伤害事故处理起到了重要的作用。

---

[1]　蒋荣．学校体育安全教育的研究与对策［J］．南京体育学院学报，2002（6）.

2005年11月14日晨，山西省长治市沁源县沁源二中初中二三年级800多名学生，在17名教师的组织带领下，在马路上出早操跑步。返校途中，一辆大货车撞入学生队伍中，造成了21名师生死亡、18名学生受伤的特大交通事故。2005年11月16日，北京市教委向各区县教委、各高等院校、各有关中等专业学校发出《关于进一步加强学校体育安全管理工作的通知》，要求各部门"要吸取山西省沁源县学生重大交通伤害事故的教训，确保师生生命安全"。要求各部门"为学生在校内体育场所开展体育课和课余体育锻炼创造条件；制定科学合理切实可行的体育活动安全管理制度；加强对学生的体育安全教育；定期排查学校各种安全隐患"。

2005年11月17日，教育部向各省、自治区、直辖市教育厅（教委），新疆生产建设兵团教育局发出《关于加强学校体育活动安全防范工作的紧急通知》，要求各部门"要高度重视学生的生命安全，要切实树立健康第一的指导思想；城镇学校的早操、跑步等体育活动要尽量安排在校园内进行，严禁学校组织学生在主要街道和交通要道上进行集体跑步等体育活动"。

2006年6月，由教育部、公安部、司法部、建设部、交通部、文化部、卫生部、工商总局、质检总局、新闻出版总署制定的《中小学幼儿园安全管理办法》发布，自2006年9月1日起施行。《中小学幼儿园安全管理办法》第13条规定，学校应当按照《学校体育工作条例》和教学计划组织体育教学和体育活动，并根据教学要求采取必要的保护和帮助措施。

2007年5月7日，中共中央国务院下发了《中共中央国务院关于加强青少年体育增强青少年体质的意见》（中发〔2007〕7号），这是有史以来，我国学校体育规格最高的一个文件，党中央、国务院的重大举措，对我国教育，特别是学校体育的发展产生了划时代的意义。

《中共中央国务院关于加强青少年体育增强青少年体质的意见》（2007年5月7日）第12条规定，"加强体育安全管理，指导青少年科学锻炼。学校要对体育教师进行安全知识和技能培训，对学生加强安全意识教育。加强体育场馆、设施的维护管理，确保安全运行。完善学校体育和青少年校外体育活动的安全管理制度，明确安全责任，完善安全措施"。

2008年，教育部、财政部、中国保监会联合下发《关于推行校方责任保险完善校园意外伤害事故风险管理机制的通知》，对各地推行校方责任保险工作提出了基本原则和要求，进一步完善校园风险管理机制。

2010年7月中共中央、国务院颁布的《国家中长期教育改革和发展规划纲要（2010—2020年）》指出："教育是民族振兴、社会进步的基石，是提高国民素质、促进人的全面发展的根本途径。""加强体育，牢固树立健康第一的思想，确保学生体育课程和课余活动时间，提高体育教学质量，加强心理健康教育，促进学生身心健康、体魄强健、意志坚强。"促进德育、智育、体育、美育有机融合，提高学生综合素质，使学生成为德智体美全面发展的社会主义建设者和接班人。

2011年，温家宝总理在政府工作报告中指出：保证中小学生每天一小时校园体育活动。这也是政府工作报告第一次明确具体地提出要求，表明中国政府对学生健康和学校体育工作的高度重视。

2012年10月，教育部、发展改革委、财政部和体育总局等部门出台《关于进一步加强学校体育工作的若干意见》，该意见明确指出，"要健全学校体育风险管理体系。研究制订学校安全条例，组织修订《学校体育工作条例》和《学校卫生工作条例》。各地各有关部门要加强对学校体育安全的指导和监督，建立健全政府主导、社会参与的学校体育风险管理机制，形成包括安全教育培训、活动过程管理、保险赔付的学校体育风险管理制度，依法妥善处理学校体育意外伤害事故。各学校要制订和实施体育安全管理工作方案，明确管理责任人，落实安全责任制。加强对体育设施的维护和使用管理，切实保证使用安全"。

三、学校体育安全政策法规存在的问题

1. 法规政策滞后于学校体育安全实践

近年来国家相关政府部门出台的有关学校体育法规政策主要是围绕各个时期学校体育工作中出现的问题，如此一来，常常是法规政策跟着现实走，出现什么问题就制定什么法规政策，使得学校体育法规政策在很大程度上滞后于学校体育的实践。如：2002年9月1日，教育部颁布的《学生伤害事故处理办法》是在全国各地屡屡出现学生运动伤害事件，而学校在处理学生出现的运动伤害事件中缺乏相应的法规依据的背景下出台的。不可否认，这些法规政策，对于化解不同时期我国学校体育发展中的矛盾与问题，发挥了重要的政策导向作用，但还缺乏预判能力和预警能力，因此提高政策的预判力也是各级政府努力的方向。

2. 学校体育安全法规立法层次整体较低

到目前为止，全国人大制定发布的体育法律只有一部《体育法》，然而《体育法》只是在宏观层面上具有指导性，其关于学校体育方面的规定较少且不够全面，根本没有提及学校体育安全问题，难以达到依法管理学校体育安全工作的目

的。国务院发布的相应的行政法规只有《学校体育工作条例》。除此之外，其他多种学校体育安全法规，大多为体育总局颁布的部门规章和地方各级政府颁布的政府规章。不难发现，现行学校体育安全法规的立法层次整体较低，法的约束力较弱，这必然导致管理部门的疏忽和组织、个人的轻视，从而严重影响法规的实施。

3.《学生伤害事故处理办法》不能作为法院处理学生伤害事故案件的直接依据

《学生伤害事故处理办法》是由教育部制定的部门规章，其法律效力低于由全国人大及其常委会制定的法律和由国务院制定的行政法规。但是，《学生伤害事故处理办法》却包含民事规范，比如规定了当事人的民事权利和民事义务以及民事责任归责原则。这种立法行为受到了法律界的广泛质疑。根据《立法法》的相关规定，教育部作为主管教育的行政机关可以通过制定行政规章行使自己的行政管理权，但不得超过本部门的权限范围。又依据《立法法》相关精神，对于公民的基本民事权利和民事制度的立法必须由全国人大常委会或经全国人大及其常委会授权国务院制定，其他的行政机关包括教育部并不享有这种权利。

由于法的效力先天不足，《学生伤害事故处理办法》的法律适用处于尴尬的境地。首先，其对学生和家长的约束能力受到限制。作为行政规章，《学生伤害事故处理办法》只能调整教育行业的内部事务，规范事故的预防处理过程中当事人的行政责任，对违规的学校教职工和学生进行行政处分，对学生及其家长的民事权利和民事义务及如何处置这些权利和义务则没有约束力。其次《学生伤害事故处理办法》对法官审理学生伤害事故也没有约束力。法官审理民事侵权案件，依据的是全国人大及其常委会的民事法律、国务院颁布的行政法规和最高人民法院的司法解释，其他国务院各部委制定的规章只作为参考，即法官审理学生伤害事故时完全可以根据自己对民法的理解来断案，对《学生伤害事故处理办法》则可弃之不顾。再则，用部门的行政法规约束民事司法行为，对法制的统一性和权威性造成了负面影响，这也是有违《学生伤害事故处理办法》初衷的。

四、加强和完善我国学校体育法规政策的几点思考

1. 进一步完善学校体育法规政策体系

学校体育安全事故的发生原因十分复杂，其处理涉及面广泛，要真正有效地处理学校体育安全事故单靠一方面的力量或某一部法律是难以奏效的。以教育法最为发达的日本为例，日本仅有关处理学生伤害事故的法律、法规就有30多部，形成了以《学校教育法》、《国家赔偿法》、《日本体育及学校保健中心法实施令》

等为主的一套完备的处理学生伤害事故的法律体系。此外，各地区也有地方性法规，各学校则制订出一套处理和防范学生伤害事故的规章制度。我国也应该在学生人身伤害事故的立法方面形成一套上自国家的法律、法规，下至地方性法规，效力上高低有致，内容上相互衔接的完备而具体的法规网络，为学生伤害事故的处理提供了充分的法律依据和高效的运作机制。①

2. 提升学校体育安全法规政策的执行力

经过几十年努力，我国已形成了基本的学校体育安全工作法规和制度，重要的是落实这些法规和制度。这是贯彻落实科学发展观，全面推进素质教育的必然要求，是各级教育行政部门和各级各类学校的重要任务，是学校体育工作持续发展的根本保证。落实学校体育安全工作法规和制度，要加强调查研究，认真分析本地区、本单位的现状，找准对学校体育安全法规和制度落实不力的原因，针对存在的突出问题，研究制订有效的解决途径和办法，提出既符合要求，又符合实际的措施。落实学校体育工作法规和制度，要制订可操作的规划，明确目标，逐步实现。

3. 推行法规政策落实"问责制"

问责制是一种责任追究制度。有权必有责，对因不作为、乱作为或不当作为而造成的不良后果，应追究其责任。学校体育安全法规政策的执行两大主体是校长和行政部门负责人。校长是一所学校落实贯彻国家法规政策的组织者和领导者，一所学校体育安全工作开展得好与差，校长的作用和影响力是至关重要的。开展学校体育安全工作，落实国家的方针政策，都需要得到校长的重视和支持。同时，也应对不执行国家法规政策、不履行责任的校长，通过设置责任追究和问责等手段予以鞭策，其目的是提高校长落实政策的执行能力。

其次是对行政部门负责人的责任追究和问责。② 当前，在地方政府、教育及体育或者卫生行政部门，尚未形成内部监督和责任追究的机制。由于缺乏责任追究和严格的问责制度，学校体育安全法规政策的落实就缺乏严格监督，学校在落实各项政策的过程中会大打折扣，影响了政策的实施效果。因此，推进学校体育安全工作，最重要的是要建立行政责任追究和校长问责的机制。只有在工作程序和运行机制上完备，方可使法规政策更加具有权威性和可操作性，才能有效地提高法规政策的执行力。

---

① 刘曙亮，李虎. 构建我国学校体育法规体系的若干思考 [J]. 浙江师范大学学报，2011（2）.
② 吴键. 问责：学校体育改革发展的关键机制 [J]. 体育教学，2010（3）.

第二节　学校体育伤害事故

一、学校体育伤害事故的法学含义

根据教育部 2002 年颁布的《学生伤害事故处理办法》，本文所指的学校体育伤害事故是指学校组织实施的校内外体育活动，以及在学校负有管理责任的体育场馆和其他体育设施内发生的，造成在校学生人身损害后果的事故。

根据侵权行为法原理，构成学校体育伤害事故必须同时具备以下几个要素。

（1）受害主体——学生。这里所指的学生是《学生伤害事故处理办法》所规定的国民教育体系内的全日制各级各类学校的受教育者，包括公立学校和民办学校。具体要符合两个条件：一是按照国家有关规定取得学籍；二是全日制就读。

（2）产生人身伤害后果。学校体育伤害事故是人身伤害事故，主要是指学生的人身损害，属于人身权的范畴，包括致伤、致残、死亡对人体的损害而造成的精神损害，只产生财产损失不构成体育伤害事故。

（3）产生伤害的时间、地点。从时间要素看，学校体育伤害事故必须是发生在学校组织的体育课教学、课外体育活动、课余体育训练和体育竞赛的过程中，其前提是必须与学校组织的体育教育教学活动的关联性。从地点要素看，学校体育伤害事故必须是发生在学校负有管理责任的体育场馆、设施内，不能以校园来简单界定。一般情况下，学校的管理责任始于学生上学，终于学生放学，就体育伤害而言，学校的管理责任则贯穿于体育教学、课外体育活动、课余体育训练和体育竞赛（包括学校在校外组织的）的始终。[①]

二、学校体育伤害的归责原则

对于学校伤害事故的归责原则，大陆法系存在不同的立法例。德国、希腊、

---

① 谭小勇，向会英，姜熙. 学校体育伤害事故责任制度研究 [J]. 天津体育学院学报，2011（6）.

葡萄牙、日本等规定学校承担过错推定责任；法国、比利时、意大利、卢森堡、荷兰规定学校承担过错责任。在英美法系，英国及美国判例法均依据过错责任原则审理学生损害赔偿案件。

笔者认为，认定学校体育伤害民事责任的原则应该是：过错责任原则为一般归责原则，过错推定责任原则为例外，慎用公平责任原则。①

1. 过错责任原则为一般归责原则

过错责任原则是以行为人主观上的过错为承担民事责任的基本条件的认定责任的准则。按过错责任原则，行为人仅在有过错的情况下才承担民事责任。没有过错，就不承担民事责任。我国《民法通则》第 106 条第 2 款规定，公民、法人由于过错侵害国家的、集体的财产，侵犯他人财产、人身的，应当承担民事责任。

学校体育伤害的一般归责原则应为过错责任原则，学校只对学生遭受的人身损害或学生造成他人损害，承担与其过错相应的赔偿责任。

首先，与现行法律规定相符。我国《民法通则》的法律精神和立法体例，民事侵权责任的一般归责原则是过错责任原则，适用过错推定责任、无过错责任的，应以法律的明确列举为限。《民法通则意见》第 160 条也规定了学校在有过错时，才对学生伤害事故承担赔偿责任。

其次，学校不是学生的监护人，当学生的合法权益在学校受到侵犯时，不能依据监护人关系要求学校承担侵权的民事责任。只有当学校有过错时，学校才承担相应责任。

最后，过错推定的责任原则主要适用于双方力量极不平衡的情形或受害人确实无法证明对方过错的情形。我国学校本身不以营利为目的，学校与学生之间不存在经济力量、诉讼地位明显不平等的情况，因此无须给予学生一方特别保护。②

2. 过错推定原则为例外

在民法上，过错推定是指原告能证明所遭受的损害是由被告所致，而被告不能证明自己没有过错，法律上就应推定被告有过错应负民事责任。学校体育伤害中采用过错责任原则为一般归责原则，并不意味着一概排除了其他归责原则的适用，但应加以严格限制。在学校体育伤害中过错推定归责原则的适用情况有两种：

（1）学校体育场馆、体育设施上的搁置物、悬挂物发生倒塌、脱落、坠落所

---

① 韩勇. 侵权法视角下的学校体育伤害 [J]. 体育学刊，2010 (11).

② 杨立新. 制定民法典侵权行为法编争论的若干理论问题 [J]. 河南省政法管理干部学院学报，2005 (1).

致的学校体育伤害

　　根据《民法通则》、《教育法》、《未成年人保护法》的规定，学校违反安全保障义务导致学校体育伤害，学校体育场馆或者体育设施上的搁置物、悬挂物发生倒塌、脱落、坠落所致的学校体育伤害，学校应承担过错推定责任，即这一事故不是由学生自己的过错、第三者的过错或者不可抗力造成的，而学校又不能证明自己在这一事故中没有过错，就应推定学校作为这些设施的所有人或管理人有过错，应承担侵权赔偿责任。

　　（2）无民事行为能力学生受到体育伤害应当采用过错推定责任原则

　　最高人民法院《关于审理人身损害赔偿案件适用法律若干问题的解释》第7条是关于学生伤害事故责任的规定："对未成年人依法负有教育、管理、保护义务的学校、幼儿园或者其他教育机构，未尽职责范围内的相关义务致使未成年人遭受人身损害，或者未成年人致他人人身损害的，应当承担与其过错相应的赔偿责任。"

　　但这一条存在一定的问题：不同年龄的未成年学生受到损害，学校是否应当承担不同的责任？《中华人民共和国侵权责任法》对此做出区分，其第38条、第39条分别规定了无民事行为能力人和限制民事行为能力人在学校或者其他教育机构学习、生活期间受到人身损害的归责原则，其中，无民事行为能力人适用过错推定原则，限制民事行为能力人适用过错责任原则："无民事行为能力人在幼儿园、学校或者其他教育机构学习、生活期间受到人身损害的，幼儿园、学校或者其他教育机构应当承担责任，但能够证明尽到教育、管理职责的，不承担责任。限制民事行为能力人在学校或者其他教育机构学习、生活期间受到人身损害，学校或者其他教育机构未尽到教育、管理职责的，应当承担责任。"

　　学生的年龄在学校体育伤害事故责任中是非常重要的因素，年龄越小，学校责任越大。无民事行为能力人发生的学校体育伤害，如果让学生负责举证，由于受害人年龄幼小，信息不对称，举证将非常困难，有失公平。从平衡当事人双方的责任来看，应当采用过错推定责任原则。但我国无民事行为能力人以10岁为界年龄过高，应根据社会发展和他国经验，对未成年人的民事行为能力重新进行划分，无民事行为能力以7岁为限更合适。

　　3. 无过错责任原则及其在学校体育伤害事故中的适用

　　无过错责任原则是指依照法律规定不以当事人的主观过错为构成侵权行为的必备要件的归责原则，即不论当事人在主观上有没有过错，都应当承担民事责任的归责原则。

　　我国确立该原则的法律依据来自《民法通则》第106条第3款的规定以及

《侵权责任法》第 7 条"行为人损害他人民事权益，不论行为人有无过错，法律规定应当承担侵权责任的，依照其规定"的规定。

无过错责任原则的目的是强调对受害人损害的补偿，而不是制裁侵权行为人，这一原则对保护受害人的权益具有十分重要的意义。但无过错责任原则的缺陷也十分明显，只要产生损害后果，就是行为人无过错也要追究加害人的法律责任，这显然是不公平的。

在我国，关于无过错责任原则在学校体育伤害事故的处理中是否适用存在争议。在司法实践中，早前有少数法院认为学校与学生是监护关系，学校对学生承担监护职责，只要是学生参加学校组织的体育活动或在学校里进行体育活动中受到伤害，学校就必须承担责任，不需要考虑学校在主观上是否存在过错、管理上是否存在疏漏。现在法院的认识已基本统一，在学校体育伤害事故的处理中，无过错责任原则是不能采用的。

4. 严格适用公平责任原则

公平责任原则指在当事人对造成的损害都无过错、不能适用无过错责任要求加害人承担赔偿责任。但如果不赔偿受害人遭受的损失又显失公平的情况下，由人民法院根据当事人的财产状况及其他实际情况，责令加害人对受害人的财产损失给予适当补偿的一种责任形式。

在学校体育伤害中严格适用公平责任原则有两方面的含义：

（1）学校体育伤害的一般归责原则是过错责任原则，在各方均无过错的情况下不能滥用公平责任原则

我国在处理学校体育伤害事故的司法实践中，采用公平责任原则的案例不少。如顾某诉上海市卢湾区某某学校、杨某某案（案情：1995 年的一天下午，顾某和杨某某在上体育课练习地滚球时，两人相撞造成眼睑部受伤）。法院认为：顾某和杨某某按教师要求进行锻炼，没有过错；学校教师按教学大纲进行教学也没有过错，且学生受伤事故发生在瞬间，要求教师在此状态下采取有效措施不切实际，故本案顾某受伤属意外伤害事件。法院判定，当事人分担民事责任。

学校体育伤害中，有时各方均无过错，受害人诉至法院要求学校承担责任，法官往往根据按照公平责任原则要求各方分担责任。这意味着只要学生在校园内发生伤害事故，无论学校如何尽责，都要承担赔偿责任，必将加重学校压力。为了减少诉讼或者降低风险，避免支付高额的赔偿，学校会尽可能避免伤害事故的发生，一些学校会采取一些消极的措施，减少学生的体育活动，这些做法对学生的身心健康和全面发展非常不利。因此，在学生伤害事故中，不应适用公平责

任，学校无过错就不承担责任，不存在公平分担责任问题。在各方均无过错的情况下出现学校体育伤害，也应由法院按照风险自担的原则由受害人自行承担损害。这种判决不适用公平责任原则，看似不公平，实质上是公平的。这种实质的公平在于社会利益和个人权利保护的利益冲突中所做出的价值选择。

（2）在极其特殊的情况下，可以适用公平责任原则

这种特殊情况一般是指，学生在校为了学校利益或者共同利益受到损害且双方都无过错的情况，如学生代表学校参加体育比赛。

适用公平责任原则必须慎重，严格按法定条件适用。

首先，适用公平责任的前提是当事人既无过错，又不能推定其过错，同时也不存在法定的承担无过错责任的情况。如果可以适用前述原则之一，就不能适用公平责任原则。

其次，学校是否承担公平责任，要看学校是否因学生受到损害的行为而得益。例如学校组织学生参加运动会，学生在比赛中受伤，相关各方均无过错，此时就可以认为学校是学生参赛的受益者，应酌情对受害人进行补偿。比如，2003 年柳州市中学生篮球赛中，柳州高中的一名队员在与市一中队的比赛中受伤，此案各方均无过错，但学生代表学校参赛是为了学校的利益，因此学校应对伤害承担责任。

再次，当事人如何分担责任，应根据案件的具体情况，综合考虑损害事实与各方当事人的经济能力等因素，力求公平，不能简单地进行分摊。

第四，损失补偿数额的确定以受害人的实际损失为标准。

最后，适用公平原则必须慎重，防止法官扩大自由裁量权，甚至滥用权力，造成弹性过大的情况和执法尺度不一等不公平现象。

三、学校体育伤害的责任构成

我国学校体育伤害事故责任是过错责任，根据民法理论，构成学校体育伤害事故责任，应当具备以下要件：

1. 损害事实的存在

损害事实的存在即学生在学校体育活动中发生了人身伤害事故。第一，人身伤害事故，就是造成人身伤害甚至死亡的事故，不包括财产损害事故。第二，学校体育伤害事故应当发生在学生在校进行体育活动中。这里的在校进行体育活动，应当作广义理解，即不仅仅指形式意义上的在校期间，而是在学校对学生教

育、管理和保护的期间。其基本含义，就是学生确实是在学校的管理之下，脱离学校的管理，学校不再对学生的伤害事故负责。第三，除了在学校组织的校外体育活动过程中学校对学生有管理、教育的义务外，学校可能还要对学生到达和离开该场所的安全负责。尤其是学生年纪幼小、特殊体质、离开和到达由学校组织的时候，学生离开或到达运动场，学校有责任提供合理的监督。

2. 行为的违法性

违法行为可表现为作为和不作为两种形式，学校体育伤害案件中一般表现为不作为，即学校的教育、管理和保护行为违反《民法》和《教育法》的规定，构成学生伤害事故责任的违法性要件。学校的疏于职守行为学校应当承担责任。学校的教师在教育和教学活动中，其行为疏于执行职务，其行为的后果属于职务行为。当其行为不当，违反法律规定义务，造成学生伤害或伤害他人，学校应当承担转承责任。

3. 违法行为与损害事实之间具有因果关系

学校违反《教育法》规定的教育、管理和保护行为与事故发生有因果关系，学校疏于教育、管理和保护义务的行为，须与学生伤害或者学生伤害他人的损害事实之间有客观的因果关系。如果学校的行为与损害后果之间，只有一种因果联系，这样的行为就是结果发生的唯一原因，学校就应承担侵权责任。但往往学校体育伤害由多个行为引起损害结果的发生，学校行为仅仅是其中的原因之一，这时应当认真判断，学校应为自己的行为承担应当承担的那份责任，或者承担连带责任。

4. 行为人在主观上有过错

行为人在主观上的过错包括故意和过失两种。在校方有过错的学校体育伤害事故中，校方的过错以"过失"居多，而较少"故意"。学校承担学生伤害事故的后果责任，必须具有主观上的过失，即行为人对自己行为的结果应当预见或者能够预见而没有预见，或者虽然预见却轻信这种结果不会发生。如果一个人不遵守他的注意义务，而且从客观上看，并没有像"一个合理和谨慎的人"那样行为，他就是有过失的。如果学校对其职责范围内的事情故意回避或疏于防范，产生损害事实的，即可认定其在主观上存在过错。如学校的体育设施长年暴露在室外，学校知道或应当知道有危险但没有及时修理或疏于修理，造成学生在体育活动中受到伤害的，应当承担民事责任。

综合考虑，学校至少对下列具体情况需要注意：学生的人数、年龄和发育程度、能力和技巧、对项目的熟悉程度；辅助练习情况、设备情况、有无监管；课程性质、课堂安排、教师的预见性等。

第八章　反兴奋剂相关法律问题

第一节　概　述

一、兴奋剂的概念

兴奋剂一词在英文中的对应词汇为 dope，据说起源于荷兰语 dop，指非洲战士饮用的一种由葡萄皮制作的酒精性饮料，有强壮身体功能。该词汇 1889 年被列入词典，释义为"供赛马使用的一种鸦片麻醉混合剂"。兴奋剂在医学中原指能刺激人体神经系统，使人产生兴奋从而提高机能状态的药物。

通过使用刺激性药物来增强人的体力或振奋精神，以达到提高运动成绩的目的可谓由来已久。有资料表明，古希腊运动员会使用特殊的饮食来获得额外的体力。在公元前 3 世纪的古代奥林匹克运动会上，有的运动员曾试图食用从蘑菇中提取的致幻物质来提高运动成绩。士的宁、咖啡因和可卡因在 19 世纪的耐力项目运动员中使用非常普遍。有人把在 1904 年第 3 届奥运会马拉松比赛上获得冠军的美国运动员托马斯·希科斯称为是打开兴奋剂这一"潘多拉盒子"的第一人，说他是"在生鸡蛋、士的宁和白兰地的共同帮助下取得了冠军"。[①]

或许很多人从希科斯的"成功"中获得了启示，通过服用兴奋剂来提高运动成绩逐渐称为公开的秘密。但是，兴奋剂所造成的悲剧终于在奥运会上发生。

---

① 李培超. 绿色奥运：历史穿越及价值蕴涵 ［M］. 长沙：湖南师范大学出版社，2008.

1960 年的罗马奥运会上，丹麦自行车运动员克努德·詹森在 100 公里自行车赛中，中途跌落车下猝死。后来经尸检发现他的血液和组织中含有大量的过苯丙胺，这是一种强力的运动神经刺激剂。但是詹森的死并没有使那些沉浸在名利旋涡中的运动员警醒，悲剧接二连三地发生，仅在 20 世纪 60 年代，由于在体育运动中滥用药物直接或间接致死的运动员多达 30 人。面对这种触目惊心的局面，国际奥委会反兴奋剂斗争终于揭开了序幕。1962 年国际奥委会在莫斯科通过了一项反对使用兴奋剂的决议。1964 年东京奥运会上，由以日本、法国、比利时为代表的 15 个国家联合上书，要求对使用兴奋剂采取控制措施。1967 年国际奥委会医学委员会成立，专门研究兴奋剂的检测技术，制订出第一份违禁清单，并由此开始了全世界范围内反兴奋剂的斗争。1968 年在墨西哥举行的第 19 届奥运会上，进行了首次兴奋剂检查，这是国际体育界第一次有组织的反兴奋剂战役。[①]

20 世纪 60 年代以后，兴奋剂更新换代的周期在迅速缩短，新型兴奋剂不断面世。20 世纪 60 年代被滥用的兴奋剂主要是"传统兴奋剂"，即刺激剂、麻醉剂等，这些药物都是在比赛前使用，赛后检查运动员尿液中的药物浓度即可判断是否服药。于是，寻求新的兴奋剂变得非常迫切。20 世纪 60 年代末期，被滥用的药物以合成类固醇为主，其主要目的是增强肌肉合成代谢，促使体格强壮、肌肉发达，增强爆发力，并缩短体力恢复时间，故常被从事短跑、游泳、摔跤、健美、自行车、滑雪等项目的运动员使用。滥用者在平时训练中有计划地用药，比赛前提早停药，以躲避兴奋剂检测。这些药物的分子量大，结构复杂，传统的检测方法很难识别。"于是类固醇便像一只巨大的黑手，为体坛的兴奋剂污染推波助澜。据统计，在美国，有 50％～60％的运动员在使用以类固醇为主的兴奋剂；欧洲比例也大致相同。在举重、投掷等个别项目中所占比例更高。西方的体育强国如此，东欧的体育强国也如此。"[②] 甚至在一些国家，运动员服用类固醇都是在有关政府机构监督下进行的。国际奥委会为检测制止类固醇药物在赛场上肆虐作出了极大的努力，但直到 1976 年蒙特利尔奥运会时，检测方法才有了重大突破。20 世纪 80 年代以后，反兴奋剂的斗争又进入了一个新的阶段，内源性激素成为主要的滥用对象。它们包括促红细胞生成素、人体生长激素等。由于正常人体中就存在这些物质，区分体液中的这些物质是自身分泌的还是人为使用的有一

① 李培超. 绿色奥运：历史穿越及价值蕴涵［M］. 长沙：湖南师范大学出版社，2008.
② 同上.

定困难。加之这些物质中的肽类激素比类固醇激素的分子量更大，分析的难度也就更大。当今的兴奋剂使用已经进入了以内源性物质为主的第三阶段，随着基因技术和转基因食品的出现，未来反兴奋剂的任务将更加艰巨。

为适应国际反兴奋剂的需要，国际奥委会在 1999 年 2 月的世界反兴奋剂大会上决定成立"反兴奋剂局"，进一步加大反兴奋剂的力度，目前对"使用兴奋剂"的界定和兴奋剂的种类划分都不断提出新的解释。经国际奥委会（IOC）和世界反兴奋剂机构（WADA）审定批准的"使用兴奋剂"的定义："使用了对运动员的健康具有潜在危害和（或）能提高运动成绩的物质和方法；或者在运动员体内查出了或有证据表明使用了《世界反兴奋剂条例》列表中的禁用物质；或者有证据表明使用了该条例列表中的禁用方法"。过去由国际奥委会医学委员会，现在由世界反兴奋剂机构每年都要公布一份新的《禁用清单》，所以体育运动中的"兴奋剂"不是一个静态的概念，而是动态的、变化的。[①]

二、反兴奋剂的处罚原则——严格责任原则

反兴奋剂规则中的严格责任原则是指无论何时在运动员的样本中发现某种禁用物质，反兴奋剂机构不需要证明他是故意或者因疏忽或错误而使用了禁用物质，均构成兴奋剂违纪。

这一原则早已被各国及各体育组织所接受，在所有的奥运会组织、世界大部分体育联合会都同意遵守并作为其内部反兴奋剂规则准则的《世界反兴奋剂条例》（World Anti-Doping Code，简称 WADC）中 2.1.1 条也有明确规定：运动员应对从其体内采集的样本中发现的任何禁用物质或其代谢物或标记物承担责任，因此，没有必要为证实运动员的违规行为而阐明运动员的企图、过错、疏忽或故意使用。这一原则在近十几年来的国际体育仲裁院（Court of Arbitration for Sport，CAS）的判例中也得到了一贯的支持。

然而，对这一原则的争议却从未间断过，许多人认为，严格责任原则违反了无罪推定原则，尽管它以惩戒兴奋剂违纪为目标，但是却很可能让一些无辜的人蒙冤，这不仅有可能违反国际人权公约关于保护人权的规定，与现代法制理念也是不相符的，即打击犯罪或贯彻实施某种政策不能成为牺牲个人利益的理由。

---

① 郭树理. 外国体育法律制度专题研究［M］. 武汉：武汉大学出版社，2008.

面对各界的批评，世界反兴奋剂机构曾就严格责任原则是否符合国际法律原则向 CAS 申请咨询。CAS 的咨询意见认为，严格责任原则本身符合国际上普遍认可的法律原则，并未侵犯人权。咨询意见为了保证兴奋剂处罚的正当性，建议在 WADC 中增加现在的 10.5.1 条及 10.5.2 条，旨在规定如果在运动员的样本中发现某种禁用物质，但运动员能证明在个案中自己无过错或无疏忽或者无重大过错或疏忽，则可减免禁赛处罚。该意见最终被 WADA 采纳，这样，在兴奋剂领域依然奉行的是无过错不处罚的原则，该条款也成为缓解严格责任原则与人权保障冲突的重要机制。

当样本检测呈阳性后，运动员要证明自己无过错必须证明禁用物质是如何进入体内的以及自己已经尽了最大的谨慎义务。对象认识的错误、第三人过错、丧失行为能力、食用受污染的公共食品等都可成为证明自己无过错的理由。运动员可以因为对医生合理的信赖、尽了善意的努力、年轻和缺乏经验、诚实、情况紧急等原因证明自己无重大过错。

但是，从实际情况来看，证明自己无过错或无重大过错的责任对于大多数运动员来说是难以完成的，运动员必须检查他所使用的每一瓶营养品，必须防止任何人向其营养品中投放违禁物品，为确保万无一失，最好把所有的饮食都拿去检查。CAS 认为运动员只要负责地、仔细地、小心地对待饮食就可以遵守兴奋剂规则，但是，CAS 期待任何人都能控制进入身体的化学物质是不合理的，运动员确实置身于一个现实的世界，而这个世界上的一些普通的错误、细微的偏差以及变化都会使这一想法变得不切实际。这样的做法使 10.5.1 条、10.5.2 条变成为了满足咨询意见的要求而设置的没有太多实际意义的条文。①

第二节 世界反兴奋剂立法

一、世界反兴奋剂运动发展历程

自 1968 年起，反兴奋剂运动已经进行了 44 年。

---

① 宋彬龄. 论兴奋剂案件中过错程度的证明 [J]. 体育科学，2012 (7).

1960 年罗马奥运会，丹麦自行车运动员詹森由于服用了过量的苯丙胺，在比赛中猝死，成为奥运史上因使用兴奋剂而死亡的第一位运动员。其影响力使国际奥委会着手研究查处运动员服用兴奋剂的方法并制定相关的制度来规范运动员参赛的行为。

1968 年墨西哥奥运会开始正式实施兴奋剂检查。此后，反兴奋剂成为历届奥运会极其重要的一项工作，国际奥委会不断增加奥运会的兴奋剂检查数量，加大对兴奋剂违规人员的处罚力度。

从 20 世纪 70 年代起，曾在第二次世界大战中用于军事目的的血液兴奋剂（血液回输）在重大比赛中被使用。所谓血液回输就是运动员先从自己身上抽出一部分血液保存起来，临近比赛前再注射回体内，以便增加红细胞的数量，把更多的氧气输送到肌肉，从而提高运动能力。

1984 年，洛杉矶奥运会后，国际奥委会宣布禁止使用血液兴奋剂。但是，如何检查血液兴奋剂却没有有效的方法。直到 1994 年在挪威举行的第 17 届冬季奥运会，国际奥委会才开始在滑雪项目中进行血液检查。

进入 20 世纪 90 年代后，国际奥委会采取各种措施加强反兴奋剂斗争，无论在立法还是检查方面都紧跟时代的步伐。

1991 年，国际奥委会开始执行更有威慑力的赛外检查。[①]

1999 年 2 月 4 日，在瑞士洛桑召开了运动禁药世界大会。同年 11 月 10 日，为加强在世界范围内反兴奋剂工作的协调一致，世界反兴奋剂组织（WADA）在瑞士洛桑成立。

2000 年 1 月 13 日 WADA 举行了首次基金会会议，会议决定成立一个工作委员会处理该机构日常事务并起草年度报告；成立一个专门委员会负责赛外兴奋剂检查，拟订禁止使用的兴奋剂清单；成立一个科研小组，专职研究包括 EPO（促红细胞生成素的简称）和人工激素的兴奋剂问题，用高科技成果指导反兴奋剂工作。8 月 28 日，国际奥委会正式批准在悉尼奥运会上进行血检和尿检相结合的 EPO 检测（既采用澳大利亚研究的血检 EPO 方法，也采用法国研究的尿检 EPO 方法，两种检测结果互相补充）。12 月 7 日，国际泳联在世界杯短池游泳赛墨尔本站首次实行竞赛期间血检。自此，血液检测 EPO 这一高新技术的应用突

---

① 北京奥运会展现中国 20 年反兴奋剂奋斗成果. http：//www. Chinamil. com. cn/site1/xwp-dxw/2008—08/01/content1391921. htm.

破了奥运会赛场的局限，走向更广阔的空间，为反兴奋剂行动再增力量。

2005 年 10 月，联合国教科文组织全体会议又通过了《反对在体育运动中使用兴奋剂国际公约》。

在共同的努力下，奥运会上被查出服用违禁药物的运动员人数有所下降。但是，反兴奋剂斗争的复杂性和特殊性不减，经验证明：多年以来，在服用禁药者与检查者之间展开的一场无休止的"猫捉老鼠的游戏"中，欺骗者似乎总能寻找到一些新的药物和方法战胜检查系统，从而保持领先地位。所以，反兴奋剂一直是体育界一大研究重点。

在反兴奋剂的斗争方面诸多荟萃精华的法律、法规诞生了，其中最有代表性的是《奥林匹克宪章》（Olympic Charter）、《世界反兴奋剂条例》（Word Anti—doping Code）、《欧洲理事会反兴奋剂公约》（Council of Europe Anti—Doping Convention）、《国际反兴奋剂公约》（International Convention against Doping）等。

二、《世界反兴奋剂条例》及变化

《世界反兴奋剂条例》（Word Anti—doping Code）是世界反兴奋剂的指导性文件，中国的反兴奋剂工作也以它为准则。《世界反兴奋剂条例》有如下四条处罚原则：严格责任原则；责行相称原则；法无明文规定者不罚原则；维护运动员合法权益原则。这四条原则在历史发展过程中推动了《世界反兴奋剂条例》具体规定的变化。

为了与时俱进，使反兴奋剂条例不断适应新发展变化，为持续为兴奋剂事件的仲裁提供标准，2009 年世界反兴奋剂组织对《世界反兴奋剂条例》做了调整。修订后的新条例更加严格且更具实际操作性，推动反兴奋剂斗争进入一个重要的新阶段。与 2003 年的初版《世界反兴奋剂条例》相比，新《世界反兴奋剂条例》主要有以下变化。

1. 更具灵活性

新《世界反兴奋剂条例》在实施处罚方面具有更大的灵活性，特别是当运动员能够证明其体内被检测出的禁用物质，并非是为了提高运动能力而故意使用（第 10.5 条款），可减轻刑法。

2. 处罚加重

新《世界反兴奋剂条例》中增补了在兴奋剂违规案例中可加重处罚的情况，这样就加大了惩罚力度。

这类情况包括但不仅限于：属于重大兴奋剂事件的参与者；运动员使用了多种违禁物质或多次使用某种违禁物质；运动员参与欺骗，或有阻碍兴奋剂违规调查或妨碍判决的行为（第10.6条款）。可加重处罚的情况还包括：一个正常个体有可能获益于兴奋剂违规所带来的运动能力的提高，但对其违规行为又无可适用的禁赛期。

3. 特定物质

基于前述新《世界反兴奋剂条例》的灵活性，"特定物质"的定义在新《世界反兴奋剂条例》生效时将发生变化（第4.2.2条款和第10.4条款）。运动员可以明确地证实某种禁用物质是如何进入其体内的，或如何成为其持有物的，而且并非是有意使用这类物质来提高运动能力。这样，就可以将处罚最低减轻至仅给予批评，不禁赛。

4. 更具一致性

对于各利益攸关方最初曾要求"可以灵活执行"并在2003年版《世界反兴奋剂条例》中得到许可的条款，新《世界反兴奋剂条例》的变更使其更加协调一致。例如：2003年版《世界反兴奋剂条例》规定禁赛期为三个月至两年；新《世界反兴奋剂条例》则规定，根据运动员的过错程度，给予最低一年、最高两年的禁赛处罚（第10.3.3条款）。收紧灵活尺度的目的，在于强化一致性，尽管允许审查委员会全面考量个案的具体情况而作出裁定。

5. 鼓励检举和自首

新《世界反兴奋剂条例》还强化了鼓励检举和自首的原则，对于那些为反兴奋剂组织、刑事机构或职业纪律检查机构提供了重大帮助，使反兴奋剂组织发现或证实其他人违犯了反兴奋剂规则，或使刑事机构或职业纪律检查机构发现其他人构成刑事犯罪或职业违规的当事人（第10.5.3条款），其禁赛期的缩减幅度可从现行《世界反兴奋剂条例》中规定的二分之一提高到四分之三。

6. 加速兴奋剂事件的处理程序

新《世界反兴奋剂条例》中有加速兴奋剂事件处理程序的要求——将分析A瓶样品和B瓶样品之间的间隔缩短为7个工作日。此外，新《世界反兴奋剂条例》采用了若A瓶样品呈禁用物质阳性，即对当事运动员强制性临时停赛的规定，但特定物质除外。若检查样品呈特定物质阳性或有其他违犯反兴奋剂规则的行为，反兴奋剂组织可决定是否给予临时停赛（第7.5条款）。

7. WADA的上诉权

新《世界反兴奋剂条例》还明确规定：任何兴奋剂事件，无论是否确实违犯了反兴奋剂规则，一旦反兴奋剂组织未能在合理期限内作出相关处理决定，WADA即可将其起诉至国际体育仲裁法庭，视同该反兴奋剂组织作出的是"未发现兴奋剂违规"的裁定（第 13.3 条款）。

8. 实施经济处罚

新《世界反兴奋剂条例》不阻止反兴奋剂组织在其规则中规定，对兴奋剂违规者不仅给予禁赛或其他处罚，还另加经济处罚（第 10.12 条款）。这就是说，不能用经济处罚来缩减《世界反兴奋剂条例》中列出的规定禁赛期或其他规定的处罚。而且，作为运动员兴奋剂违规后有可能重新获得参赛资格的一个先决条件，运动员必须首先退赔其所获得的全部奖金。[①]

笔者认为产生这些变化的原因是：首先，《世界反兴奋剂条例》为世界反兴奋剂行为提供了有效依据和操作框架，在反兴奋剂的战役中发挥了重要作用。为持续为兴奋剂事件的仲裁提供标准，为各国政府提供反兴奋剂的力量，条例需要不断更新。《世界反兴奋剂条例》第 23.6 款规定它必须与时俱进。其次，旧《世界反兴奋剂条例》一些处罚原则已不符合客观实际的要求，逐步落后于时代、科技和体育的发展，因而不能对所有兴奋剂事件进行全面、公正的判决。旧《世界反兴奋剂条例》灵活性不足，各条款之间协调性有待加强。旧《世界反兴奋剂条例》对于一些行为惩罚力度不足，没能从根源上处理兴奋剂问题。旧《世界反兴奋剂条例》的禁用药品清单不完善，未有效涵盖所有违禁药品。旧《世界反兴奋剂条例》对于反兴奋剂行为激励不足，反兴奋剂的方法探索尚不完善。旧《世界反兴奋剂条例》兴奋剂处理速度滞后于实际需求，并且对检测结果界定不完善。

第三节　我国反兴奋剂立法

一、我国反兴奋剂发展历程及反兴奋剂立法

我国反兴奋剂斗争是从 20 世纪 80 年开始的，在短短 20 多年的时间内反兴

---

① 2009 年版《世界反兴奋剂条例》的新变化［EB/OL］. 国家体育总局反兴奋剂中心网，http：//www. chinada. cn/contents/41/8. html.

奋剂法律在我国从无到有，目前已经建立起日臻完善的反兴奋剂法律体系：以《体育法》中关于兴奋剂的规定为依据，以体育行政管理部门制定的法规性文件为主要内容，构成了我国纵横交错的反兴奋剂法律体系框架。纵的除了《体育法》外，还主要包括《反兴奋剂条例》、《关于严格禁止在体育运动中使用兴奋剂行为的规定（暂行）》、《对使用兴奋剂运动员的教练员处罚暂行办法》、《运动员守则》、《运动员治疗用药豁免管理办法》等，横的包括《药品管理法》、《海关法》、《执业医师法》等，其相关规定也是我国反兴奋剂斗争的有效法律支撑。这些法律规范为我国反兴奋剂工作提供了较为充分的法律依据。

20 世纪 80 年代以前，中国体育界对兴奋剂问题知之甚少。然而，随着对外交往的不断扩大，竞技体育竞争的日趋激烈，兴奋剂这一"国际公害"也开始波及中国。中国政府的体育主管部门——国家体育运动委员会（简称国家体委、国家体育总局前身）1985 年、1987 年连续颁发文件，要求严格执行国际奥委会关于禁用兴奋剂的规定。但是，由于当时中国还不具备相应的技术条件，同时也由于对兴奋剂问题的严重性尚缺乏认识和警惕，因此未能在国内正式开展全面的兴奋剂检查。

1986 年汉城亚运会上中国游泳队 11 名运动员药检呈阳性，是我国体育界最早的一起大范围兴奋剂事件。1989 年 5 月 3 日，国家体委主任办公会议专门研究了国内外日渐严重的兴奋剂问题，这次会议正式提出对兴奋剂问题要实行"严令禁止、严格检查、严肃处理"的方针。同年 5 月 19 日，国家体委颁发了《全国性体育竞赛检查禁用药物的暂行规定》。

1994 年的广岛亚运会期间，中国体育代表团共有 11 人（其中 7 人为游泳队员）被查出服用兴奋剂，吕彬、杨爱华、熊国鸣等著名选手被禁赛。这一事件导致其他国家运动员拒绝与中国运动员同时参加比赛，也促使我国政府加快了反兴奋剂立法的进程。

1995 年 2 月 27 日国家体委发布《禁止在体育运动中使用兴奋剂的暂行规定》，主要内容包括兴奋剂的管理原则和管理机构及其职责、禁用兴奋剂的范围、兴奋剂检查、兴奋剂的检测分析、申诉、处罚和仲裁。因为教练对运动员使用兴奋剂应负有管理不严的责任，并应受到相应处罚，根据《禁止在体育运动中使用兴奋剂的暂行规定》，1995 年 3 月 27 日颁布了《对使用兴奋剂运动员的教练员处罚暂行办法》，对教练的处罚进行了规定。但这时对兴奋剂的管理主要依靠行政手段，还没有上升到法律的层次。

　　1995 年 10 月，经全国人大通过颁布实施《中华人民共和国体育法》，第一次将反对使用兴奋剂纳入国家法律范畴。《体育法》对禁止使用兴奋剂及其责任进行了规定。根据《体育法》的规定，在体育运动中严禁使用禁用的药物和方法，禁用药物检测机构应当对禁用的药物和方法进行严格检查；对于在体育运动中使用禁用药物和方法的，由体育社会团体按照章程规定给予处罚，对国家工作人员中的直接责任人员，依法给予行政处分。《体育法》为我国反兴奋剂斗争提供了充分的法律依据和有力的司法保障。反兴奋剂问题纳入法律范畴后，运动员使用兴奋剂不仅仅是道德问题，而是具有法律意义的行为，对使用兴奋剂行为的规范从此纳入法制化轨道。

　　尽管我国不断加强对使用兴奋剂行为的打击，但兴奋剂事件仍然频发：1998 年 1 月澳大利亚珀斯世界游泳锦标赛期间，中国 4 名运动员药检呈阳性，比赛资格被取消；赛前中国一名运动员及其教练因携带生长激素，被国际泳联分别处以禁赛 4 年和 15 年的处罚。携带和使用兴奋剂事件，再次促使中国政府颁布更为严厉的规定，1998 年 12 月 31 日国家体育总局颁布《关于严格禁止在体育运动中使用兴奋剂行为的规定（暂行）》（国家体育总局第 1 号令发布，1999 年 1 月实施，后被称为"一号令"）。"一号令"对兴奋剂的控制、违规行为的处罚都作了明确规定，这成为我国处罚使用兴奋剂行为的基本法规。

　　"一号令"规定了 4 种应当受到处罚的使用兴奋剂行为，包括运动员以任何理由和方式使用兴奋剂，或拒绝、逃避兴奋剂检查，或在兴奋剂检查中的不正当行为；组织、强迫、欺骗、诱导、指使、指导运动员使用兴奋剂；针对运动员制造、试用、携带、销售、购买、有偿或无偿提供兴奋剂及为上述活动筹集或提供经费的行为。对全国性单项体育组织负责实施有上述行为的运动员及其相关人员和单位给予的技术处罚和经济处罚也作了详尽规定。

　　制订专门的反兴奋剂法规的工作从 2001 年启动。国务院《反兴奋剂条例》2004 年正式实施，对含禁用物质的药物生产、销售、进出口、使用、处罚等各方面都进行了明确规定。《反兴奋剂条例》的颁布与实施，标志着我国反兴奋剂工作纳入法制化、制度化和规范化的轨道，同时也是第一次把反兴奋剂从行业管理的层面上升到国家管理的层面，对保护运动员健康、维护公平竞争的体育道德产生了更加积极和深远的影响。

　　在法治化时期，我国在反兴奋剂的法制建设更加国际化，支持、参与国际反兴奋剂法制工作建设。2003 年，我国签署《哥本哈根宣言》，承诺实施《世界反兴奋剂条例》。2006 年，中国签署联合国教科文组织的《反对在体育运动中使用兴奋剂国际公约》，庄严承诺履行政府在反兴奋剂事务上的职责和义务，我国成为亚洲第一个签署公约的国家。

二、我国反兴奋剂法律制度

通过 20 年的反兴奋剂法制建设，我国已经初步形成了反兴奋剂的法律制度建设，在反兴奋剂工作中确立了管理制度、检查制度、处罚制度和宣传教育制度。①

1. 兴奋剂管理制度

根据《反兴奋剂条例》和"一号令"规定，我国的反兴奋剂工作逐步确立了由国家体育主管部门统一管理、国务院相关职能部门协同配合的管理制度。我国反兴奋剂工作由国务院体育主管部门负责并组织全国的反兴奋剂工作，中国反兴奋剂中心组织实施；县级以上人民政府食品药品监督管理、卫生、教育等有关部门协同配合；全国性单项体育组织、行业体育协会和各级地方政府体育部门积极参与并各负其责。

反兴奋剂综合管理制度的建立，不仅能够从生产、销售、进出口等各个环节对兴奋剂进行治理，而且还加强了兴奋剂控制过程的计划、协同、监督和改进，为反兴奋剂法律的实施提供了较为完善的制度保障。

2. 兴奋剂检查制度

国务院体育主管部门是兴奋剂检查和检测的实施机构，具体由我国反兴奋剂中心实施。反兴奋剂中心是国家级反兴奋剂机构，主要任务是承担国家及各类组织反兴奋剂检查与检测，开展反兴奋剂科学研究和宣传教育工作。

自 20 世纪 90 年代初开始，我国在全国范围内实施了统一的兴奋剂检查计划，实行严格的检查制度，逐年提高检查数量和质量。从 1990 年 165 例，增加到 2008 年 11167 例，而且圆满完成了北京奥运会兴奋剂检查检测任务。中国自主开发的兴奋剂控制质量管理体系于 2004 年通过 ISO 9001：2000 的质量认证，规范了兴奋剂控制的过程，不断提高兴奋剂检查的科学性和有效性。对发生的所有兴奋剂违规行为，本着"依法、严肃、公正、处罚与教育相结合"的基本原

---

① 陈书睿. 我国反兴奋剂法律之研究 [J]. 南京体育学院学报，2011 (2).

则，都给予了相应的处罚。

兴奋剂检查方式在国际上一般有赛内检查和赛外检查，我国《反兴奋剂条例》对上述两种检查方式都进行了规定。赛内兴奋剂检查是指专为某次运动会或比赛而进行的兴奋剂检查，检查可以在该次运动会或比赛开赛前、运动员到达比赛地点后，或比赛期间及刚结束比赛后进行。赛外检查亦称飞行药检，指在非比赛期间进行的不事先通知的突击性的兴奋剂检查。对全国性体育竞赛的参赛运动员应当实施赛内兴奋剂检查，对在全国性体育社会团体注册的运动员应当实施赛外兴奋剂检查，并可以对省级体育竞赛的参赛运动员实施赛内兴奋剂检查。

在规定兴奋剂检查机构的同时，我国《反兴奋剂条例》对反兴奋剂检查人员的检查行为进行了规定，以保证兴奋剂检查依法、规范、有序。检查人员在实施兴奋剂检查时应当按照兴奋剂检查规则实施，并且应当有 2 名以上检查人员参加；在履行检查职责时，应当出示检查证书；向运动员采集受检样本时，还应当出示按照兴奋剂检查规则签发的一次性兴奋剂检查授权书。检测应当是由国务院体育主管部门确定的符合兴奋剂检测条件的检测机构进行，检测机构及其工作人员，应当按照兴奋剂检查规则规定的范围和标准对受检样本进行检测。

3. 兴奋剂处罚制度

根据《反兴奋剂条例》，对于不同主体违反该条例规定的不同行为或同一行为所产生的违法后果，责任形式有民事责任、行政责任、刑事责任和体育责任。

体育责任主要是体育主体违反反兴奋剂法律应当承担的体育技术责任。根据《反兴奋剂条例》的规定，我国承担体育责任的主体包括运动员、体育社会团体、运动员管理单位、竞赛组织者。运动员违反《反兴奋剂条例》规定的，由有关体育社会团体、运动员管理单位、竞赛组织者作出取消参赛资格、取消比赛成绩或者禁赛的处理。体育社会团体、运动员管理单位向运动员提供兴奋剂或者组织、强迫、欺骗运动员在体育运动中使用兴奋剂的，负有责任的主管人员和其他直接责任人员 4 年内不得从事体育管理工作和运动员辅助工作；情节严重的，终身不得从事体育管理工作和运动员辅助工作；体育社会团体、运动员管理单位未履行《反兴奋剂条例》规定的其他义务的，造成严重后果的，负有责任的主管人员和其他直接责任人员 2 年内不得从事体育管理工作和运动员辅助工作。

我国 2008 年 3 月颁布的《国家队运动员兴奋剂违规处罚办法》对运动员和教练员的兴奋剂违规行为作出了更为严格的处罚措施。根据该办法，对发生兴奋剂违规的国家队运动员给予终身禁赛的处罚，对主管教练给予终身不得从事体育管理工作的处罚。

民事主体因违反法律或合同规定的民事义务，从而侵害了他人的财产或人身权利时，依法应当承担民事责任。根据《反兴奋剂条例》的规定兴奋剂民事责任承担的对象是运动员，责任的主体包括体育社会团体、运动员管理单位和运动员辅助人员。承担责任的原因：一是体育社会团体、运动员管理单位向运动员提供兴奋剂或者组织、强迫、欺骗运动员在体育运动中使用兴奋剂的；二是运动员辅助人员向运动员提供兴奋剂，或者协助运动员在体育运动中使用兴奋剂，或者实施影响采样结果行为，造成运动员人身损害时。民事责任的形式是依法承担民事赔偿责任。尽管《反兴奋剂条例》规定有民事责任，但由于种种原因，截至目前尚未看到有运动员因兴奋剂活动民事赔偿的案例。

行政责任是指国家行政机关及其公务人员在行政活动中违反行政法律规范要求履行和承担的义务而应承担的法律责任。体育主管部门和其他行政机关及其工作人员不履行职责，或者包庇、纵容非法使用、提供兴奋剂，或者有其他违反本条例行为的，对负有责任的主管人员和其他直接责任人员，依法给予行政处分；体育社会团体、运动员管理单位违反本条例规定，负有责任的主管人员和其他直接责任人员属于国家工作人员的，也应当依法给予撤职、开除的行政处分；运动员辅助人员违反本条例规定，属于国家工作人员的，也应当依法给予撤职、开除的行政处分。

体育社会团体、运动员管理单位向运动员提供兴奋剂或者组织、强迫、欺骗运动员在体育运动中使用兴奋剂构成犯罪的，依法追究刑事责任；运动员辅助人员组织、强迫、欺骗、教唆运动员在体育运动中使用兴奋剂构成犯罪的，依法追究刑事责任；运动员辅助人员向运动员提供兴奋剂，或者协助运动员在体育运动中使用兴奋剂，或者实施影响采样结果行为构成犯罪的，依法追究刑事责任。由于《反兴奋剂条例》与我国《刑法》的现行规定缺乏对接，无法认定行为人刑事责任的罪名，造成《反兴奋剂条例》规定的刑事责任制度无法实施。

《反兴奋剂条例》颁布 6 年来，对他人使用兴奋剂的行为时有发生，因对他人使用兴奋剂而被追究刑事责任的案例却从未发生。

4. 兴奋剂宣传教育制度

我国自展开反兴奋剂工作以来，注重兴奋剂教育，坚持教育为主、预防为本，提高运动员及其辅助人员自觉抵制使用兴奋剂的能力，预防兴奋剂违规行为的发生。因此，我国反兴奋剂法律对反兴奋剂教育也进行了明确规定。我国《反兴奋剂条例》规定的兴奋剂教育对象主要是运动员及其辅助人员，但兴奋剂的使用悄然出现在了中考、体育特长生加试等考试中。因此，我国反兴奋剂教育应当扩大教育对象，使体育运动员和公众都能正确、全面认识到兴奋剂的危害，掌握反兴奋剂的知识和能力，维护公平竞赛的体育道德。

第四节　案例分析

一、阿姆斯特朗案

1. 案件回顾

2012 年 10 月，美国反兴奋剂机构（USADA）公布了一份长达 1000 页、包括 26 位证人证词在内的调查报告，指证"环法 7 冠王"阿姆斯特朗长期使用兴奋剂的事实，其中有 15 人能直接证明阿姆斯特朗在美国邮政车队（后更名为电信车队）期间曾服用禁药，兰斯·阿姆斯特朗，这位人类历史上最伟大的自行车运动员之一、"生命斗士"和"美国国家英雄"成为这场堪称人类体育史上最大兴奋剂丑闻的主演。

事情要从 2000 年说起。那一年的 6 月，兰斯·阿姆斯特朗和他的两个美国邮政车队队友乘坐一辆私人飞机飞往西班牙的瓦伦西亚接受血液检查。在当地的一家旅馆内，两名医生和车队经理均在现场，他们目睹血液从车手身体里流出，流进了塑料袋子中。从那一刻开始，新的也是更强大的兴奋剂服用计划拉开了帷幕。在那一年 7 月的环法自行车赛期间，他们展开了行动。自行车手们躺在床上，冰冷的血液从墙边挂着的血袋里流入他们的身体，这让车手们感到有些战栗。这些血液会大大提高车手们的携氧能力，同时还会增强车手的耐力。输完血的第二天，阿姆斯特朗在冯杜山赛段里表现出色，进一步扩大了他的领先优势。阿姆斯特朗本人也如愿收获了他的第二座环法冠军奖杯。同一年，在一场西班牙的比赛上，阿姆斯特朗告诉他的一个队友自己服用了睾丸素。睾丸素毫无疑问是一种违禁品，阿姆斯特朗称它为"油"。那位队友警告了他，告诉他禁药检查人员当时就在车队下榻的宾馆里，队友让阿姆斯特朗主动退出这届赛事以免被抓住。

2002 年，阿姆斯特朗让他的一位队友前往他在西班牙吉罗纳的公寓。他告诉自己的队友如果想要继续为车队效力，就必须接受阿姆斯特朗医生提出的服药计划。那位车手后来这样说道："当时车队就是他说了算的。"2012 年 10 月 10 日，一份近千页的报告揭露了阿姆斯特朗案件的细节，他的队友、来往邮件、经济账务和实验室分析报告等内容全部被美国反兴奋剂组织公之于众。①

2. 案件分析

阿姆斯特朗禁药事件与其他禁药事件相比有其特殊性。

其一，早在 20 世纪 90 年代末，美国反兴奋剂组织（USADA）和世界反兴奋剂组织（WADA）即对阿姆斯特朗展开调查，一方面由于证据不足，另一方面由于国际自联（UCI）出于种种考虑对阿姆斯特朗的包庇纵容，使得调查迟迟难以取得进展。根据《世界反兴奋剂条例》第 13.2.3 条规定，未按其规定作出处罚的相关国际单项体育联合会有权作为当事人向国际体育仲裁法庭（CAS）提出上诉，即此案中的国际自联有权就 USADA 对于阿姆斯特朗的处罚决定向 CAS 提出上诉。此次阿姆斯特朗之所以放弃就 USADA 的指控提出上诉，一方面由于人证物证确凿或者是由于其自己所说的"身心疲惫而放弃抗争"，但另一重要原因是，更换了主席的国际自联决定接受 USADA 的调查结果和处罚决定，这也就意味着阿姆斯特朗失去了最后的支持力量，不得不放弃进一步上诉和申辩。

阿姆斯特朗事件第二个特殊性在于其大规模集体服药，且存在强迫、胁迫、共谋等现象。阿姆斯特朗对自己的队友只有一个标准，要么跟随，要么就是被毁掉。反兴奋剂组织的发言人表示："这是一个由个人组织起来的服药项目，他们认为自己是这项运动的主角，能够凌驾于所有的规则之上。"在 USADA 的报告里，有这样一段话，"阿姆斯特朗让他自己依赖上了 EPO（红细胞生成素）、睾丸素和输血。同时他还无情地要求所有的队友都和他使用一样的禁药，并且一定要为他自己的目标服务。"反兴奋剂组织在报告中表示："阿姆斯特朗不是一个人行动的，有一群人在背后帮助他，包括兴奋剂医生、药贩子和车队里的一些人物。"阿姆斯特朗特别依赖他的一位意大利医生米歇尔·法拉利，他在平时的训练和服药方面经常听取这名医生的建议。阿姆斯特朗从 1996 年到 2006 年，累计

---

① 阿姆斯特朗禁药骗局曝光，USADA 公布 1000 页报告［EB/OL］. http://sports.sohu.com/20121012/n354745937.shtml.

付给法拉利医生超过 100 万美元。法拉利医生在帮助车手通过药检方面是一把好手。不少车手都表示，只要有法拉利在，他们就不怕自己会在药检中落马。为了能够成功通过药检，这位法拉利医生建议车手在使用 EPO 的时候，最好直接将药物注射进自己的静脉。这样，药检就很难检测出 EPO 的成分。同时他还大力推广一些含氧量低的药物，他认为这些药物也能帮助车手通过药检。布鲁内尔长期担任阿姆斯特朗所在车队的车队经理职务，他和车队的队医也在禁药案里扮演了重要的角色。根据车手们的证词，经理和队医会经常介绍新车手进入这个禁药小组。队友维尔德则回忆道："布鲁内尔于 1998 赛季之后开始担任车队经理的位置，之后他就找来了一个新的队医，路易斯·加西亚·德尔·莫瑞尔。这个队医很喜欢给车手注射。"现在证据已经愈发明朗，反兴奋剂组织表示阿姆斯特朗大量使用了兴奋剂，同时他还是整个禁药服用计划的重要领头人。这也是他被终身禁止参与任何奥林匹克体育运动，同时他那辉煌的环法 7 冠王头衔也被剥夺的原因。

反兴奋剂组织在报告中这样陈述："他不仅深受禁药风气的影响，还在推广禁药，他的出现让禁药更加风靡。"阿姆斯特朗的行为不仅仅是服用兴奋剂这么简单，还触犯了《世界反兴奋剂条例》中一系列的规定，将其称为人类体育史上最大的禁药丑闻，言符其实。

二、加斯奎特案

1. 案件回顾

2009 年 3 月，法国职业网球运动员理查德·加斯奎特在迈阿密大师杯赛上因伤弃赛，随后他在两次药检中结果呈阳性，被曝服用了违禁药物可卡因。同年 5 月，他因为被指吸毒及兴奋剂丑闻，面临禁赛。6 月 29 日，理查德·加斯奎特在全英网球俱乐部出席了关于此次兴奋剂事件的听证会。他在听证会上交代，自己在迈阿密赛后和一个朋友去了家夜总会看舞蹈音乐节上法国 DJ 的表演，亲了一个叫"帕梅拉"的姑娘，此姑娘吸毒，以致他的检查结果为阳性。审理小组认为，事情确实如加斯奎特所承认的，也就是说，加斯奎特不是故意吸毒。在国际网联的调查中，加斯奎特也澄清了此事。因此，反兴奋剂独立法庭给予加斯奎特两个半月的禁赛处罚。

但是 ITF（国际网球联合会）和 WADA 对该结果都有些不满意，希望禁赛期可以延长至两年，因此向 CAS 上诉。2009 年 12 月 18 日，CAS 作出了对加斯奎特涉药事件的最终判决，证实了他的清白，驳回了 WADA 和 ITF 共同上诉要求追加两年禁赛期的要求。CAS 采纳了加斯奎特关于在夜店亲吻陌生女子而染毒的证词，CAS 认为："对于运动员来说，在陌生的环境中的确可能发生类似的事情，可能通过这种途径沾染可卡因。"由三名律师组成的 CAS 陪审团认为加斯奎特尿样中的可卡因含量微乎其微，甚至可以忽略不计，而且事实证明他本身也不是可卡因惯用者。

对此结果，加斯奎特和教练都感到十分满意。在加斯奎特胜诉之后，WADA和ITF 也各自发表声明，WADA 相信这个结果是经过深入的调查之后才作出的，表示之后不会对此发表进一步的评论。ITF 主席里奇—比蒂显然有些不太认同，直言对这个判罚结果感到失望，但是也只能接受 CAS 的意见。这也就意味着现世界排名第 52 位的法国天才在 2010 年将继续征战 ATP（国际职业网球联合会）赛场，德布里克暂时出任教练一职。

2. 案件分析

（1）从运动员角度剖析

此案可以《世界反兴奋剂条例》第 2.1.1 条和 10.5.1 条的内容进行分析。

《世界反兴奋剂条例》2.1.1 条规定，确保没有禁用物质进入自己体内是每个运动员的个人责任。运动员应对从其体内采集样本中发现的任何禁用物质或其代谢物或标记物承担责任。[①]

《世界反兴奋剂条例》第 10.5.1 条规定，如果运动员在个案中能证明自己无过错或无疏忽，则将免除其禁赛期。当在运动员的样本中检测出禁用物质或其他代谢物或标记物而构成违反条款 2.1 时，运动员必须举证禁用物质是如何进入其体内的，从而取消禁赛期。

CAS 表示虽然证明禁用物质如何进入体内以及尽了最大的谨慎义务这两点是相互独立的，但是证明第一点是证明第二点的前提，甚至有时证明了第一点就完成了第二点的证明，反之则不然。所以，第一点的证明非常关键，运动员必须提供切实可靠的证据，而不能单凭自己的陈述或猜测来证明禁用物质是如何进入其体内的。要证明禁用物质进入体内的途径，首先要了解物质的种类，然后再调查最近食用的可能含有此类物质的食物或饮料或药品等。因为通常运动员服用的

① World Anti—doping Code 2009 ［EB/OL］. http：//www. wada—ama. org/en/World—Anti—Do-ping—Program/Sports—and—Anti—Doping—Organizations/The—Code/. pdf. 2009—01—35.

东西很多，若没有记录很难排查。所以，运动员应当注意清楚地记录每天有哪些食物进入其体内。

但是有的情况下，禁用物质是在运动员不知道的情况进入其体内的，这时要查明进入的途径就很艰难。此案中，加斯奎特被查出体内含有可卡因。一开始大家对于可卡因的进入途径都不确定，国际网球联合会提出了几种可能性，如故意吸食，有人故意或无意将可卡因掺加其饮料中，运动员意外地接触到吸食了可卡因的人或吸进充满可卡因的空气。加斯奎特提出了切实的证据反驳了这几种可能性。他通过专家证据以及对其头发样本的检验结果证明了其体内可卡因的含量如此之小，以此证明自己不是为寻求刺激故意服用。其次，如果是他在酒吧玩时，有人恶意陷害也不会只放这么一点。再次，可卡因无意溅入其饮料的可能性也很小，因为吸食可卡因是一种犯罪行为，只可能在封闭的私人的隐蔽空间里吸食，所以很难溅入到其他人的饮料中。最后，他聘请的专家证明可卡因是不能通过空气或人与人之间的体表接触传播。

加斯奎特认为自己去酒吧的那一晚与一名女子多次接吻是导致可卡因进入体内的原因。经过警方介入，女子被警察逮捕并证实她是一个瘾君子。同时，加斯奎特的专家证人也提供了可卡因可能通过这种途径进入人体的科学根据。所以，仲裁庭最终认为：即使加斯奎特的说法也并不是很确定，但是相比国际网球联合会提出的其他途径更为可信，达到了 WADA 规则所规定的优势证明标准，所以接受了他的说法。

从此案总结得出：要证明禁用物质如何进入体内，必须有足够的专家证据。科学检测报告等可靠的证据在不确定禁用物质的进入途径时，只要能证明某一种可能性比其他途径可能性稍大，即达到优势证明的标准，仲裁庭就会采纳更有说服力的举证。

（2）从第三人角度剖析

从《世界反兴奋剂条例》第 10.5.1 条和第 2.1 条内容来看，运动员有义务了解并执行依照本条例制定的所有相关的反兴奋剂政策和规则；随时准备接受样本采集；对自身摄入物质和使用方法负责。

虽然与加斯奎特接吻的女子不能算作运动员辅助人员或《世界反兴奋剂条例》中的其他责任主体，CAS 等组织无法通过《世界反兴奋剂条例》对她进行制裁。但其吸食可卡因的违法行为也最终使她难逃法网。在此案中女子充当的角色实质上类似于对运动员投放禁药的第三者。于是解决此案的关键问题变为"在第三者有意地对运动员投放了禁用物质而使检测呈阳性，运动员是否免责"。

WADC 的细则明确指出运动员的私人医生或体能教练在未告知运动员的情况下给运动员施用禁用物质，或者运动员配偶、教练员或与运动员交往的其他人有意投放禁用物质都不构成无过失。因为运动员及其所交往的人都有对其饮食负责的义务。条例还规定，如果运动员能证明自己尽了最大的谨慎义务也不能防止第三人对其投放禁用物质，运动员也可以被免除禁赛处罚。[①]

加斯奎特一案中，仲裁庭认为运动员尽了最大的谨慎义务——他不可能知道可卡因可能因为与女孩接吻而进入其体内，因为运动员并不知道这名女孩有吸毒史，在那晚也没见到她吸毒或者表现出吸毒的状态；即使他知道女孩吸毒，也不知道通过接吻可卡因会进入他体内。经专家仲裁庭上专家审议，运动员的确尽了最大的谨慎义务，故在本案中无过错。

总结来看，运动员有采取合理措施防止第三人对其投放禁用物质的义务，如果他没有采取这种合理的措施，就构成过失。当他尽了最大的谨慎义务也不能防止第三人对其投放禁用物质，免除禁赛处罚才成为一种可能。

三、佟文案

1. 案件回顾

2011 年 2 月，国际体育仲裁院发布裁决书，推翻了国际柔道联合会（the International Judo Federation，IJF）2010 年 4 月作出的对中国柔道运动员佟文因兴奋剂禁赛两年的处罚决定，这是 1984 年 CAS 成立以来，中国运动员利用国际仲裁机制，成功推翻兴奋剂处罚的第一起案例。

2009 年 8 月 30 日，佟文在荷兰鹿特丹举行的世界柔道锦标赛上获得了女子78 公斤级冠军，但在同年 9 月 8 日进行的兴奋剂检测中，佟文的 A 瓶尿样被查出含有双氯醇胺这一兴奋剂成分。但国际柔联既未在规定时间内通知她药检结果，还在未通知她出席的情况下就对 B 瓶进行了开瓶检验，结果 B 瓶也呈阳性。因此，佟文被指控服用的兴奋剂药物为克伦特罗，也就是俗称的"瘦肉精"（理论上来讲，克伦特罗本身有扩张气管的医疗作用，但大剂量使用同样也有蛋白同化制剂作用，即帮助增长肌肉）。

---

① 宋彬龄. 论兴奋剂案件中过错程度的证明 [J]. 体育科学，2012（7）.

2010 年 4 月 4 日，国际柔联对佟文禁赛两年，并取消了她 2009 年世锦赛上的金牌。3 个月后，佟文上诉到国际体育仲裁法庭，理由是国际柔联违反了"尿样检测时运动员或代理人必须在场"的规定。

2009 年她接受了 A 样本的检验结果并放弃了 B 瓶样本检验的权利。起初，佟文承认确实服用过兴奋剂，对于这一决定，在事后发表的声明中她的代理律师解释道："在束手无策和毫无经验的情况下，各种佟女士所无法控制的因素使得她不得不作出这样一个选择，即表达出忏悔之意。当时的她错误地相信这可能是实现尽快返回奥运赛场最可行的办法。这是在佟女士法定的正当程序性权利无法得到保障的情况下一个违心的无奈选择，并非她本人的真实意愿。"这体现出中国运动员维权意识尚待提高。

在接到禁赛两年、取消 2009 年世锦赛金牌的处罚后，佟文聘请了曾为两名白俄罗斯链球选手追回奥运会奖牌的律师团队，这一次，律师团队为佟文提出了测谎申请，并且准备就科隆实验室一台设备不符合正确检测克伦特罗标准作出上诉。佟文坚持自己没有故意服用过克伦特罗。佟文提出了三点申诉理由：第一，用于 A 样本检验的机器已经 18 个月未标刻度了，这违反了 2009 年 1 月世界实验室标准，所以 A 样本检验结果不具可采性；第二，佟文未被给予出席 B 样本的开启和检验的机会；第三，IJF 未在 8 个月内给她任何有关 A 样本检验的材料、没有给予其任何听证的机会等，错误是如此严重以至整个程序应当是无效的，所以应撤销 IJF 的处罚决定。[①]

佟文及其律师团队"聪明"之处在于他们上诉的重点并不纠结于佟文是故意服用还是"误服"兴奋剂，因为根据严格责任原则，即使运动员有证据证明其误服，也要接受相应处罚。而其成功的关键在于，国际柔道联合会检测 B 瓶尿样违反了相关规定，是在佟文本人完全不知情的情况下进行的。据国际反兴奋剂条例规定，如果运动员凭借有利证据证明实验室有违背国际标准进行样品分析和监管程序，则反兴奋剂组织必须证明该违背标准的行为并不会导致检查结果发生变化并使得听证委员会满意和认可。

最后，国际体育仲裁法庭经过审理决定：支持佟文的上诉，撤销国际柔联的判罚。不过，法庭同时表示，取消佟文的禁赛是由于国际柔道联合会"程序上的

---

① 宋彬龄. 中国运动员国家体育仲裁胜诉第一案述评——兴奋剂处罚的正义问题 [J]. 天津体育学院学报，2011（2）.

错误"，而并不是对佟文是否使用违禁药品的问题下结论。

佟文的禁赛处罚被国际体育仲裁法庭取消 4 天之后，国际柔联对此发表了一份声明。在声明中，国际柔联主席维泽尔对此决定表示"震惊"，并强调他们对佟文的 B 瓶尿样进行检测是在后者承认的基础上作出的。维泽尔坦言国际体育仲裁法庭的这一决定让他大为吃惊，"这将会对柔道运动和其他项目产生非常负面的影响。它将对年轻一代产生重要的影响，这个判决对于我们来说很难理解。"维泽尔承认国际柔联在程序上存在失误，但他辩称"这只是一个程序上的失误，而且我们重申一遍，这一失误是在该运动员已经坦白之后发生的"。维泽尔同时对国际体育仲裁法庭进行了谴责，"他们负责捍卫体育项目的公平与道德。即便我们程序有误，这一判决也违背了柔道及其他运动的体育精神。我认为，如果有必要，可以对检测流程的失误进行处分，或者作出经济处罚。但他们不应该作出这样一个带来负面影响的判决。"

2. 案件评析

（1）国际仲裁强调程序权利的重要性

随着严格责任原则的适用，运动员要在实体上证明未构成兴奋剂违规越来越困难，而近年来那些运动员翻案成功的案例，几乎都是利用了反兴奋剂机构程序上的违规而胜诉的。本案的特殊之处在于运动员已经放弃了 B 样本的检测，是否意味着同时她也放弃了 B 样本的开启和检验的知情权和到场权呢？

CAS 对这一问题作出了明确的解释，它认为，运动员可能放弃 B 样本检验，IJF 可以自行决定对 B 样本进行检验。在一般的情况下，当运动员放弃检验时，反兴奋剂组织不会再进行 B 样本检验。但只要进行 B 样本检验，无论是基于什么原因进行的，无论 B 样本检验请求是由运动员提出的还是由体育组织提出的，运动员都有 B 样本开启和检验的知情权和到场权。不能因为运动员放弃了 B 样本检验而可以不告知他 B 样本检验的时间地点，不告知他有权出席 B 样本的开启和检验，所以放弃 B 样本的检验并不意味着放弃了 B 样本检验的知情权和到场权。

可见，在兴奋剂案件中，CAS 并不仅仅重视是否使用兴奋剂这一事实的查明，同时也重视在兴奋剂检验过程中运动员程序权利的维护。它既维护了法律对竞赛公平的保证，也维护了法律本身的准确适用性。

（2）肯定了体育仲裁中禁反言原则的适用

禁反言原则是指人们在进行民事活动、民事诉讼行为时，应对自己以言词作出的各种表示负责，不得随意作出否定在先言词的言论或行为。虽然在我国的民事诉讼和仲裁中尚未确立禁反言原则，但是它却是被 CAS 所认可的法律规则。

由此可见，佟文之前放弃 B 样本检测的行为并不表示她就不会再质疑 B 样本的检测结果，也不意味着 IJF 会基于其放弃行为就相信她不再质疑 B 样本的检测结果，所以佟文的行为不构成对禁反言原则的违反。

（3）运动员需提高维权意识

在此案件中，当中国柔道联合会 10 月 19 日通知佟文 A 样本药检结果后，IJF 的执委及 CJA 的副主席告诉佟文如果她请求样本 B 检验，会引起大家对她的反感，这样可能会给她比接受 A 样本检验结果更长的禁赛期。所以最好的办法就是与 IJF 合作以求减轻处罚，这样她就可以早日重返赛场积累足够的积分来参加伦敦奥运会。但是根据《奥运会宪章》第 45 条，被处以 6 个月以上的禁赛，佟文就将被禁止参加伦敦奥运会。

我国历来是一个"重实体，轻程序"的国家，对程序正义的呼吁大多也都只流于纸面。随着我国与世界的接轨，尤其是在体育领域，运动员们越来越多地参加世界级比赛，若依然固守传统观念，忽视对世界先进理念的接纳融合，是必将碰壁的。通过佟文案我们应认识到，除在思想上还需要加强对程序的重视外，在实践中也要将程序正义理念加以贯彻，使之成为保护运动员权益的重要武器。

（本部分案例材料由北京体育大学 2009 级公共事业管理专业周璟璠、江桐影、康宝帅、李佳怿同学收集整理。）

第九章　足球反腐败相关法律问题

第一节　中国足球反腐历程及结果

一、中国足球职业化改革

1. 我国足球职业化改革的时代背景

政治影响决定着体育体制。政治体制改革的成果必将对我国竞技体育的发展起决定性的影响。从 1978 年我国开始实行改革开放到 20 世纪 90 年代初，体育事业取得了巨大的成就，但由于长期受计划经济的影响，竞技体育承担着"为国争光"的任务，实行了计划经济下的"举国体制"。然而，在实行有计划的商品经济体制改革的浪潮推动下，体育界在 20 世纪 80 年代中期，开始了寻求举国体制与体育社会化相结合的改革之路。

随着 1992 年春邓小平同志视察南方讲话发表，中国的改革开放事业由此掀起了新一轮高潮，特别是党的"十四大"提出了建立社会主义市场经济体制，促使体育界重新认识和思考体育体制的改革深化问题。体育体制改革的目标模式决定了机制的改革必须与正在形成的社会主义市场经济体制相适应，全面地吸收和运用市场经济的理论、思维方式、原则、方法和手段，发展我国体育事业。

在邓小平同志南方谈话发表的大背景下，中央领导同志对足球改革的重要指示以坚定不移的明确态度，表达了党中央对 20 世纪 90 年代整个体育事业改革发展的战略思想和指导方针，即中国体育一定要转变已不适应新形势要求的现行体育体制和运行机制，探索和走出一条与社会主义市场经济体制相适应的、适合中国国情的体育改革发展道路。

1992 年 6 月在北京召开的"红山口会议"上，在中央领导同志的亲自干预下，以足球改革为突破口的新一轮改革发展战略开始形成，这是足球职业化改革中具有重要历史意义的一次会议。会议确定了以足协实体化和组建职业足球俱乐部为中心的足球改革构想，足球正式成为深化体育改革的突破口 。经过两年时间的准备，1994 年职业联赛开始，从此拉开了中国足球职业化改革的序幕。

2. 我国足球职业化改革的内因

新中国成立后，在党和政府的重视与支持下，无论运动成绩还是普及程度，中国足球都有了长足的进步。进入 20 世纪 80 年代，在世界足球水平普遍提高的情况下，由于受经费投入、训练体制、竞赛体制、领导方式以及人才培养体制等多种因素的制约，我国的足球水平不仅没有明显提高，反而有下降的趋势。管理松弛，教练员、运动员缺乏进取精神，中国国家男子足球队在参加世界大赛中屡战屡败，引起人们的极大不满。1992 年年初，国家奥林匹克足球队又一次进军奥运会未果。使国家体委与足球主管部门面临着来自社会各界的巨大压力，如何迅速提高我国的足球运动水平已成为体育界和足球界亟待解决的一个难题。

随着国际、国内形势的变化和我国从计划经济向社会主义市场经济转移，国家经济体制改革与转轨迫使竞技项目必须走市场化的道路，而市场化的实施要打破传统的体育运动管理体制，建立起与职业化发展相适应的新体制。所以，原有训练、竞赛、管理等体制的不适应性便逐渐暴露出来：由于足球的投入较大.而产出较低，单靠国家的拨款已经无法满足足球自身发展的需要。因此足球要实现持续发展，必须面向社会和市场，走职业化的道路，才能获取足够的资金和发展动力。①

二、中国足球反腐败历程

职业化之后，中国足坛就出现了假球、赌球的种种传闻。直到 2001 年发生

---

①　王伟平，陈为群，黄桥贤. 我国足球职业化改革进程缓慢的理性分析 ［J］. 天津体育学院学报，2005（4）.

的甲 B 五鼠案，这是中国足球史上第一起被确认并受到处罚的假球案件。

1. 2001 年—2002 年，中国足球处罚假球、黑哨事件，反腐扫黑导致司法介入

2001 年 10 月 7 日，在沈阳五里河体育场，中国男足第一次获得世界杯出线权，那是中国足球史上最辉煌的一刻，留下了众多值得记忆的画面。令人遗憾的是，就在国足出线的前一天，甲 B 最后一轮比赛中几支球队明目张胆地造假，先是成都五牛与四川绵阳的德比战中，成都队以 11∶2 创造了中国次级联赛比分和绝对进球数之纪录，这引起全国媒体和球迷同声叫假。而后长春亚泰在浙江绿城身上捞到 6 个净胜球，力压五牛取得当年升级资格。不过，长春亚泰最终被取消升级资格，浙江绿城、成都五牛、江苏舜天、四川绵阳四支球队同时受到中国足协严惩，这就是著名的"甲 B 五鼠"事件。

中国足协认定甲 B 的三场比赛为消极比赛，阎世铎喊出"杀无赦，斩立决"，并发出"乱世须用重典，矫枉难免过正"的指示，要求严惩"甲 B 五鼠"。

2001 年 12 月 11 日，进入足坛才 8 个多月的吉利在广州举行告别足坛新闻发布会，宣布退出足坛。在发表的公开信中，吉利自称是"无助的风中之烛"，注定要熄灭在这黑暗之中。

2001 年 12 月 14 日，吉利集团董事长李书福到杭州，和浙江绿城董事长宋卫平联合召开了"浙江足球媒体见面会"。李书福和宋卫平在自曝"污点"的同时，矛头直指中国足协，认为是中国足坛大环境的"黑"，迫使他们不得不参与那些黑色交易，假球、黑哨确实已经到了不治不行的地步。

2001 年 12 月 21 日，宋卫平向前来调查的中国足协有关负责人拿出了一封"黑哨裁判"的忏悔信，这封署名为"一个还有良知的裁判"，落款时间为"2001 年 12 月 17 日"。宋卫平称，这个裁判已将从中间人处收到的 4 万元钱如数退还给绿城，这一事件拉开了反黑的序幕。

2001 年 12 月 26 日，浙江省体育局局长陈培德向新闻界公布了一封"黑哨"裁判的忏悔信，反黑加剧。

2002 年 1 月 5 日，阎世铎在接受新华社记者采访时说，中国足协对一些涉嫌"黑哨"裁判的调查取得突破，已有裁判承认"自己过去做错了事"。

2002 年 1 月 7 日，宋卫平把在去年甲 B 联赛执法中涉嫌收受该俱乐部"黑钱"的裁判名单交给了新华社记者，新华社通过有关渠道及时向有关部门反映了这一情况。

2002 年 1 月 11 日，北京法学界和司法界的十余名教授、律师、检察院和法院人士就黑哨裁判场外收钱构成何罪、司法能否介入和司法解释能否尽快出台等大众关心的焦点问题召开研讨会，几乎所有与会人员都认定裁判收钱构成受贿罪。

2002 年 1 月 23 日，阎世铎在通气会上说，中国足协打击"黑哨"从不手软，并称黑哨调查取得了突破性进展，足坛存在的腐败现象触目惊心。

2002 年 2 月 23 日，中国足协在联赛工作会议最后一天宣布全面取消升降级，阎世铎发表讲话，提出"健康联赛，快乐足球"的说法，这也是在当时反黑风暴中的一种非常无奈的做法。

2002 年 2 月 25 日，最高人民检察院下发通知，"根据目前我国足球行业管理体制现状和体育法等有关规定，对于足球裁判的受贿行为，可以依照《刑法》第163 条的规定，以公司、企业人员受贿罪依法批捕、提起公诉；对于国家工作人员涉嫌贿赂犯罪的案件，应当依法立案侦查、提起公诉，追究刑事责任。"

2002 年 3 月 15 日，北京籍足球国际级裁判龚建平被北京市公安局宣武分局以"涉嫌商业贿赂"拘留，成为首位被拘留审查的足球裁判，次年 1 月却以"受贿罪"被判处有期徒刑 10 年，这标志着足坛打击"黑哨"进入了司法程序，这一事件也宣布了反黑将告一段落。2004 年，龚建平带着黑哨的名声离开人世。

2. 2003 年—2009 年，公安部介入调查假球、赌球事件

2003 年 8 月，在中国足球代表会议上，曾任公安部治安局副局长的吴明山当选为中国足协副主席。而他的工作重心，也转变为深入调查足球联赛中的赌球、假球等违法犯罪行为，同时收集相关证据。从 2004 年开始，公安部联合工商、税务等多个部门，将调查、取证目标转向中国足坛内部。这年年底，中国足协在河北香河召开中超深化改革工作小组第一次工作会议。会中的一个主要议程就是"抓赌行动"从外围转向俱乐部、球队内部。此时，赌球与抓赌仿佛在同时竞逐。2004 年以后，地下赌球更加猖狂，球员和俱乐部参与赌球、打假球的现象越发肆无忌惮。

2006 年开始，国务院办公厅、公安部、国家体育总局等有关部门多次下发文件，明确提出：要坚决抵制打假球、赌球行为，一旦发现严肃查处。同年 9 月30 日，公安部治安管理局、公共信息网络安全监察局与中国足协合作，成立打击足球赌博活动领导小组。公安部门的强势介入，让查处赌球取得很大的突破。在这一期间，广东、福建和辽宁等地接连打击了大批地下赌球团伙，抓获涉案主要人员几千人，非法赌资高达几十个亿。其中，有几个赌球大庄家还一直和中国

足坛内部有着密切牵连，多次联合操纵国内比赛，染指范围不仅囊括中甲、中超联赛，甚至还有国家队比赛。公安部顺藤摸瓜，也获得了一份中国足球内部参与赌球和打假球的几百人的名单。据披露，这份名单中，球员占据大部分，其中不少前任、现任国脚也赫然在列；另外，尚有不少俱乐部高层人员、教练和足协官员。

从 2007 年开始，公安部开始进入更加深入的调查、监控和取证阶段。经过两年的深入取证，公安部陆续"请"了 100 多名相关人士进行协助调查，并已掌握大量确凿证据。

2009 年年初，公安部根据国际刑警组织新加坡国家中心局发出的红色通缉令和有关请求，部署辽宁省公安机关协助调查王鑫（辽宁大连人）在新加坡非法操纵足球比赛一案。专案组于 2009 年 4 月在沈阳将王鑫抓获。在调查此案过程中，山西陆虎队总经理王珀、原广州医药队俱乐部副总经理杨旭等人相继落网。

2009 年 3 月 9 日，为落实《研究足球运动管理与改革有关问题的会议纪要》的精神，体育总局、公安、司法、工商、银行、税务等 12 部委成立"综合治理领导小组"，成员均是 12 个部委的副部长级以上的领导。①

3. 2009 年—2012 年，足协高官、裁判、俱乐部管理人员等被判处刑罚

2009 年 10 月 19 日，广州足协副秘书长杨旭被捕；2009 年 11 月 6 日，中国足协负责商务开发的范广鸣被警方要求协助调查，成为第一个涉案的足协官员；2009 年 11 月 13 日，前成都谢菲联队助理教练尤可为，定性涉嫌赌博犯罪被捕；2009 年 11 月 16 日，原青岛海利丰领队刘宏伟，被拘留；同一日，前武汉队门将闫毅涉嫌赌球被警方拘留；2009 年 12 月 15 日，前鲁能队长邢锐被捕；2010 年 1 月 21 日，公安部证实南勇、杨一民、张健强三足协高官接受调查后上述三人经检察机关批准予以依法逮捕。

陈培德对 2009 年以来的反"假赌黑"前景十分看好："以前失败的原因在于，反'假赌黑'行动的主导者是中国足协，足协的调查是内部调查，而且现在看来，足协本身还有大蛀虫，所以发现问题只会掩盖，导致半途而废。现在行动的主导者是公安机关，司法介入后公正性提高了，调查力度大大增强了。再者，高层对足坛反'假赌黑'也更重视了，南勇'被抓'充分说明反'假赌黑'进入

---

① 林华. 中国足坛掀扫黑风暴 [J]. 观察与思考，2009（23）.

了更深层次的打击程度，即反腐败。相信这次风暴可以刨根问底。"①

三、张建强和杨一民等人审判结果

2012 年 2 月 18 日，辽宁省铁岭市中级人民法院一审公开宣判一批涉足球系列犯罪案件。张建强和杨一民分别被判 12 年和 10 年 6 个月有期徒刑，王珀等 37 人被判八年以下有期徒刑，部分适用缓刑。成都谢菲联足球俱乐部有限公司和青岛海利丰足球俱乐部有限公司分别被判 60 万元和 200 万元罚金。②

铁岭中院审理查明：

1997 年—2009 年，被告人杨一民、张建强利用担任国家体育总局足球运动管理中心领导的职务便利，为足球教练员、足球俱乐部谋取不正当利益，分别非法收受他人财物人民币 125.4 万余元、273 万元。

2003 年，被告人李志民利用担任陕西国力足球俱乐部董事长的职务便利，为其他足球俱乐部谋取不正当利益，非法收受他人财物共计人民币 250 万元。

2006 年，被告人王珀利用担任西藏惠通陆华足球俱乐部总经理的职务便利，为他人谋取赌球获利等不正当利益，非法收受他人财物人民币 110 万元；以非法占有为目的，骗取他人财物人民币 23 万元。丁哲利用担任西藏惠通陆华足球俱乐部助理教练的职务便利，受王珀指使，为他人谋取不正当利益，与王珀共同非法收受他人财物人民币 20 万元，个人得 3 万元。

2006 年，被告人王鑫为赌球获利，与被告人刘彤、刘心斌共同送给王珀人民币 90 万元。2006 年—2009 年，王鑫通过他人获取"皇冠"赌博网站代理资格，接受投注，涉及赌资人民币 1100 余万元。

2006 年，被告人谢彬、陈志农、杨旭、吴晓东，为使其俱乐部赢得球赛，分别直接或通过被告人范广鸣、冷波、邢锐，向青岛海利丰足球俱乐部、延边足球俱乐部、西藏惠通陆华足球俱乐部、浙江绿城足球俱乐部人员行贿，其中陈志农行贿 125 万元，谢彬行贿 170 万元，杨旭行贿 230 万元，吴晓东行贿 295 万元，范广鸣行贿 100 万元，冷波行贿 100 万元，邢锐行贿 80 万元。被告人王守业、左文清共同收受贿赂 65 万元，被告人高晖、金光洙共同收受贿赂 60 万元，

---

① 衡洁. 中国足坛：从扫赌到反腐 [J]. 廉政瞭望，2010 (3).
② 铁岭中院宣判一批涉足球犯罪案 [EB/OL]. http://paper.people.com.cn/rmrb/html/2012－02－19.

被告人沈刘曦、胡明华共同收受贿赂 80 万元。

2007 年，被告人杜允琪、刘宏伟利用担任青岛海利丰足球俱乐部总裁、领队的职务便利，帮助成都谢菲联足球俱乐部赢得球赛，收受被告人许宏涛、尤可为给予的财物人民币 30 万元。2008 年，杜允琪为使其俱乐部赢得球赛，指使本队球员被告人杜斌、梁明向无锡中邦足球俱乐部球员被告人高峰、李丹及被告人陈琦、谭旭、陈亮、孙晓鹍、姚幼明、张扬等行贿人民币 100 万元，并共同侵占了海利丰俱乐部 30 万元。2009 年，杜允琪因周伟新拒绝支付操纵比赛的钱款，伙同被告人杨向明、杜涛对周伟新非法拘禁、殴打、辱骂，后周伟新被公安机关解救。2010 年，杨向明在被告人陈涛、王伟家的帮助下，反抗公安干警对其实施的依法抓捕，致使一名公安干警轻微伤。

依照《中华人民共和国刑法》的有关规定，铁岭中院判决如下：

被告人张建强犯受贿罪，判处有期徒刑 12 年，并处没收财产人民币 25 万元。

被告人杨一民犯受贿罪，判处有期徒刑 10 年 6 个月，并处没收财产人民币 20 万元。

被告人王珀犯非国家工作人员受贿罪，判处有期徒刑 6 年；犯诈骗罪，判处有期徒刑 3 年，并处罚金人民币 23 万元，决定执行有期徒刑 8 年，并处罚金人民币 23 万元。

被告人杜允琪犯对非国家工作人员行贿罪，判处有期徒刑 2 年；犯非国家工作人员受贿罪，判处有期徒刑 5 年，并处没收财产人民币 10 万元；犯非法拘禁罪，判处有期徒刑 1 年，决定执行有期徒刑 7 年，并处没收财产人民币 10 万元。

被告人王鑫犯对非国家工作人员行贿罪，判处有期徒刑 4 年，并处罚金人民币 30 万元；犯开设赌场罪，判处有期徒刑 4 年，并处罚金人民币 300 万元，决定执行有期徒刑 7 年，并处罚金人民币 330 万元。

被告人李志民犯非国家工作人员受贿罪，判处有期徒刑 5 年，并处没收财产人民币 25 万元。

被告人范广鸣犯对非国家工作人员行贿罪，判处有期徒刑 3 年 6 个月，并处罚金人民币 15 万元。

被告单位成都谢菲联足球俱乐部有限公司犯对非国家工作人员行贿罪，判处罚金人民币 60 万元。

被告单位青岛海利丰足球俱乐部有限公司犯对非国家工作人员行贿罪，判处罚金人民币 200 万元。

被告人左文清、王守业、高珲、金光洙、沈刘曦、胡明华、吴晓东、杨旭、冷波、邢锐、谢彬、陈志农、刘彤、刘心斌、丁哲、杜斌、梁明、高峰、李丹、陈琦、谭旭、陈亮、姚幼明、孙晓鹍、张扬、杨向明、刘宏伟、陈涛、杜涛、王伟家、许宏涛、尤可为等以各自所犯非国家工作人员受贿罪、对非国家工作人员行贿罪、职务侵占罪、非法拘禁罪、妨害公务罪，分别判处5年6个月以下有期徒刑不等。其中，对具有从犯、自首、立功等量刑情节的部分被告人，适用缓刑。

宣判时，铁岭地区部分人大代表、政协委员、媒体记者、球迷代表、其他群众及被告人家属在场旁听。

四、南勇、谢亚龙审判结果

2012年6月13日，始于2009年的中国足坛扫赌打黑风暴，在长达两年多的调查审理后，终于迎来了一审终结。2012年6月13日，两位中国足协前专职副主席谢亚龙、南勇一审均被判刑10年6个月。

1. 谢亚龙

宣判地：丹东

被告人谢亚龙在担任国家体育运动委员会群众体育司司长、国家体育总局足球运动管理中心主任和受国家体育总局委派担任中国足球协会副主席等职务期间，利用职务之便，为他人谋取利益，1998年至2008年6月，非法收受他人财物，合计折合人民币136.38万元。被告人谢亚龙身为国家工作人员，利用职务之便，非法收受他人财物，为他人谋取利益，已构成受贿罪。法院认定被告人谢亚龙犯受贿罪，判处有期徒刑10年6个月，并处没收个人财产人民币20万元。违法所得人民币114.6万元、美元2万元、欧元6千元、港币2万元依法予以追缴，上缴国库。

关于被告人谢亚龙及辩护人在庭审中提出刑讯逼供的问题，一审法院进行了庭审调查。公诉机关当庭提供了证人证言及相关书证，证明被告人谢亚龙没有受到刑讯逼供。上述证据，经法庭质证，予以采信。故对被告人谢亚龙及辩护人所提谢亚龙被刑讯逼供的意见，一审法院未予采信。①

---

① 谢亚龙、南勇、蔚少辉被判10年半［EB/OL］. http://www.people.com.cn/h/2012/0614/c25408—3294790710.html.

2. 南勇

宣判地：铁岭

铁岭市中级人民法院判决认定：南勇在担任国家体育总局足球运动管理中心副主任、主任，并兼任中国足球协会副主席期间，接受他人提出的在足球领域相关事务中给予关照的请托，于 1998 年—2009 年，收受多人给予的现金合计人民币 119.6554 万元及手表、项链等物品，为多家足球俱乐部、球员、教练员及相关人员谋取利益。被告人南勇身为国家工作人员，利用职务便利，为他人谋取利益，收受他人财物，其行为已构成受贿罪。判决认定被告人南勇犯受贿罪，判处有期徒刑 10 年 6 个月，并处没收个人财产人民币 20 万元。扣押在案的赃款、赃物依法没收，上缴国库，不足部分继续追缴。

3. 蔚少辉

宣判地：丹东

丹东市中级人民法院判决认定：被告人蔚少辉利用国家体育总局足球运动管理中心开发部副主任、比赛总协调、比赛监督、中国国家男子足球队领队等职务上的便利，为他人谋取承办、协调组织商业比赛、俱乐部甲级联赛比赛、聘用国家队管理人员等方面的利益，以及利用中国国家男子足球队领队职权和地位形成的便利条件，通过北京体育大学国家工作人员职务上的行为，为他人谋取体育考试中的不正当利益，1995 年—2010 年，非法收受或索取他人财物，合计人民币 123.6554 万元。被告人蔚少辉身为国家工作人员，收受他人财物，其行为已构成受贿罪。

法院认定被告人蔚少辉犯受贿罪，判处有期徒刑 10 年 6 个月，并处没收个人财产人民币 20 万元。违法所得人民币 123.6554 万元依法予以追缴。

4. 李冬生

宣判地：丹东

丹东市中级人民法院判决认定：被告人李冬生任足管中心技术部副主任、足管中心"08 国家队办公室"主任、足管中心国家女足领队、足管中心技术部主任、国家体育总局足管中心技术部副主任、主任及中国足协裁判委员会执行秘书期间，利用负责中国足协裁判委员会的日常工作等职务便利，2003 年 3 月至 2010 年，为他人和部门谋取利益，先后多次收受贿赂，共计人民币 79 万余元。被告人李冬生身为国家工作人员，非法收受他人财物，为他人谋取利益，数额在 10 万元以上，其行为已构成受贿罪。被告人李冬生将公款非法占为己有，数额在 10 万元以上，其行为已构成贪污罪。鉴于李冬生具有自首情节，依法可从轻或减轻处罚。判决认定被告人李冬生犯受贿罪，判处有期徒刑 7 年，并处以没收财产人民币 10 万元；犯贪污罪，判处有期徒刑 5 年，决定执行有期徒刑 9 年，并处以没收财产人民币 10 万元。

5. 邵文忠

宣判地：鞍山

鞍山市中级人民法院判决认定：被告人邵文忠在任中国福特宝足球产业发展公司法定代表人、总经理兼任北京福特宝广告公司法定代表人、总经理期间，利用职务上的便利，1998 年—2003 年，共贪污人民币 420 万元、挪用公款人民币 400 万元。法院判决认定被告人邵文忠犯贪污罪，判处有期徒刑 12 年，并处没收个人财产 50 万元；犯挪用公款罪，判处有期徒刑 6 年，总和刑期有期徒刑 18 年，决定执行有期徒刑 15 年，并处没收个人财产人民币 50 万元。扣押在案的赃款、赃物依法追缴，返还被害单位，不足部分继续追缴，返还被害单位。

6. 陈宏、高健

宣判地：丹东

丹东市中级人民法院判决认定：2009 年，被告人陈宏向时任重庆市足球运动管理中心主任、重庆市足球协会秘书长的被告人高健提出希望能做好裁判的工作，保证重庆力帆俱乐部在中国足球协会超级联赛中别吃亏。被告人高健找到主裁判员黄俊杰，求其在执裁中能关照重庆力帆足球队，并约定赢一场球给黄俊杰人民币 10 万元。2009 年 4 月 26 日、8 月 30 日和 10 月 5 日，重庆力帆足球队在主场分别胜大连实德队、广州白云山队以及客场胜成都谢菲联队。被告人陈宏作为重庆力帆足球俱乐部直接负责的主管人员与被告人高健，为给力帆俱乐部谋取不正当利益，向身为裁判员的非国家工作人员黄俊杰贿予钱财，且数额较大，两名被告人的行为均构成对非国家工作人员行贿罪，系共同犯罪，均应予惩处。判决认定被告人高健犯对非国家工作人员行贿罪，判处有期徒刑两年，缓刑两年。被告人陈宏犯对非国家工作人员行贿罪，判处有期徒刑两年，缓刑两年。

7. 申思、祁宏、江津、李明

宣判地：沈阳

沈阳市中级人民法院判决认定：被告人申思、祁宏、江津、李明原系上海中远汇丽足球俱乐部球员。2003 年 11 月 30 日，4 名被告人在中国足球甲级 A 组联赛上海国际队同天津泰达队比赛前，接受王勇（另案处理）提出的给付 4 名被告人 800 万元人民币，帮助天津泰达队获取比赛胜利的请托。次日，4 名被告人作为上海国际队主力队员参加了全场比赛，最终，天津泰达队以2∶1的比分取得比赛胜利。当晚，4 名被告人先后到上海市卢湾区淮海中路 282 号香港广场公寓式酒店一房间内，分别收受王勇给付的 200 万元人民币。2010 年 4 月 20 日、4 月 21 日、4 月 28 日、5 月 7 日，被告人申思、祁宏、江津、李明接公安机关电话传唤后到案，如实供述犯罪事实。所得赃款被依法追缴。判决认定被告人申思犯非国家工作人员受贿罪，判处有期徒刑 6 年，并处没收个人财产人民币 50 万元；被告人祁宏犯非国家工作人员受贿罪，判处有期徒刑 5 年 6 个月，并处没收个人财产人民币 50 万元；被告人江津犯非国家工作人员受贿罪，判处有期徒刑 5 年 6 个月，并处没收个人财产人民币 50 万元；被告人李明犯非国家工作人员受贿罪，判处有期徒刑 5 年 6 个月，并处没收个人财产人民币 50 万元。

第二节　受贿罪与非国家工作人员受贿罪

一、受贿罪

受贿罪是指国家工作人员利用职务上的便利，索取他人财物，或者非法收受他人财物，为他人谋取利益的行为。受贿罪侵犯了国家工作人员职务行为的廉洁性及公私财物所有权，严重影响国家机关的正常职能履行，损害国家机关的形象、声誉，同时也侵犯了一定的财产关系。

1. 受贿罪的基本特征

（1）本罪侵犯的客体是国家机关工作人员的职务廉洁性。（2）本罪在客观方面表现为行为人利用职务上的便利，索取他人财物，或者非法收受他人财物，为他人谋取利益。利用职务上的便利是指利用本人职务上主管、负责或者承办某项公共事务的权利所形成的便利条件。受贿罪的行为方式有两种：一是索贿。即行为人在公务活动中主动向他人索取财物。二是收受贿赂。即行为人非法收受他人财物，并为他人谋取利益。谋取的利益可以是不正当利益，也可以是正当利益。

主动索取他人财物的行为，比被动受贿具有更大的社会危害性。因此《刑法》规定，利用职务上的便利索取他人财物的就构成受贿，而不要求行为人有为他人谋取利益这个条件。受贿罪在客观方面除了有索贿和收受贿赂这两种基本行为形态外，还包括以下两种表现形式：①收受回扣、手续费。如《刑法》第 385 条第二款规定。②斡旋受贿。如《刑法》第 388 条规定。（3）犯罪主体是特殊主体，即"国家工作人员"。（4）主观方面是由故意构成，只有行为人是出于故意所实施的受贿犯罪行为才构成受贿罪，过失行为不构成本罪。

2. 犯罪主体

（1）国家工作人员

我国《刑法》第 93 条规定：本法所称国家工作人员，是指国家机关中从事公务的人员。国有公司、企业、事业单位、人民团体中从事公务的人员和国家机关、国有公司、企业、事业单位委派到非国有公司、企业、事业单位、社会团体从事公务的人员，以及其他依照法律从事公务的人员，以国家工作人员论。

（2）如何理解公务

最高人民法院《全国法院审理经济犯罪案件工作座谈会纪要》（法［2003］167 号）"（四）关于从事公务的理解"对"从事公务"是这样阐述的：从事公务，是指代表国家机关、国有公司、企业、事业单位、人民团体等履行组织、领导、监督、管理等职责。公务主要表现为与职权相联系的公共事务以及监督、管理国有财产的职务活动，国有公司的董事、经理、监事、会计、出纳等管理监督国有财产等活动，属于从事公务，那些不具备职权内容的劳务劳动、技术服务工作，如售货员、售票员所从事的工作，一般不认为是公务。公务的性质包括两个方面：一是管理性，即这种活动是组织领导监督管理协调；二是国家代表性，即这种活动代表国家权力。总而言之，凡是工作性质属于国家事务中组织领导监督管理协调等具有管理性质的活动，就是公务。①

能否以是否享受国家财政拨款待遇作为区分是否为国家工作人员的标准呢？答案是否定的。因为在我国，一个人是否享受国家财政拨款等工资等待遇，与他所从事的工作性质是否具有管理性、国家代表性没有必然联系。享受国家财政拨款工资待遇的人员，既包括从事管理性工作的人员，也包括从事非管理性工作的人员。在我国，享受国家工资待遇的人员范围非常广，但他们并非均从事管理性

---

① 肖中华. 贪污贿赂罪疑难解析［M］. 上海：上海人民出版社，2006.

工作。例如，国立大中小学教师、国办医院医生、国办报社记者、国有公司工程师等，他们都享受国家干部的各种待遇，享受国家工资和财政津贴待遇，但他们从事的工作主要是专业性的技术活动，不具有公务性。所以不能仅仅因为他们享受国家财政拨款待遇而认定他们是国家工作人员。

二、非国家工作人员受贿罪

非国家工作人员受贿罪，是指公司、企业或者其他单位的工作人员利用职务上的便利，索取他人财物或者非法收受他人财物，为他人谋取利益，数额较大的行为。

而公司、企业人员受贿罪，是指公司、企业的工作人员利用职务上的便利，索取他人财物或者非法收受他人的财物，为他人谋取利益，或者在经济往来中，违反国家规定收受各种名义的回扣、手续费，归个人所有，数额较大的行为。

最高人民法院、最高人民检察院 2007 年 11 月 5 日联合公布《刑法确定罪名补充规定》，补充、修改了《刑法》罪名。规定包括取消"公司、企业人员受贿罪"罪名，由"非国家工作人员受贿罪"替代等内容。调整后的新罪名于 2007 年 11 月 6 日起施行。《刑法确定罪名补充规定》称，取消"公司、企业人员受贿罪"罪名，由"非国家工作人员受贿罪"替代。

两种罪名相比，在犯罪主体方面，非国家工作人员受贿罪增加了"其他单位的工作人员"。"其他单位的工作人员"包括非国有事业单位或者其他组织的工作人员，如教育、科研、医疗、体育、出版等单位的从事组织领导以及履行监督、管理职责的人员。

第三节　足球裁判受贿案件性质

足球裁判员的"黑哨"行为是否构成犯罪？如果构成犯罪，成立什么罪？法学理论界对此说法不一，尽管存在分歧，但归纳起来大致主要有三种观点：第一种观点认为"黑哨"行为是无罪的；第二种观点认为"黑哨"行为应按照受贿罪论处；第三种观点认为"黑哨"行为应按照非国家工作人员受贿罪论处。

一、"无罪"说

2002 年的"龚建平案"发生时，中国人民大学刑法学研究中心的高铭暄、王作富、赵秉志等法学教授们都认为裁判员既不属于国家工作人员，也不属于公司、企业人员，而是基于中国足协这一社会团体的委托来执法裁判，其收受金钱的"黑哨"行为在当时刑事法律下不应当构成犯罪，作为法律空白，依据"法无明文规定不为罪"、"法无明文规定不受处罚"的原则，对龚建平应依法作出无罪判决。

"无罪"说的理论依据归纳起来主要包括三点。

1. 中国足协的性质属于社会团体法人。中国足球协会和国家体育总局足球运动管理中心尽管是两块牌子一班人马，但这种特殊的运作方式仍然使得两个机构性质不同、彼此独立。其中，中国足协是中华全国体育总会的单位会员，属于全国性的协会，是中华人民共和国境内从事足球运动的单位和个人自愿结成的唯一的全国性的非营利性社会团体法人，其设立依据是我国的《体育法》和《国务院社团管理登记条例》。中国足协作为一个民间组织，在其协会章程中对中国足协的任务作出了明确要求，规定中国足协应当根据我国的体育方针政策，根据国际足球联合会、亚洲足球联合会的章程和相关规定，统一组织管理国内足球运动，代表中国参与国际赛事及其他相关活动，指导国内足球运动的发展，推动足球项目的广泛普及和不断提高，并通过进行一些必要的经营活动来筹集或积累资金，以便发展足球运动项目。

而国家体育总局足球运动管理中心是一个国有事业单位，其职能是负责足球项目全国竞赛的管理，制订全国比赛规程，审定运动成绩，研究和制订项目的发展规划、计划和方针政策，开展国际交往和技术交流，提出本项目的国际活动计划，组织实施参加国际竞赛队伍的建设、集训和参赛事项。负责和指导在我国举办的国际比赛的审批和有关组织工作等。中国足协与国家体育总局足球运动管理中心两个单位各司其职，各尽其能，虽然两者之间存在密切联系，但始终是两个机构，而且中国足协并不具备国有事业单位的性质。①

---

① 吴青."黑哨"龚建平犯了什么罪 [J]. 福建公安高等专科学校学报（第十六卷），2002（4）.

2. 足球裁判员在足球职业联赛中所发生的裁判行为仅仅属于一种兼职工作，其自身并不隶属于中国足协。

显而易见，由于足球比赛的特殊竞技方式，决定了足球比赛中的参与者必然是三方，包括两方参加比赛的足球队伍和若干裁判员，其中裁判员包括主裁和边裁。由于在足球比赛的进程中需要不同的分工协作才能完成一场球赛，所以每场足球比赛无论如何都不会出现只有裁判员但缺少两个比赛队伍或者只有两个比赛队伍但缺少裁判员的情况。裁判员通过提供一定的专属技术劳务，把握比赛进程，处理赛中发生的任何违规状况，其所进行的执法裁判仿佛具有一定的"管理性质"，但是究其本质，参赛的两支球队之所以在球赛中要服从足球裁判员所作出的相关指令是由足球比赛的相关规则决定的。对于足球职业联赛中发生的所有组织管理行为，实际上是由中国足协来具体负责相关事宜，而并不是执法比赛的裁判员。所以在中国足球职业联赛中不应该将裁判员的执法裁判视为公务活动的一种，不能将其视为国家工作人员。

3. 参加中国足球职业联赛的球队各自归属于不同的足球俱乐部，我国的足球俱乐部皆采用公司运行模式，每个球队的足球运动员当然具有公司、企业工作人员的身份。如果球队所属球员收受他人财物，进而在足球商业比赛中作出踢"假球"的行为，影响比赛结果，依据当时我国《刑法》规定对球员按照公司、企业工作人员受贿罪进行定罪处罚，当然不会出现任何争议。然而，中国足球职业联赛中的裁判员具有特定的产生方式，对于社会上具有足球裁判资格的相关人士，由中国足协在其中进行选拔、挑选，与其签订聘任或聘请合同，担任中国足球职业联赛的裁判员。因此，如此产生的足球裁判员并不归属于任何一家足球俱乐部，他们或许来自社会团体、普通高校，或许来自某个公司或企业。足球裁判员不是其任职单位派遣来从事球赛中的执法裁判工作的，而是履行各自与中国足协所签订的合同义务。既然足球裁判员根本不是由其工作单位进行派遣，而中国足协也不是所谓的公司、企业，那么裁判员在中国足球职业联赛的比赛中就不具有公司、企业人员的身份，也就不符合《刑法》第163条规定的公司、企业人员受贿罪的主体要件，不能以该罪对"黑哨"行为进行处罚。[①]

---

① 马庆炜，张冬霞. 对《刑法》第 93 条中"从事公务"的理解 [J]. 中国人民公安大学学报，2005 (5).

二、"受贿罪"说

持第二种观点的人认为我国足球职业联赛中的裁判员应当属于国家工作人员。中国足协所确定的在足球职业联赛中担任裁判工作的裁判员是由足协通过选拔所聘任和聘请的，属于中国足协正式授权对比赛进行管理的工作人员。

虽然足球职业联赛中的裁判员既不是由国家体育总局派遣到中国足协的工作人员，也不是由中国足球运动管理中心派遣到中国足协的工作人员，但是裁判仍然可以被归入《刑法》第 93 条所规定的第四种国家工作人员："其他依照法律从事公务的人员"，理由如下。

1. 尽管中国足协是社会团体，其法律性质属于体育社会团体法人，但按照我国的《体育法》和相关具体的体育政策，中国足协在足球运动行业中拥有一定的行政管理权。

类似于政企不分的情况，国内仍存在诸多如行政机关与社会团体不分、事业单位与社会团体不分的情况，传统的一元化体制导致中国足协也处于此种境地，中国足协与足球运动管理中心名义上是两个机构，实质上却是一套人马，而足球运动管理中心又完全是隶属于国家体育总局的国有事业单位。拥有此种权力的人管理着一定的社会公共事务，如果他们在中国足协中利用其职务上的便利，收取或者索要他人财物，是不可能不追究其刑事责任的，否则将与法治的精神与原则背道而驰。

2. 中国足协选定能够担任中国足球职业联赛的裁判员，其在比赛中的执法裁判行为属于从事公共管理的活动。

基于我国足球职业联赛中裁判员的特殊产生方式，足球裁判员均来自社会上具有足球裁判资格的人员，尽管他们隶属于不同的工作单位，其人事档案关系也不在中国足协，但是在每场球赛中所履行的裁判职能则是由中国足协进行指定派遣。中国足协所聘任或聘请的裁判员在比赛中进行执法裁判，是中国足协负责组织管理我国足球运动的一种方式。足球裁判员无论是业余或者专职，也无论是否隶属于中国足协，在中国足协开展的足球职业联赛中，裁判员履行裁判职责在本质上是一种从事公共事务管理的活动，代表着中国足协行使一定的组织、管理、指导球比赛的权力。

3. 从当时的《刑法》规定进行分析，足球裁判员的"黑哨"行为应当以受贿罪论处。

我国《刑法》第 93 条所规定的关于"国家工作人员"的概念是采用了概括

列举的方式，并没有完全罗列出哪些人员属于"国家工作人员"，而根据裁判在足球职业联赛中的职务性质，将足球裁判归入"其他依照法律从事公务的人员"的范围并不违反罪刑法定原则。因此，足球裁判员利用职务之便收受或索取他人财物，在足球比赛中不公正执法裁判，为他人谋利的，就应该按照受贿罪论处。

三、"非国家工作人员受贿罪"说

持第三种观点的人认为我国足球职业联赛中的裁判员属于非国家工作人员，不属于国家工作人员。

非国家工作人员包括公司、企业以及非国有事业单位、其他组织的工作人员。在市场经济的运行机制中，公司、企业以及事业单位、其他组织，后者如教育、科研、医疗、体育、出版等单位扮演着十分重要的角色。这些单位的工作人员通过自己合法的职务活动，使公司、企业、事业单位、其他组织等在市场经济体制中的角色得以正常而出色地发挥。因此，有关法律必须对这些单位的工作人员的职务活动作出规范，建立起一套明确的管理制度。这些单位相关人员的受贿行为是对其管理制度的直接侵犯，从而产生公司、企业、事业单位、其他组织管理层的腐败，危害公司、企业、事业单位、其他组织的根本利益，破坏正常的社会主义市场公平竞争的交易秩序。

我国的足球裁判员分别来自不同的工作单位，在人事关系上也不隶属于中国足协。根据《中国足协章程》的相关规定，足协对足球裁判员实行注册制度，负责具体的注册管理工作。裁判员应当按照足协的规定按时参加足协所组织的年度培训，通过特定程序的考核并且办理注册手续之后才可以获得本年度从事足球比赛中相应技术等级裁判工作的资格。中国足协正式授权符合条件的裁判员在球赛中行使裁判执法的权力。中国足协负责对足球裁判员进行教育、管理和培训，而当足球裁判员作出与体育规定、体育道德、体育纪律、体育规则相违背的行为时，中国足协也必然会根据我国的《体育法》和其他相关规定处罚裁判员。①

由此可以断定，足球裁判员并不是中国足协的在编工作人员，只是受中国足协的指派履行国内足球职业联赛的裁判职责。根据《体育法》的有关规定及中国足协的相关要求，足球裁判员在中国足球职业联赛中进行公正执法，是其作为裁

---

① 李赟乐. 中国足球协会法律主体地位研究［D］. 中国政法大学硕士学位论文，2011.

判的本职要求，其与中国足协之间属于一种行业管理关系。

本文认为，职业足球裁判利用职务上的便利，非法收受一方财物，使比赛一方获得非法利益，扰乱正常的比赛秩序，使另一方参赛者、比赛组织者、服务及购买者（观众、广告发布人、电视转播机构）的权益受到损害，这样的行为是犯罪行为。对于足球裁判的受贿行为，应该依照《刑法》第163条的规定，以非国家工作人员受贿罪依法批捕、提起公诉。2010年3月，裁判黄俊杰已证实被警方"带走"；10天后，涉案的三名裁判陆俊、黄俊杰和周伟新又被证实已被正式批捕。2012年2月16日上午中国足坛反腐案在丹东中院进行一审宣判，四大黑哨陆俊、黄俊杰、周伟新、万大雪审判结果出炉，四位裁判的受贿行为均被认定为非国家工作人员受贿罪。

前足球裁判陆俊被认定的犯罪事实为：先后6次收受贿赂，共计人民币81万元。罪名为：非国家工作人员受贿罪。刑期为：有期徒刑5年6个月，没收个人财产10万元人民币，非法所得全部上缴。

前足球裁判黄俊杰被认定的犯罪事实为：先后21次收受贿赂，共计人民币148万元，港币10万元。罪名为：非国家工作人员受贿罪。刑期：被判处有期徒刑7年，没收个人财产20万元人民币。

周伟新被认定的犯罪事实为：先后8次收受相关足球俱乐部给予的财物，共计人民币49万元。对黄俊杰、何志彪、赵亮、陈红辉4名足球裁判员行贿8笔，共计人民币35万元、港币10万元。罪名为：非国家工作人员受贿、对国家工作人员行贿。刑期：犯非国家工作人员受贿罪，被处以3年有期徒刑；犯非国家工作人员行贿罪，被处以1年有期徒刑，决定执行3年6个月。

万大雪被认定的犯罪事实为：先后11次收受贿赂，共计人民币94万元。罪名：非国家工作人员受贿。刑期：有期徒刑6年，并处没收财产人民币15万元。

第四节　足协官员受贿性质分析

2012年6月13日，两位中国足协前专职副主席谢亚龙、南勇一审均被判刑十年六个月。在谢亚龙的判决中法院认定：谢亚龙在担任国家体育运动委员会群众体育司司长、国家体育总局足球运动管理中心主任和受国家体育总局委派担任中国足球协会副主席等职务期间，利用职务之便，为他人谋取利益，1998年—2008年6月，非法收受他人财物，合计折合人民币 136.38 万元。被告人谢亚龙身为国家工作人员，利用职务之便，非法收受他人财物，为他人谋取利益，已构成受贿罪。

在南勇的判决中法院认定：南勇在担任国家体育总局足球运动管理中心副主任、主任，并兼任中国足球协会副主席期间，接受他人提出的在足球领域相关事务中给予关照的请托，于1998年—2009年间，收受多人给予的现金合计人民币 119.6554 万元及手表、项链等物品，为多家足球俱乐部、球员、教练员及相关人员谋取利益。被告人南勇身为国家工作人员，利用职务便利，为他人谋取利益，收受他人财物，其行为已构成受贿罪。判决认定被告人南勇犯受贿罪。

一、中国足协是否属于受贿罪中的人民团体

根据《中国足协章程》第 2 条的规定，中国足球协会是中华人民共和国境内从事足球运动的单位和个人自愿结成的唯一的全国性的非营利性社会团体法人。中国足球协会是中华全国体育总会的单位会员，接受国家体育总局和民政部的业务指导与监督管理。中国足球协会是唯一代表中国（不包括香港特别行政区、澳门特别行政区和台湾省）的国际足球联合会会员和亚洲足球联合会会员。同时，根据全国人大制订的《中华人民共和国体育法》第 40 条的规定，中国足球协会是"全国性的单项体育协会"，应当属于体育社会团体。[①]

那么"社会团体"是否与《刑法》中的"人民团体"概念相同呢？《刑法》第 93 条第 1 款规定，本法所称国家工作人员，是指国家机关中从事公务的人员。《刑法》第 93 条第 2 款规定，国有公司、企业、事业单位、人民团体中从事公务的人员和国家机关、国有公司、企业、事业单位委派到非国有公司、企业、事业单位、社会团体从事公务的人员，以及其他依照法律从事公务的人员，以国家工作人员论。

本文认为，《刑法》第 93 条第 2 款将人民团体与国有公司、企业、事业单位并列在一起规定，强调了人民团体财产的国有性和开展活动的国家性，对这里的

---

① 张旭. 实体法与程序法视野中的受贿罪追诉 [J]. 浙江工业大学学报，2002 (6).

人民团体的法律含义的理解应当是：人民团体是指由国家或中国共产党组织领导、批准设立的，由政府划拨全部经费（包括在编人员的全额工资和全部活动经费）的，协助执政党和政府，参与特定的国家、社会事务管理的社会组织，一般认为仅包括共青团、工会和妇联。[①] 按此理解，中国足球协会显然不属于法律在这里所规定的人民团体。

二、中国足协负责人的产生依据

《中国足协章程》第 21 条对中国足协负责人作了具体规定，其人员范围由主席、副主席、秘书长、司库组成。主席人选在充分民主协商后，由会员代表大会进行等额选举产生。副主席、秘书长、司库由主席提名，会员代表大会表决通过。秘书长、司库可由副主席兼任。主席、副主席、秘书长、司库每届任期 4 年，可连选连任。

但是，根据国家体育总局对体育社团领导人的规定，社团的主席和秘书长一般由总局领导和机关各职能部门以及社团所挂靠的单位领导担任，一般情况下，主席须由正司级以上干部担任，副主席由副司以上干部和具有代表性的专家学者担任，秘书长由处级以上干部担任，社团的副秘书长人选由直接负责社团具体工作的业务处室（部）的领导和总局主管业务部门的处室领导担任。另一方面，体育社团的领导职位多采用行政机关领导兼任，同时，还允许社团领导人员在各体育社团间的兼职，并设定了不是很严格的限度。

作为单项体育协会之一的中国足协必须服从体育总局规定的安排，而实际上也是如此运行的。自 1986 年国家体委将分散的足球管理职权集中到中国足协起，中国足协主席基本是由国家体育总局副局长（1998 年前为国家体委副主任）担任。自 1992 年足球运动管理中心成立，中国足协副主席由专职副主席、足球运动管理中心主任、党委书记（或者副书记）担任。由于负责人均可连选连任，所以，其中任期最长的中国足协主席连任 16 年（袁伟民，自 1992 年—2008 年）。足协专职副主席、足管中心主任也有连任 8 年的纪录（王俊生，1992 年—2000年）。中国足协副主席除了足管中心的相关人员外，大多数是地方协会所在地的体育局长或者足协主席。

---

① 　彭凤莲. 论罪行法定原则实施的制约因素 [J]. 中国刑事法，1999（3）.

综上可以看出，中国足协的负责人方面展现出了浓重的行政化色彩，不但是负责人员多与行政机关相重合，而且有一定的行政级别、隶属关系。

三、南勇、谢亚龙身份定性

南勇一案的判决书中法院认定，南勇担任国家体育总局足球运动管理中心副主任、主任，并兼任中国足球协会副主席期间，身为国家工作人员，利用职务便利，为他人谋取利益，收受他人财物，其行为已构成受贿罪。

同时，谢亚龙一案的判决书中法院认定，谢亚龙在担任国家体育运动委员会群众体育司司长、国家体育总局足球运动管理中心主任和受国家体育总局委派担任中国足球协会副主席等职务期间，利用职务之便，为他人谋取利益，非法收受他人财物，已构成受贿罪。

也就是说，法院根据《刑法》的规定，认定南勇、谢亚龙为国家工作人员，其受贿行为已构成受贿罪。在认定两被告的身份时，群众体育司司长为《刑法》第93条规定的国家机关中从事公务的人员，足球运动管理中心的主任为《刑法》第93条规定的国有事业单位中从事公务的人员，而中国足球协会副主席为《刑法》第93条规定的国家机关委派到非国有公司、企业、事业单位、社会团体从事公务的人员。

第十章　体育立法及体育法的不足

　　中国的体育立法是在 1979 年全国开始大规模立法活动的大背景下加快发展起来的。经过 30 多年的发展，已形成了由法律、行政法规、地方性法规、部门规章和地方政府规章等多个立法层次组成的体育法规体系，调整着体育法律关系的各个方面。2008 年北京奥运会的成功召开，中国政府除了在世界面前展现"科技奥运"、"绿色奥运"、"人文奥运"外，还实践了建设"法治奥运"的承诺。体育的改革和发展离不开法律的推进和保障，随着中国特色社会主义法律体系的基本形成，新中国成立以来第一次大规模的法律清理已经展开。① 全面审视后奥运时代中国体育立法的现状及其发展，为体育事业发展构建良好法制环境，有重要的实践意义。

第一节　我国体育立法的发展阶段及其特点

一、体育立法的初创阶段（1949 年—1956 年）

　　从 1949 年—1956 年，是新中国体育事业的开创时期。1951 年 8 月，政务院颁布《关于改善各级学生健康的决定》，由此开始了新中国体育立法的初创阶段。分析这一阶段发布的近 40 项有关体育事业的规范性文件，有如下特点：

---

　　① 　陈丽平. 中国首次大规模法律清理启动［N］. 法制日报. 2008－06－17.

1. 从规范的内容上看，以增强人民体质为主

早在 1949 年公布的《中国人民政治协商会议共同纲领》中就明确规定"提倡国民体育"，新中国成立初期，体育运动被作为增强人民体质的一件大事，因此，这一阶段促进群众体育和学校体育的规范性文件最多，如全国体育总会、中央广播事业局等 9 个单位发布了《关于推行广播体操的联合通知》（1951 年）、中央人民政府政务院发布的《关于在政府机关中开展工间操和其他体育活动的通知》（1954 年）、全国总工会《关于开展职工体育运动的暂行办法纲要》（1955 年）等。而学校体育学习借鉴了苏联学校体育的经验，并在改造旧学校体育的基础上，创建了新的学校体育。从立法的范围看，主要涉及学校体育教学、课外体育锻炼两个方面，例如 1953 年中央体委、高等教育部、教育部发出的《关于正确发展学校体育运动、防止伤害事故的联合指示》、1956 年教育部发布的《关于中学和师范学校体育的几个问题的指示》和《中小学和师范学校体育教学大纲》等。此外，国家体育运动委员会在 1952 年成立后，开始建立竞技体育的相关制度。国家体委在 1956 年相继发布了《中华人民共和国体育运动竞赛制度暂行规定》、《中华人民共和国运动员技术等级制度条例》、《中华人民共和国裁判员等级制度条例》等，逐步建立了规范竞技体育的相关制度。

2. 从制定规范的主体来看，体现了以中央立法为主，政务院、体育运动委员会和其他政府部门是这一时期立法的主体，地方尚未启动体育立法

3. 从制定规范的形式上看，以规范性文件为主

根据 1949 年《中央人民政府组织法》和 1954 年《宪法》规定，政务院（后来的国务院）及其部委均没有制定法律、法令的权力，只能根据法律、法令制定行政措施、决议、命令或指示。这些行政措施、决议、命令或指示，从性质上分析，属于规范性文件，不具有法律、法令的性质，它是各级行政机构依据法定职权制定发布的，对公民、法人或者其他组织具有普遍约束力的文件，不得与法律、法令相冲突。

新中国成立后，在没有调整体育关系的法律、法令的情况下，政府通过制定规范性文件来建立和健全各级体育组织和机构，促进人民身体健康，推动体育竞赛活动，这些行政规范性文件在当时的历史背景下，具有规范、约束的法制功能。[①]

---

① 袁古洁. 我国体育法制建设发展的现状、问题与对策［J］. 体育科学，2009（8）.

二、体育法制缓慢发展阶段（1956 年—1966 年）

从 1956 年—1966 年，是体育法制缓慢发展阶段。这个阶段，从全国各部门法的发展来看，由于对法制建设重要意义的认识不足，整个中国的法制建设曾一度停滞。体育立法在这样的历史背景下缓慢发展。

1959 年和 1965 年举办的第一届和第二届全国运动会，推动了我国体育事业的发展，涉及体育领域的规范性文件的数量多于初创阶段，有近 70 件，其中有关竞技体育的规范性文件数量最多，包括运动技术等级、运动训练、运动竞赛等。这一阶段提出，体育运动的根本任务是"增强人民体质，为劳动生产和国防建设服务"，体育的政治功能开始显现，此外，竞技运动的地位得到进一步突出，"举国体制"初步形成，规范体育立法的方式仍以政府发布规范性文件为主。

三、体育立法停滞阶段（1966 年—1978 年）

1966 年开始"文化大革命"，新中国成立后逐步建立起来的社会主义法制遭到破坏。从中央到地方，整个体育系统陷入瘫痪，体育立法也无从谈起。在周恩来总理的直接关怀下，1971 年以后才恢复了全国比赛和国际体育交往，制定了一些零星的规范性文件。例如国家体委、国务院教科组《关于在全国中小学推行第五套儿童广播体操的通知》（1973 年），国务院批转《国家体委关于在全国施行国家体育锻炼标准条例的请示报告》（1975 年）等。这一阶段的主要特点是法制建设几近停滞，体育的政治功能进一步强化，"友谊第一、比赛第二"成为最响亮口号，小球转动地球成为最典型例子。

四、体育立法稳步发展阶段（1978 年—1994 年）

1978 年开始，中国的法制建设进入健全和发展阶段，在国家法律体系中起支架作用的基本法律如《刑法》、《刑事诉讼法》、《民法通则》、《民事诉讼法》、《行政诉讼法》等相继出台，中国社会基本解决了"有法可依"的问题，处于健全和发展阶段。但遗憾的是，体育领域，仍未有法律出现，体育立法并未完全与中国法制建设和体育事业同步发展。根据由全国人大常委会法工委审查，中国民主法制出版社 1994 年出版的《中华人民共和国法律法规全书》统计，截至 1994 年，教育类的法律有 4 件，行政法规 38 件；科技类的法律有 1 件，行政法规 23 件；文化类的法律有 2 件，行政法规 19 件；卫生类的法律 4 件，行政法规 25 件。而在体育领域，截至 1994 年，共制定体育法规 523 件，其中绝大多数是国家体委等部门制定或与有关部门联合制定的体育规章。在当时有效的 283 件体育法规中，体育部门规章占 280 件，由国务院批准发布的体育行政法规只有 3 件，即《国家体育锻炼标准施行办法》（1989 年）、《学校体育工作条例》（1990 年）和《外国人来华登山管理办法》（1991 年），① 没有体育法律。对比教育、科技、文化、卫生等相邻部门，体育立法居于落后地位。

分析这一阶段的体育立法，有以下特点：

1. 立法内容呈多样化，已发布的行政法规、规章和规范性文件，涉及的内容更加广泛，除竞技体育、群众体育和学校体育外，还包括体育经济、劳动人事、文化、外事等。

2. 从调整的对象来看，仍以调整竞技体育为主，占有效法规的一半左右，竞技体育地位更加突出，"举国体制"基本形成。

3. 在立法层次中出现了行政法规和规章层次。国务院根据 1982 年《宪法》获得了制定行政法规的权力，国务院各部委根据 1982《国务院组织法》获得了制定规章的权力。这一阶段，没有法律层面的体育立法，行政法规偏少，大量的是部门规章，立法层次仍然偏低。

4. 开始重视立法工作的系统化和法规之间的相互协调，启动了法规清理工作。1988 年，国家体委首次对新中国成立以来的体育法规进行了清理，根据中国体育事业的发展和变化，废止了一批体育法规。

五、体育立法进入全面发展阶段（1995 年至今）

1995 年《体育法》的颁布和 2001 年中国申办奥运的成功，对体育立法的发展产生了深刻影响。《体育法》的颁布，是体育立法中具有标志性意义的事件，它将体育立法引领入一个新的时期，结束了体育领域长期没有法律的局面。

1995 年 6 月 20 日国务院正式颁布实施《全民健身计划纲要》，虽然《全民健

---

① 张剑. 我国体育法制建设中的问题和对策 [J]. 体育文史，1995（2）.

身计划纲要》并非行政法规，而只是以中央文件的形式发布，但对推动群众体育的发展产生了重要的推动作用。在申奥成功前，体育领域的行政法规仅有《国家体育锻炼标准施行办法》（1989 年）、《学校体育工作条例》（1990 年）和《外国人来华登山管理办法》（1991 年）三部。2001 年后，为配合奥运的成功举办，国务院在 2002 年和 2003 年，相继颁布了《奥林匹克标志保护条例》、《公共文化体育设施条例》和《反兴奋剂条例》三部重要的行政法规。而奥运会后，群众体育领域的立法日益受到重视，国务院于 2009 年 8 月颁布了《全民健身条例》。与此同时，国家体育总局的立法工作（包括制定规章和规范性文件）和地方立法工作也得到了快速发展。在此阶段，经国家体育总局 2003 年和 2007 年两次对既有体育规章和规范性文件的清理，截至 2010 年 12 月 31 日，我国现行有效的体育法律 1 件；体育行政法规和规范性文件 16 件；体育部门规章和规范性文件 130 件。[①]

这一阶段的体育立法，呈现出以下特点：

第一，建立了多层次的法律、法规体系。1995 年《体育法》的颁布和施行，为体育立法的发展奠定了重要基础。在《体育法》的基础上，建立了更为完善的立法体系，涵盖了法律、行政法规、地方性法规和规章，而规范性文件是对这一立法体系的重要补充。根据 2000 年颁布的《立法法》，中国的立法体制只包括法律、行政法规、地方性法规和规章（包括国务院部门规章和地方政府规章），规范性文件没有被纳入中国现行的立法体制。但综合分析我国体育立法的历史和现状，可见规范性文件占据的比例很大，发挥了重要作用。各级政府及其部门通过制定规范性文件进行行政管理，是我国《宪法》、《国务院组织法》和《地方组织法》赋予政府的一项重要权力。规范性文件可以是为了贯彻实施法律、法规而制定，也可以是在没有法律、法规的情况下，根据法律的基本精神和原则，结合实际情况而制定，这是国家进行行政管理的重要方式。因此，规范性文件可以视为我国立法体系的重要补充。

第二，地方立法为体育立法的发展发挥了重要作用。虽然地方立法权始于1979 年的《地方组织法》，省、自治区、直辖市的人民代表大会及其常务委员会从 1979 年就获得了地方立法权，但体育立法在地方立法中长期被忽视，直到

① 现行有效体育法律法规目录［EB/OL］. http://www.sport.gov.cn/n16/n1092/n789910/1764475_3.html.

1995 年《体育法》颁布和施行后，这种情况才得到改善。截至 2007 年 12 月 31 日，137 件地方性法规和规章中，除极个别是在 1995 年以前制订外，其他均为在《体育法》颁布后制订。分析这 137 件地方立法，可见地方立法着重关注以下领域。（1）对体育经营活动进行规范。全国有 23 个省、市制订了体育经营活动管理办法或条例。（2）针对体育市场的管理规定。全国有 19 个省、市颁布了体育市场管理规定。（3）对体育设施和场地的使用进行规范。有 30 个省、市制订了相关条例或办法，其中既包括一般性的对体育设施和场地使用的规定，也包括对游泳馆、保龄球馆等专门性的场馆的管理规定。（4）促进全民健身事业发展的相关条例。国务院在 1995 年发布《全民健身纲要》后，虽然作为行政法规层面的《全民健身条例》迟迟没有出台，但全国有 22 个省、市根据本地的实际情况，颁布了各省、市的全民健身条例，促进和保障本地全民健身活动的开展。（5）制订体育条例、体育发展条例或者《体育法》实施办法。有 12 个省、市作出了相应规定。（6）针对体育竞赛的管理规定。虽然竞赛管理是国家体育行政管理部门颁布的部门规章或规范性文件调整的重点，但也有 10 个省、市对体育竞赛制订了相应的管理规定。此外，一些地方性法规还对特殊体育项目（如登山、武术、高危险体育项目）、学校体育等方面作出了规范，但有关知识产权保护方面的规定却极少，只有北京制定了专门针对奥林匹克知识产权保护的《北京市奥林匹克知识产权保护规定》。

第三，这一阶段的有关国际体育立法偏少，只与也门、蒙古、古巴签订了体育合作协议，尤以与古巴签订的双边体育合作协议涉及内容最为全面，包括了在体育规划、体育立法、兴奋剂检测、体育设施建设等领域的交流与合作。

第二节　我国体育立法发展中存在的问题及形成原因分析

一、我国体育立法发展中存在的问题

从 1951 年全国体育总会等 9 个单位联合发布《关于推行广播体操的联合通

知》的规范性文件开始，至今，中国体育立法已走过了 60 多年的历程。我国的体育立法，从无到有，基本构建了我国体育事业发展的法制体系。从我国体育立法的发展现状来看，存在以下问题。

（一）立法层次不高

按国家体育总局对外公布的最新数据，截至 2010 年 12 月 31 日，我国的体育法制体系由 1 件法律、16 件体育行政法规和规范性文件、130 件体育部门规章和规范性文件组成，调整我国体育事业全面发展的全国性法律和行政法规明显偏少。

（二）立法调整内容不完善

从我国现有体育立法调整的内容来看，表现在三个方面：（1）调整内容以宏观管理为主，缺少针对体育特殊性建立的专门性法规，例如对体育纠纷处理、体育市场管理和体育竞赛秩序的规范等问题的立法，虽讨论和呼吁多年，却成效甚微。（2）作为体育法制体系中起支架作用的体育法律和体育行政法规，在法律责任方面的规定并不完善，使得法规的实施效果受到很大限制。例如，《体育法》对侵占体育场地作出禁止性规定，《公共文化体育设施条例》对改变公共体育设施用途提出了程序方面的具体要求，但是，由于缺少相应法律责任的规定，也没有明确的执法主体，体育场地被侵占破坏的现象时有发生，且多为政府行为。[①]（3）调整内容呈现出不平衡，部门规章和规范性文件以调整体育系统内部关系和竞技体育为主，地方立法以调整体育经济为主。群众体育、学校体育、推动体育社会化、产业化的专门立法明显偏少。

（三）解决困扰体育改革和发展的重点与难点问题的立法不多

1. 缺少解决体育纠纷的仲裁机制

中国从 1994 年足球项目首次实行职业联赛以来，中国体育的产业化和职业化进程使体育纠纷数量增多且日益复杂多样。体育纠纷的专业性、技术性、时效性强，目前世界各国解决体育运动领域的纠纷模式，大致存在着体育组织内部解决、体育诉讼及体育仲裁三大机制。在中国主要靠体育组织内部解决和体育诉讼。由于各体育组织对运动员、运动队、俱乐部的救济渠道不畅，司法介入的诉讼时间很长，因此对解决体育纠纷的成效并不显著。国际上，体育仲裁制度是解决体育纠纷的重要手段。在我国，虽然早在 1995 的《体育法》第 33 条就明确规

---

① 杨傲多. 体育社会化和法治化给体育法制建设提出新挑战 [N]. 法制日报，2007－11－13（7）.

定："在竞技体育活动中发生纠纷，由体育仲裁机构负责调解、仲裁。体育仲裁机构的设立办法和体育仲裁范围由国务院另行规定。"而随后的十余年，国务院并没有依此制订具体的体育仲裁制度，我国现有的体育纠纷解决机制，难以满足体育事业的发展需要。

2. 缺少促进和规范体育产业发展的法规

根据国务院 1985 年批转国家统计局《关于建立第三产业的统计报告》，体育作为第三产业在当今世界已成为巨大的经济实体，在经济生活中扮演重要角色。随着我国社会主义市场经济体制的不断完善，体育产业化、市场化的程度日益提高，市场经济的本质是法制经济，体育产业的发展离不开法制保障，需要有与其相适应、相配套的法律和法规。但目前还没有全国性的法律、行政法规调整体育产业的发展，在部门规章中，也只有在 1998 年由国家体育总局、财政部、中国人民银行联合发布的《体育彩票公益金管理暂行办法》和 1999 年由国家体育总局发布的《体育彩票财务管理暂行规定》，而各地出台的地方性法规或规章，也大多为比较宏观的"体育经营活动管理办法"或"体育市场管理办法"，缺少在国家立法层面能全面规范和促进体育产业发展的法规，也缺少针对具体的构成体育产业重要组成部分的体育竞赛表演市场、体育健身娱乐市场、体育用品市场、体育中介市场、体育无形资产的开发和利用等方面的规范。体育产业法律、法规不完善，不能满足体育产业化的发展需求，是我国体育产业面临的现状。

3.《体育法》中法律责任设置与法律义务条款分离，体育法律责任设置的逻辑不合理

立法学上，法律责任的设定依据是法律、法规规定的义务条款，"建立法律责任与义务性条款的对应关系"，"法律罚则中的法律责任条款应当与法律条文中的义务性条款完全对应起来，不能出现义务性条款与法律责任的脱节现象"。[①]因此，构建完整、全面的法律责任条款，必须依据法律文本中的法律义务条款。

关于法律责任规定的完善决定于两个因素：一是法律义务条款的规定全面、完整；二是法律责任与法律义务条款的全面对应。如果这两个因素达不到，都可以认为法律责任规定不完善。

那么，我们首先来审视一下《体育法》规定的义务性条款，义务性条款从立法技术角度来看，一般用"应当"、"必须"、"禁止"、"有……的义务"等语词来

---

① 周旺生、张建华. 立法技术手册 [M]. 北京：中国法制出版社，1999.

表述。我们考察《体育法》中这些语词的应用，含有"应当"的条款共有 29 条，含有"必须"的条款共有 5 条，含有"禁止"的条款仅 1 条，含有"有……的义务"条款为 0。因此，如果从立法技术角度考察法律义务条款，《体育法》关于法律义务的规定仅有 35 条条文。

从法律责任主体的义务规定来看，我们发现《体育法》关于"学校"义务的规定较为全面，其第三章 7 条条文都是法律义务条款；在第四章中关于"竞技体育"的规定中，仅有 1 条条文关于法律义务规定（第 34 条）；在第五章关于"体育社会团体"的规定中，没有一条属于法律义务条款；在第六章中关于"保障条件"规定中，有 7 条条文关于法律义务的规定。当然，单从法律条文数量规定来看，很难判断关于法律义务的规定是否全面、合理。不过从前文关于法律义务规定的内容情况来看，法律义务条款规定是不全面的，特别是关于竞技体育以及社会团体的义务规定是缺乏的。另外从法律条文的表述来看，很多法律条文更具有政策宣言性色彩，法律的强行性特征表现不明显。

考察了《体育法》的法律义务条款的规定，我们再看法律责任条款的设置。《体育法》用专章（即第七章）6 个法律条文规定了法律责任内容。如果单纯从法律义务条款与法律责任条款数量看，明显不对称，但这里要强调的并不是说法律义务条款多少条，法律责任条款就应该是多少条。在立法技术上，将几条法律义务条款的法律责任设置在一条当中也是常见的情形。但是《体育法》的法律责任条款并不是对以上所有法律义务条款都规定了相应的法律责任。从法律责任条款的内容规定来看，第 49 条、第 50 条、第 51 条、第 53 条主要是关于竞技体育法律责任的规定，而关于竞技体育的法律义务条款仅仅一条。这四条法律责任条款并不能涵盖这一条的法律义务条款。第 52 条关于侵占、破坏公共体育设施的法律责任的规定也仅仅与第 46 条规定的法律义务条款相对应；第 54 条关于挪用、克扣体育资金的法律责任的规定仅于第 43 条法律义务条款相对应。其他诸多法律义务条款，都缺少相应法律责任的设置。

这样，我们可以将《体育法》法律责任条款归纳为这样两个特点：第一，体育法律责任条款设置随意性大，过于简单，条文过少，没有根据《体育法》规定的法律义务条款来进行法律责任设置；第二，法律责任条款设置与法律义务条款设置分离，没有体现对应关系，违背法律责任设置的基本原则。

二、我国体育立法发展中存在问题的成因分析

对于我国体育立法发展中存在的问题和面临的矛盾，究其原因，本文认为制约体育立法发展的因素主要包括以下几点。

1. 我国改革开放以来的法制建设以经济立法为主，忽视社会领域立法

我国现有法律由 7 个部门法组成，分别是宪法类、民商法类、行政法类、经济法类、社会法类、刑法类、诉讼及非诉讼程序法类。虽然体育法被划为行政法领域，但体育权利是公民最基本的生存权之一，在 1966 年的《经济、社会和文化权利国际公约》中明确规定："人人有权享有能达到的最高的体质和心理健康的标准。"社会事业是关系人民群众基本生活质量和共同利益的公共事业。公众性、公用性、公益性和非营利性，是社会事业最主要的特征。体育与教育、科技、文化、医疗一样，都是社会事业的重要组成部分，因此，从这个角度理解，体育领域的立法也可以被视为保障公民最基本生活权利的社会领域立法。1978年改革开放以来，立法工作要服从和服务于经济建设这个中心，因此从国家法律到地方立法，均出现重经济轻社会的现象。经济立法在总体上可以直接保障和促进生产力发展，产生明显的经济效益，决策者、立法者、执法者、司法者容易对经济立法产生积极性，而社会立法在总体上需要政府付出经济、服务、管理等资源，在我国经济发展水平还不高，政府全心全意发展经济的情况下，大力发展社会立法缺乏相应的物质基础和经济资源，政府行为缺乏相应的动力和积极性。[①]因此，中国改革开放以来从大的立法背景来看，体育立法与其他社会领域的立法一样，长期被忽视。

2. 体育领域的功利主义导致在体育事业发展中偏竞技体育轻制度建设

体育领域的功利主义导致在体育事业的发展中高度重视竞技体育，而忽视制度建设。在我国，体育中的功利主义主要表现为政治功利主义和经济功利主义。在整个国家和民族看来，在体育比赛中获得荣誉是国力强盛的象征，"为国争光"、"振兴中华"的爱国口号鼓舞了一代又一代体育健儿，在特殊历史时期，体育运动更是肩负起重大的政治任务，成为对外交流与对话的外交手段。随着经济的发展，特别是改革开放以来，经济体制转轨加速了人们价值观的转变，经济功

---

① 李林. 统筹经济社会发展的几个立法问题 [J]. 法学，2005（9）.

利主义获得了存在的合理性和社会现实的物质基础,①国家拿出巨大资金用于竞技体育。在体育立法领域,也表现出对竞技体育的偏重,国家体育总局现行有效的部门规章中,有近一半是与竞技体育有关的。而制度建设需要制约行政权利、规范市场行为,难以在短期内产生经济或政治效益,制度建设受到忽视。因此,中国虽然在 2008 年的奥运会中获得了金牌总数第一的殊荣,从体育大国向体育强国迈进,但体育立法的发展却与体育强国的身份不相称,甚至落后于教育、科技、文化、卫生等相邻部门。

3. 在以政府为主导的立法模式下,体育行政主管部门在立法中的推动作用不足

我国法制建设包括体育立法的路径选择是一种以"政府推进型"为主的法制现代化过程,强调政府在法制建设中的主导性作用。体育行政主管部门虽然不是法律和行政法规的制定者,但在中国现有立法起草机制中,政府相关部门往往是作为有关法律或行政法规的起草单位,因此,我国体育立法的前景在很大程度上取决于政府对法制目标和实现步骤的统筹规划、合理推进和具体实施。②重视本领域立法的部门,通常会在全国人大或国务院征求立法建议时,积极予以推动。而在体育领域,体育行政主管部门在全面实施依法治体方面的作用不够突出,推动立法的力度不足。虽然体育界人士呼吁修改《体育法》已长达 10 年,但全国人大常委会在 2008 年 10 月发布的十一届全国人大常委会五年立法规划中,64 项将审议或可能审议的立法项目中,并不包括《体育法》。③这就意味着,按正常的立法进程,在 2013 年前,《体育法》都将不被列入全国人大常委会的立法修改议程中。

4. 人文精神的缺失影响了体育立法的进程

人文精神在中国体育发展中的缺失,使社会忽视了体育的价值本位,从而一定程度上影响了体育立法的进程。"举国体制"的推行,体育行政主管部门关注金牌,机构设置、资金投入、人员配置都围绕竞技运动的锦标,对体育发展的其他领域重视不足,这就造成了立法重点偏于竞技,内容过窄。更为突出的是,社会对体育的认识存在偏差,认为体育就是竞技、竞技就是金牌,是体育行政主管

①　胜瑞东. 从功利主义角度谈我国体育运动中的"黑哨"现象 [J]. 体育世界（学术版）,2007 (5).

②　http://www.sport.gov.cn/n16/n1077/n1452/n31748/155168.html,2009-02-18.

③　http://npc.people.com.cn/GB/8252288.html,2009-03-10.

部门的事，而忽略了体育丰富的社会功能和价值，忽视了民众的健康权利、休闲权利和体育的社会化与市场化发展。同时，人们也担心体育行政主管部门通过立法而使"部门利益法制化"，从而在一定程度上影响了社会对体育立法工作的关注和推动。

第三节　推动我国体育立法发展的几点思考

一、大力发展社会事业，推动中国体育立法进入新阶段

加快发展社会事业、全面改善人民生活是实现经济社会协调发展的必然要求，也是人民对全面建设小康社会、构建社会主义和谐社会的期待。体育是社会发展与人类文明进步的一个标志，是社会事业的重要组成部分。目前，我国已进入居民消费结构加快升级的阶段，城乡居民除了生存需求之外，对体育休闲需求日益增长。同时，人类也面临既要享受现代文明，又要保持人类固有野性，使人类不断进化和优化的问题，体育是目前为止找到的最有效、最有益、最有趣的方法。因此，加快体育事业的法制化建设，推动群众体育、体育产业化的发展，是顺应经济社会发展规律的必然要求，是顺应人类自身发展的必然要求。社会事业的发展，离不开法制建设的推动和促进。2003 年《公共文化体育设施条例》的出台和实施，对加强体育设施建设，发展体育公益事业，产生了积极推动作用。《全民健身条例》于 2009 年出台，这对保障公民参加体育健身活动的合法权益，将产生重要意义。体育彩票自 1994 年发行以来已成为社会事业发展的"助推器"，为规范福利彩票和体育彩票的发行和使用，国务院颁布的《彩票管理条例》于 2009 年 7 月 1 日施行。体彩公益金在法制的引领下，为体育事业的发展添砖加瓦，确保了体育公益事业的健康发展。因此，在全社会都在重视社会事业发展的大背景下，要强化依法治体，用法制来保障体育社会事业所取得的成就；另一方面，体育社会事业的发展，也在不断促进体育立法的完善。

二、在国家法律层面，积极推动《体育法》的修改和《体育仲裁法》的制定

《体育法》的修改虽未列入全国人大 2008 年—2013 年的五年立法规划，但全国人大在全面开展法律清理工作后，如确认为现行《体育法》已不能适应社会发展的需要，必须进行修改时，可能会将《体育法》的修改列入本届常委会任期内进行审议。因此，体育界、法律界要通过各种渠道，向全国人大常委会阐明修改《体育法》的必要性、可行性和紧迫性，尤其是体育行政主管部门要高度重视现行《体育法》已远远落后于体育事业发展需要的客观现实，做好修改《体育法》的各项准备工作，推动《体育法》早日进入修改议程。

此外，为解决制约体育事业发展的争议解决方式，《体育仲裁法》的制定必须提到议事日程上来。在我国，随着现代体育运动的发展，体育运动中的各方主体间不可避免地会产生冲突和纷争，与体育运动相关的纠纷的内容和领域不断扩大，建立体育仲裁制度的必要性得到共识。但体育仲裁制度应如何建立，却众说纷纭。目前制约体育仲裁制度建立的最关键性问题是《体育法》与《立法法》两部法律规定的不一致：根据 1995 年《体育法》第 33 条的授权性规定，国务院应以行政法规的形式，建立体育仲裁制度，而国务院在《立法法》出台前，一直没有制定有关体育仲裁的行政法规。根据 2001 年《立法法》第 8 条的规定，诉讼和仲裁制度只能制定法律，也就是说，仲裁事务属于全国人大及其常委会的专属立法权。《体育法》与《立法法》的规定相冲突，以谁为优？本文认为，这可以从两个方面进行分析：一是从法律的效力等级来看，《立法法》是由全国人大通过的，而《体育法》是由全国人大常委会通过的，当全国人大常委会通过的法律与全国人大通过的法律相冲突时，全国人大通过的法律优先；二是从法律颁布的时间来看，根据"新法优于旧法"的原则，两法在发生冲突时，应以后法优先。因此，《立法法》的规定优于《体育法》。要建立真正意义的体育仲裁制度，必须建立法律。国务院早在 1996 年的立法工作计划中，就将《体育仲裁条例》的制定列入"需要抓紧研究、待条件成熟时适时提出的立法项目"，但经过曲折的十余年，《体育仲裁条例》直到现在也没有出台，在国务院 2009 年的立法工作计划中，已取消了该项目，其中最核心的问题就是仲裁属于法律保留事项，只能由法律来规定。

由此可见，解决体育仲裁的问题，必须采用法律形式。在争取制定《体育仲裁法》时，可以《农村土地承包经营纠纷仲裁法》的制定作为范例。《农村土地承包经营纠纷仲裁法》已经全国人大常委会审议通过，农村土地承包经营纠纷仲裁与体育仲裁一样，也是专门针对某一领域而建立的特别仲裁制度。但《农村土地承包经营纠纷仲裁法》得以被快速列入立法计划，是因为土地承包经营纠纷已经成为影响农村和谐稳定的因素之一，必须通过法律的形式健全农村土地承包经营纠纷的解决机制。而《体育仲裁法》制定的必要性、紧迫性和可行性，只在体育界人士中讨论，显然并未得到国家最高立法机构的认同。因此，必须重视体育立法的研究，加强宣传，推动《体育法》的修改和《体育仲裁法》的制定。

三、重视地方立法对完善体育立法的重要作用

地方立法是建设有中国特色的社会主义法律体系的重要组成部分，地方立法一方面有实施宪法、法律、行政法规和国家大政方针的义务，对它们欠缺或不便操作之处予以补充；另一方面对用法律、行政法规规范尚不具备条件的事项，可用地方立法的形式先行立法。改革开放30多年，地方立法对中国经济、政治、法制、文化和其他事业的发展，发挥了积极作用。体育立法从全国层面来看，不尽如人意，但地方立法可以有所作为。因为中国幅员辽阔，各地的体育发展水平不尽相同，各地可根据本地情况，通过地方立法的方式推动本地体育事业的发展。北京奥运会的成功举办，北京地方立法就发挥了重要作用，从申奥成功至奥运会成功举办，北京市三届人大常委会历时7年，围绕奥运筹备与举办，制定、修订了18项地方性法规，并作出了《关于为顺利筹备和成功举办奥运会进一步加强法治环境建设的决议》，为奥运会、残奥会创造了良好的法治环境。因此，体育地方立法为完善体育立法、推进体育事业的健康发展作用显著，应高度重视体育领域的地方立法。

参考文献

［1］蔡宏生. 我国运动员权利的实现与保障研究［D］. 南京：南京师范大学，2008.

［2］陈书睿，徐鑫曦等. 优秀运动员权利之法律研究［J］. 上海体育学院学报，2011（1）.

［3］韩新君等. 对构建运动员权利保障体系的研究［J］. 广州体育学院学报，2005.

［4］温辉. 受教育权入宪研究［M］. 北京：北京大学出版社，2003.

［5］虞重干、郭修金. 我国优秀运动员文化教育理念的重构［J］. 上海体育学院学报，2007（2）.

［6］邹国忠、陈韶成. 对我国优秀运动员文化教育现状与保障体系构建优化的研究［J］. 南京体育学院学报，2010，6（3）.

［7］姜明安. 行政法与行政诉讼法［M］. 北京：北京大学出版社，2011.

［8］张鹏. 中国民告官常备手册［M］. 北京：法律出版社，2011.

［9］杨立新. 人格权法专论［M］. 北京：高等教育出版社，2005.

［10］Samuel D. Warren & Louis D. Brandies, The Right to Privacy, 4 Harv. L. Rev. 193 (1890).

［11］杨文. 兴奋剂检测间禁用手机 保护运动员隐私不设探头［EB/OL］. http：//sports. cn. yahoo. com/07－11－/357/29y30. html.

［12］许添元. 体育明星隐私权的法律保护［D］. 成都体育学院学报，2005，（5）11.

［13］吴汉东. 形象的商品化与商品化的形象权［J］. 法学，2004（10）.

［14］林雅娜等. 美国保护虚拟角色的法律模式及其借鉴［J］. 广西政法管理干部学院学报，2003（5）.

［15］熊伟. 形象权法律制度研究［D］. 武汉大学博士学位论文，1992.

［16］李明德. 美国形象权法研究［J］. 环球法律评论，2003年冬季号.

［17］王利明、杨立新. 人格权与新闻侵权［M］. 北京：中国方正出版社，1995.

［18］蔡璞、袁张帆. 体育运动员的形象权及其法律保护［J］. 首都体育学院学报，2004，1（4）.

［19］郑李茹，田学礼. 我国国家对运动员无形资产开发权问题研究［J］. 南京体育学院学报，

2009，5（23）.

［20］刘进. 欧洲国家对运动员形象权的法律保护［J］. 体育学刊，2007（7）.

［21］朱灿. 论运动员的形象权［D］. 对外经济贸易大学硕士毕业论文，2006.

［22］赵豫. 运动员形象权的法律保护［J］. 体育学刊，2005（2）.

［23］许永刚，李华. CBA 运动员人力资本所有权界定［J］. 体育学刊，2008（5）.

［24］杨铁黎，张建华. 职业体育市场运作模式的理论探讨［J］. 体育与科学，2000（3）.

［25］刘世明. 业余原则述略［J］. 武汉体育学院学报，1992（4）.

［26］闵捷. 对我国优秀运动员人力资本产权归属问题的研究［D］. 北京体育大学硕士毕业论文，2010.

［27］陈书睿. 优秀运动员社会责任的法学分析［J］. 天津体育学院学报，2011（1）.

［28］张平国. 我国田径运动健将技术标准变迁及其历年发展状况［J］. 田径，2002（4）.

［29］夏元庆. 新等级规定动作实施对促进我国竞技健美操事业发展的研究［J］. 南京体育学院学报，2006（12）.

［30］谭建湘，马铁. 体育经纪导论［M］. 北京：高等教育出版社，2004.

［31］郭树理. 外国体育法律制度专题研究［M］. 武汉：武汉大学出版社，2008.

［32］周进强. 我国职业体育俱乐部经营中的若干法律问题［J］. 天津体育学院学报，2001.

［33］陈华荣. 中国足球运动员转会费的法律性质评析［J］. 体育学刊，2007（1）.

［34］杨天翼. 新制度经济学视野下的欧洲职业足球转会制度演进分析［J］. 东岳论丛，2010（3）.

［35］刘志云，邸菲菲. 国际足联转会制度对中国足球转会制度的启示［J］. 湖北体育科技，2011（9）.

［36］郑璐. 中国职业足球运动员转会制度研究［J］. 体育世界，2010（5）.

［37］周璋斌. 我国足球职业化过程中转会现象透析［J］. 体育科技，1997（1）.

［38］丛湖平，石武. 我国职业足球运动员转会制度研究［J］. 体育科学，2009（5）.

［39］张笑世. 对我国职业运动员工作合同法律问题的认识［J］. 中国司法，2008（5）.

［40］韩新君. 职业运动员工作合同法律问题的探讨［J］. 天津体育学院学报，2006（3）.

［41］史康成. 坚持科学发展观以人为本 有针对性地开展运动员保障工作［EB/OL］. http：//news. sports. cn/others/zt/08tyjz/jhfy/2008－01－07/1356644. html.

［42］全国运动员保障工作会议强调 把握规律提高执行力［EB/OL］. http：//www. sport. gov. cn/n16/n299469/2072036. html.

［43］李艳. 我国运动员社会保障体系的探析［D］. 湖南大学，2010.

［44］武艺，王丰. 内蒙古两运动员状告两级体育局［N］. 内蒙古晨报，2006－02－27.

［45］中华全国体育基金会副理事长董鑫萍在第七批国家队老运动员老教练员关怀基金颁发仪式上的发言［EB/OL］. http：//www. tyjjh. org. cn/articleshow. asp? articleid＝356，

2009－03－23.

[46] ［美］莱斯特・M. 萨拉蒙等著；贾西津等译. 全球公民社会：非营利部门视界 ［M］.
北京：社会科学文献出版社，2002.

[47] 王名，刘培峰等. 民间组织通论 ［M］. 北京：时事出版社，2004.

[48] 谢海定. 中国民间组织的合法性困境 ［A］. 见：吴玉章. 社会团体的法律问题 ［M］.
北京：社会科学文献出版社，2004.

[49] 王名，刘培峰等. 民间组织通论 ［M］. 北京：时事出版社，2004.

[50] 渠涛. 中国社会团体法律环境的民法制度整合 ［A］. 见：吴玉章. 社会团体的法律问题
［M］. 北京：社会科学文献出版社，2004.

[51] 黄亚玲. 论中国体育社团：国家与社会关系转变下的体育社团改革 ［M］. 北京：北京体
育大学出版社，2004.

[52] 王凯珍，赵立. 社区体育 ［M］. 北京：高等教育出版社，2004.

[53] 孔伟. 中国体育社团管理的法治化建设研究 ［D］. 曲阜师范大学硕士学位论文，2007.

[54] 张振龙. 我国体育社团基本法律制度研究 ［D］. 北京体育大学博士学位论文，2012.

[55] 康晓光. 权力的转移——转型时期中国权力格局的变迁 ［M］. 杭州：浙江人民出版
社，1999.

[56] 崔丽丽等. 中外全国性体育社团比较 ［J］. 天津体育学院学报，2004（1）.

[57] 卢元镇. 论中国体育社团 ［J］. 北京体育大学学报，1996（1）.

[58] 黄亚玲. 中国体育社团的发展——历史进程、使命与改革 ［J］. 北京体育大学学报，
2004（2）.

[59] 吴景良. 政府改革与第三部门发展 ［M］. 北京：中国社会科学出版社，2001.

[60] 沈建华、汤卫东等. 职业足球俱乐部纠纷解决机制探析 ［J］. 上海体育学院学报，2005
（6）.

[61] 赵许明，张鹏. 体育社团处罚纠纷处理机制的比较及选择 ［J］. 体育科学，2005（4）.

[62] 罗豪才，湛中乐. 行政法学 ［M］. 北京：北京大学出版社，2006年第2版.

[63] 李立. 游泳潜水攀岩未经许可不得擅自经营 ［N］. 法制日报，2012－3－2.

[64] 2007中国登山户外运动事故报告解读 ［EB/OL］. http：//sports. sina. com. cn/outdoor/
2012－01－17/1215/45. shtml.

[65] 林晓霞. 电影合同的理论与实务 ［M］. 北京：中国电影出版社，2007.

[66] 靳英华. 体育经济学 ［M］. 北京：高等教育出版社，2011.

[67] 谭建湘，马铁. 体育经纪导论 ［M］. 北京：高等教育出版社，2004.

[68] 肖林鹏，丁涛等. 我国体育经纪人职业概况与前景研究 ［J］. 天津体育学院学报 2007
（1）.

[69] 高富平，王连国. 委托合同・行纪合同・居间合同 ［M］. 北京：中国法制出版

社，2000.

[70] 王利明. 民法新论（上）［M］. 北京：中国政法大学出版社，1998.

[71] 吴菲. 体育经纪人法律地位研究［D］. 华侨大学，2007.

[72] 赵豫. 体育经纪法律关系探析［J］. 体育文史，2000（4）.

[73] 陈元欣、王健. 体育经纪实质的法律探索［J］. 湖北体育科技，2002（4）.

[74] 马宏俊、黄涛. 论我国体育经纪人的法律地位［J］. 首都体育学院学报，2005（1）.

[75] 马铁. 新编体育经纪人［M］. 北京：中国经济出版社，2007.

[76] 黄文卉. 美国体育经纪人制度之研究［J］. 体育科学 1999（2）.

[77] 王美，王燕鸣，刘令姝. 体育赛事法律问题初探［J］. 体育文化导刊，2005（4）.

[78] 群众体育苦涩多 为躲审批费只能"地下"办比赛［EB/OL］. http：//sports. sohu. com/
20061027/ n246043459. shtml.

[79] 王群龙. 我国大型体育赛事申办制度分析［J］. 体育文化导刊，2012（8）.

[80] 于善旭. 我国大型体育赛事运行的法律审视［J］. 山东体育学院学报，2008（12）.

[81] 曹荣芳，王佳，王跃. 中日体育志愿者现状及培养体系的比较研究［J］. 武汉体育学院
学报，2009（7）.

[82] 余宇，谭灿. 论体育赛事合同法律关系及其律师实务［J］. 体育科学，2007（11）.

[83] 邱晓德. 大型国际体育赛事保险的重要性［J］. 中国保险，2010（10）.

[84] 赵先卿，杨继星，马翠娥. 国际体育赛事商业化运作对我国的启示［J］. 北京体育大学
学报，2006（8）.

[85] 周进强，吴寿章. 中国赛事活动市场化发展道路的回顾与展望［J］. 体育文化导刊，
2001（6）.

[86] 胡小红. 论商标法对商品化权的保护［J］. 中国工商管理研究，2011（4）.

[87] 应华. 论体育赛事赞助的商业权利及其保护［J］. 浙江体育科学，2003（8）.

[88] 邱招义. 奥林匹克营销［M］. 北京：人民体育出版社，2005.

[89] 程莹. 奥运电视转播权费节节攀高［N］. 中华工商时报，2004.

[90] 汪全胜，戚俊娣. 体育赛事电视转播权转让的法律关系考察［J］. 武汉体育学院学报，
2011（7）.

[91] 武光前. 体育冠名权的法理透析［D］. 湖南师范大学硕士论文，2008.

[92] 奥运获奖，应有明晰的奖励标准［EB/OL］. http：//news. sina. com. cn/o/2012－07－
16/053924780490. shtml.

[93] 卢志成. 我国奥运会运动员奖励制度实施研究［J］. 成都体育学院学报，1998（4）.

[94] 胡利军，付晓春. 奥运会奖励分析［J］. 山东体育学院学报，2006（2）.

[95] 中国奥运奖牌奖励概览［EB/OL］. http：//sports. 163. com/12/0820/18/
89CE42MS00051 CAQ. html.

［96］郭惠平，卢志成．我国优秀运动员奖励政策的实施研究［J］．武汉体育学院学报，2007（2）．

［97］卢志成．中国优秀运动员奖励制度的沿革及实施现状［J］．嘉应学院学报，2005（6）．

［98］韩春利，孙晋海，曹莉等．我国奥运争光计划激励机制研究［J］．天津体育学院学报，2004（5）．

［99］易剑东，李海燕．当代我国体育奖励体系的形成与发展［J］．山东体育学院学报，1996（4）．

［100］武珏．我国体育彩票业发展中的法律问题及对策研究［D］．中国政法大学硕士学位论文，2010．

［101］赵豫．我国体育彩票法律制度探析［J］．体育学刊，2003（3）．

［102］沈明学．体育彩票之立法研究［D］．重庆大学硕士论文，2006（4）．

［103］马金凤．中国体育彩票的发展与改革分析［J］．湖北体育科技，2003（3）．

［104］彩票管理条例解读中奖彩民隐私权如何保护？http：//news. xinhuanet. com/legal/2009
－06/19/content＿11566187. htm

［105］张树义．行政法学［M］．北京：北京大学出版社，2005．

［106］李加奎．从西安宝马案看体育彩票的法律思考［J］．体育科技文献通报，2008（10）．

［107］郁俊、邹钧人．西安宝马体育彩票案相关法律问题分析与思考［J］．天津体育学院学报，2005（4）．

［108］冉井富．2004 年法治大事记 http：//www. iolaw. org. cn/showNews. asp？id＝16285．

［109］朱玲等．体育博彩论［M］．成都：四川科学技术出版社，2008．

［110］马宏俊、武珏．中国体育彩票法律规制的起源、现状和趋势［A］//2009 年体育法国际学术大会论文集．

［111］黄怀权．论全民健身活动中管理和使用体育彩票公益金存在的问题与对策［A］．载于于晓光．体育法制与体育强国建设［M］．沈阳：辽宁教育出版社，2009．

［112］错过 500 万大奖者一审败诉后期待二审［EB/OL］．http：//news. sina. com. cn/s/
2008－11－14/．

［113］去年全年全国体彩弃奖或超 3 亿堪称历史之最．http：//finance. QQ. com．

［114］王军，赵晨轩．彩民隐私权、公众知情权和媒体监督权的冲突与平衡［J］．青年记者，2010（6）．

［115］汪元辉，安全系统工程［M］．天津：天津大学出版社，1999．

［116］黄晓灵，黄菁，叶春等．学校体育安全事故的现状及成因［J］．北京体育大学学报，2011（4）．

［117］蒋荣．学校体育安全教育的研究与对策［J］．南京体育学院学报，2002（6）．

［118］刘曙亮，李虎．构建我国学校体育法规体系的若干思考［J］．浙江师范大学学报，2011

（2）.

[119] 吴键. 问责：学校体育改革发展的关键机制 [J]. 体育教学，2010（3）.

[120] 谭小勇，向会英，姜熙. 学校体育伤害事故责任制度研究 [J]. 天津体育学院学报，2011（6）.

[121] 韩勇. 侵权法视角下的学校体育伤害 [J]. 体育学刊，2010（11）.

[122] 杨立新. 制定民法典侵权行为法编争论的若干理论问题 [J]. 河南省政法管理干部学院学报，2005（1）.

[123] 李培超. 绿色奥运：历史穿越及价值蕴涵 [M]. 长沙：湖南师范大学出版社，2008.

[124] 郭树理. 外国体育法律制度专题研究 [M]. 武汉：武汉大学出版社，2008.

[125] 宋彬龄. 论兴奋剂案件中过错程度的证明 [J]. 体育科学，2012（7）.

[126] 北京奥运会展现中国 20 年反兴奋剂奋斗成果. http：//www. Chinamil. com. cn/site1/xwpdxw/2008－08/01/content1391921. htm.

[127] 2009 年版《世界反兴奋剂条例》的新变化 [EB/OL]. 国家体育总局反兴奋剂中心网，http：//www. chinada. cn/contents/41/8. html.

[128] 陈书睿. 我国反兴奋剂法律之研究 [J]. 南京体育学院学报，2011（2）.

[129] 阿姆斯特朗禁药骗局曝光，USADA 公布 1000 页报告 [EB/OL]. http：//sports. sohu. com/20121012/ n354745937. shtml.

[130] World Anti－doping Code 2009 [EB/OL]. http：//www. wada－ama. org/en/World－Anti－Doping－Program/Sports－and－Anti－Doping－Organizations/The－Code/. pdf. 2009－01－35.

[131] 宋彬龄. 论兴奋剂案件中过错程度的证明 [J]. 体育科学，2012（7）.

[132] 宋彬龄. 中国运动员国家体育仲裁胜诉第一案述评——兴奋剂处罚的正义问题 [J]. 天津体育学院学报，2011（2）.

[133] 王伟平，陈为群，黄桥贤. 我国足球职业化改革进程缓慢的理性分析 [J]. 天津体育学院学报，2005（4）.

[134] 林华. 中国足坛掀扫黑风暴 [J]. 观察与思考，2009（23）.

[135] 衡洁. 中国足坛：从扫赌到反腐 [J]. 廉政瞭望，2010（3）.

[136] 铁岭中院宣判一批涉足球犯罪案 [EB/OL]. http：//paper. people. com. cn/rmrb/html/2012－02－19.

[137] 谢亚龙、南勇、蔚少辉被判 10 年半 [EB/OL]. http：//www. people. com. cn/h/2012/0614/c25408－3294790710. html.

[138] 肖中华. 贪污贿赂罪疑难解析 [M]. 上海：上海人民出版社，2006.

[139] 吴青. "黑哨"龚建平犯了什么罪 [J]. 福建公安高等专科学校学报（第十六卷），2002（4）.

［140］马庆炜，张冬霞. 对《刑法》第 93 条中"从事公务"的理解［J］. 中国人民公安大学学报，2005（5）.

［141］李赟乐. 中国足球协会法律主体地位研究［D］. 中国政法大学硕士学位论文，2011.

［142］张旭. 实体法与程序法视野中的受贿罪追诉［J］. 浙江工业大学学报，2002（6）.

［143］彭凤莲. 论罪行法定原则实施的制约因素［J］. 中国刑事法，1999（3）.

［144］陈丽平. 中国首次大规模法律清理启动［N］. 法制日报. 2008－06－17.

［145］袁古洁. 我国体育法制建设发展的现状、问题与对策［J］. 体育科学，2009（8）.

［146］张剑. 我国体育法制建设中的问题和对策［J］. 体育文史，1995（2）.

［147］现行有效体育法律法规目录［EB/OL］. http：//www. sport. gov. cn/n16/n1092/n789910/1764475_3. html.

［148］杨傲多. 体育社会化和法治化给体育法制建设提出新挑战［N］. 法制日报，2007－11－13（7）.

［149］周旺生、张建华. 立法技术手册［M］. 北京：中国法制出版社，1999.

［150］李林. 统筹经济社会发展的几个立法问题［J］. 法学，2005（9）.

［151］胜瑞东. 从功利主义角度谈我国体育运动中的"黑哨"现象［J］. 体育世界（学术版），2007（5）.